데이터 산업의 모든 것!
데이터 수집, 생성부터 유통, 생태계까지!

데이터는 어떻게 자산이 되는가?

김옥기 지음

이지스퍼블리싱

데이터는 어떻게 자산이 되는가?
Data Monetization

초판 발행 | 2021년 8월 23일
초판 2쇄 발행 | 2022년 11월 10일

지은이 | 김옥기
펴낸이 | 이지연
펴낸곳 | 이지스퍼블리싱(주)
출판사 등록번호 | 제313-2010-123호
주소 | 울특별시 마포구 잔다리로 109 이지스빌딩 4층(우편번호 04003)
대표전화 | 02-325-1722 팩스 | 02-326-1723
홈페이지 | www.easyspub.co.kr 페이스북 | www.facebook.com/easyspub
Do it! 스터디룸 카페 | cafe.naver.com/doitstudyroom 인스타그램 | instagram.com/easyspub_it

기획 및 책임편집 • 임승빈 | IT 1팀 • 이수진, 임승빈, 이수경 | 베타테스트 • 정다운, 홍성진
교정교열 • 안종군 | 표지 디자인 • 트인글터 | 본문 디자인 • 김민정 | 인쇄 • SJ프린팅
마케팅 • 박정현, 한송이, 이나리 | 독자지원 • 박애림, 오경신
영업 및 교재 문의 • 이주동, 김요한(support@easyspub.co.kr)

ISBN 979-11-6303-272-4 13000
가격 18,000원

감사드리며…

2014년《데이터 과학, 어떻게 기업을 바꾸었나?》를 쓰면서부터 이 책을 집필해야겠다고 마음먹었다. 그 후 5~6년이 지나서야 비로소 이 책을 쓰기 시작했고 마무리하는 데까지 또 몇 년이 흘렀다. 그러는 동안 데이터 환경은 급속도로 변화해 머리말만 해도 몇 번을 바꾸고 새로 써야 했다. 일하면서 책 쓰기가 쉽지 않았으나 이제라도 마무리할 수 있어서 더할 나위 없이 기쁘다.

국내 데이터 관련 산업은 '데이터 3법'과 더불어 많은 변화를 겪어 왔다. 하지만 데이터 산업에 참여하는 기업의 문화와 데이터 거버넌스는 여전히 10년 전 상황에 머문 듯해서 안타까운 마음뿐이다. 이 책이 갈수록 어려워지는 시장 경쟁 환경에서 기업의 혁신과 성장을 위해 데이터 중심 기업 문화를 정착하는데 도움이 되기 바랍니다.

먼저 나를 나답게 하시는 하나님께 감사를 올립니다. 원고 작업하는 동안 늘 격려와 응원을 아낌없이 보내 주신 디지털 마케팅 코리아의 박세정 대표님과 매일경제 신찬옥 기자님께 감사를 전합니다. 그리고 편집 작업하느라 애써 주신 이지스퍼블리싱의 임승빈 주임과 이지연 대표님께 감사드립니다. 주말마다 원고 작업하느라 소홀했지만 참고 기다려 준 가족, 특히 예경, 예담에게 늘 고맙고 사랑한다는 말을 전한다.

마지막으로 주말마다 책 쓴다고 집에만 있는 나를 기분 전환이라도 하라고 늘 조심스럽게 불러 준 친구 인순과 항상 자식·손주 걱정과 염려가 떠나지 않는 부모님께 이 책을 바칩니다.

코로나와 불볕더위가 기승을 부리는 여름에,

김옥기 드림

C/O/N/T/E/N/T/S

PROLOG 4차 산업혁명에 따른 데이터 기반 기업 혁신 모델을
        제시한다! • 7

 데이터 자본주의가 온다

chapter 1 공유 경제와 데이터 경제 • 18
공유 경제의 진화 19 데이터 경제 시스템 22

chapter 2 데이터 자본과 데이터 현금화 • 26
데이터 현금화와 상품화 27 데이터의 가치 29 데이터 자산 가치 측정 모델 32

chapter 3 데이터 시장 • 40
데이터 가격 41 데이터 판매 정책 49 데이터 중개 및 가공 서비스 사업 모델 51
크레딧 뷰로와 데이터 뷰로 55 데이터 제공에 특화된 기업들 58

chapter 4 데이터 보안과 개인 정보 보호 • 72
미국의 대표적인 데이터 관련 사건 73 데이터 활용 및 분석 관련 소송 77
데이터의 보호·보안 86

chapter 5 4차 산업혁명: 스마트 혁신 사회 • 94
산업별 스마트 사회의 사례 94

둘째마당 데이터 경제만이 살길이다

chapter 6 국가가 저성장의 늪에 빠지는 이유 · 116

인구 대비 경제 규모의 한계와 인구 구조의 양극화 118 기업 핵심 경쟁 비즈니스의 순환적 요인 119 신규 설비 투자 부족과 저임금 산업 구조 124 산업 간 또는 기업 내 사일로 효과가 초래한 비효율성 126 데이터 경제는 저성장 시대의 생존 방법 129

chapter 7 시대에 따른 데이터 기반 혁신과 성장 · 132

기업의 데이터 분석 경쟁력과 진화 배경 132 IT 시스템의 발전 과정 136

chapter 8 데이터 기반 사업 모델과 데이터 전략 · 157

데이터 중심의 비즈니스 전략은 항상 이긴다 157 데이터 활용 모델 4가지 163 데이터 기반 비즈니스 모델 – 빌 슈마르조 모델 165 딜로이트 컨설팅이 제시한 6가지 비즈니스 모델 169 데이터 활용 단계적 전략 172

 셋째마당 데이터를 자산화하라

chapter 9 데이터는 살아 있는 생물이다 · 178

데이터의 생명 주기 178

chapter 10 데이터 연결, 통합, 융합 · 184

데이터 개발 기획·생성·수집·저장 184 데이터 연결 189 데이터 통합 및 융합 194

chapter 11 데이터 관리 · 199

데이터 관리 플랫폼 200 데이터 식별 관리 201 식별 ID 매칭 204 식별 엔진 206 데이터 옵스 207 AI 플랫폼 210

chapter 12 데이터 거버넌스 • 212

데이터 거버넌스의 목적 214 데이터 거버넌스의 단계별 수위 218 데이터 거버넌스 구현의 3단계 220

chapter 13 데이터 서비스 • 223

서비스 아키텍처 224 시스템 연결: API 227 데이터 서비스 230

넷째마당 데이터 생태계를 구축하라

chapter 14 데이터 생태계 • 242

데이터 생태계의 정의 242 데이터 생태계를 구성하는 데이터의 종류 243 신규 데이터의 기획과 생성 247 산업별 데이터의 종류 251 기업에서 중요하게 인식하는 데이터의 종류 260 산업 데이터 생태계 263 데이터 가공 및 중개 265 마이 데이터 266 공개 데이터 268

chapter 15 데이터 과학과 인사이트 • 270

데이터 과학과 연결성 270 데이터 과학 272 데이터 과학과 인공지능 275 데이터 과학과 인사이트 277 데이터 인사이트 도출 방법 ❶ – 연역법과 귀납법 279 데이터 인사이트 도출 방법 ❷ – A/B 테스트 283 데이터 측정과 평가 285 데이터 관련 직무들 292 데이터 기반의 디지털 전환 성공 사례 ❶ – 캐피털 원 300 데이터 기반의 디지털 전환 성공 사례 ❷ – 베스트 바이 303

이 책의 참고 문헌 • 309

찾아보기 • 311

4차 산업혁명에 따른
데이터 기반 기업 혁신 모델을 제시한다!

'데이터Data'는 4차 산업혁명의 원동력으로서 경제·사회·기술 전반에 걸쳐 커다란 변혁을 일으키고 있다.

사냥으로 먹고살았던 수렵 시대의 자본은 인간의 '건강한 체력'이었을 것이고, 농경 시대의 자본은 '비옥한 땅'이었을 것이다. 1, 2차 산업혁명을 계기로 시작된 대량 생산 시대에는 생산을 위한 막대한 설비가 필요했기 때문에 '금융'이 자본이 됐다. 그리고 최근에는 '데이터'가 자본Data Capital이 되는 시대의 서막이 올랐다.

우리가 원하든, 원하지 않든 거대한 역사적 흐름에는 일정한 방향이 존재한다. 이러한 시대의 방향을 이해해야만 그 흐름에 올라탈 수 있는 적기Right Time를 찾을 수 있고, 그에 상응하는 조치Right Action를 취해야만 긍정적인 미래를 기대할 수 있다. 이런 측면에서 우리는 이미 데이터 자본 시대의 성숙 단계에 진입한 글로벌 기업들의 앞선 기술과 데이터를 기반으로 새로운 수익 모델과 데이터 산업의 생태계를 정확히 이해할 필요가 있다.

우리나라의 데이터 활용 사업은 지금까지 많은 노력을 기울였지만, 엄격히 규정된 「개인 정보 보호법」에 가로막혀 의미 있는 결과를 만들어 내지 못했다. 하지만 지난 2020년 1월 9일, 국회에서 데이터3법 (「개인 정보 보호법」, 「정보통신망법」, 「신용 정보법 개정안」)이 통과됨으로써 우리나라에서 데이터 경제를 추진하며 데이터 산업을 육성 및 지원을 강화할 수 있는 근간이 마련됐다. 이러한 배경에서 이 책은 데이터 활용에 대한 기본적인 이해의 틀을 제공함으로써 다가오는 데이터 중심의 4차 산업혁명에 현명하게 대처하는 데 도움이 되고자 한다.

✾ 이 책의 집필 의도

이 책에 담긴 각 주제들은 필자가 민간 기업이나 공공 기관에서 진행한 특강 내용을 좀 더 논리적으로 풀어 낸 것으로, 대부분 필자가 현업에 종사하면서 느꼈던 내용과 생각을 정리한 것이다.

필자는 과거 20여 년간 미국 글로벌 기업의 데이터를 활용하기 위한 프로젝트에 참여했고, 국내 기업 및 기관들의 데이터 활용 사업에도 참여했다. 이 책은 이러한 경험을 바탕으로 4차 산업혁명의 변화 중 '경제적 측면에서의 데이터 시대'가 도래하기까지의 배경과 환경 및 그에 따른 시사점을 정리한 결과물이다. 특히 데이터 시대가 어떤 과정을 거쳐 도래했으며, 이 과정에서 어떤 변화가 일어나야만 하는지를 살펴보려고 한다. 또한 데이터 활용 프로세스의 전체 틀과 함께 각 프로세스 영역 간의 흐름을 설명하고, 데이터 자산화, 데이터 생태계, 데이터 유통도 살펴보려고 한다.

✣ 이 책에서 다루는 내용

우선 개별 기업의 측면에서 데이터를 기반으로 한 기업의 혁신을 위해 구체적으로 어떻게 해야 하는지를 정리하고, 이후 데이터 산업 생태계 측면에서의 역할을 정리했다.

데이터를 성공적으로 활용하려면 다음 3가지 영역에 대한 이해가 필요하다.

❶ 데이터를 저장·관리하는 장소인 플랫폼
❷ 데이터 자체와 데이터를 저장·관리하는 프로세스인 데이터 가공 및 관리
❸ 잘 관리된 데이터를 활용하기 위해 제공하는 데이터 서비스 영역

이 책에서는 데이터 저장·관리를 위한 플랫폼 구축은 거의 다루지 않았으며, 데이터 자체의 생성과 관리, 데이터 가공, 데이터 서비스 영역을 중심으로 다뤘다. 이와 함께 다양한 산업 데이터를 연결·융합하는 데이터 관련 산업도 살펴볼 것이다.

크게는 경제 전체가 데이터 중심 경제로 어떻게 변화되는지부터, 작게는 모래알과 같이 작은 단일 데이터의 특성까지 가능한 한 이해하기 쉽게 쓰려고 노력했다.

✿ 이 책의 구성

이 책에서 기업과 산업의 데이터 활용과 관련해 선정한 각 주제들은 관리 측면과 기술 측면으로 확장할 수 있다. 하지만 이 책에서는 우선 각 주제의 의미와 필요성, 프로세스를 중심으로 설명한다. 각 주제의 세부 내용은 전문가의 글이나 이미 출판된 책들을 참고하면 될 것이다.

첫째마당에서는 빅데이터를 기반으로 산업 전반에 큰 영향을 미친 데이터 유통 경제가 어떻게 형성되는지 알아보고, 이 데이터 유통 경제가 전통 산업의 기본 틀에 미친 영향과 데이터를 기반으로 한 신사업을 알아본다. 아직까지 우리나라에는 데이터 경제의 기반이 되는 데이터 가공 및 유통 산업이 거의 형성돼 있지 않고, 그만큼 해당 산업에 대한 이해도 많이 부족하므로 첫째마당에서 다루는 데이터 산업이 형성되는 과정들을 상세히 살펴볼 필요가 있다.

둘째마당에서는 데이터 경제가 저성장 시대에 접어들고 있는 우리에게 어떻게 다가왔고, 지금까지 어떤 문제를 해결해 왔는지 살펴본다. 또한 글로벌 기업에서 시대별 문제를 해결하기 위해 데이터 중심의 기업 경쟁력을 키워 온 과정을 살펴보고, 이들이 어떤 방법으로 데이터를 활용하고 분석 경쟁력을 강화해 왔는지 살펴봄으로써 우리 기업이 저성장 위기를 극복하는 데 도움이 되고자 한다.

셋째마당에서는 개별 기업의 데이터 분석 경쟁력을 갖추기 위한 데이터 자산화 과정에 중요한 환경을 제공할 데이터 가공과 관리 플랫폼을 알아본다. 또한 분산된 데이터를 통합·정제하는 데 필요한 데이터 거버넌스Data Governance도 살펴본다.

데이터 경제의 기반은 각 개별 기업에서 생성된 데이터를 통합·공유하고, 이러한 데이터들이 산업의 데이터군을 형성하며 서로 다른 산업 간의 데이터들이 공유·연결됨으로써 조성된다. 그런 이유로 셋째마당에서 살펴볼 개별 기업의 데이터 자산화는 이어지는 넷째마당에서 다룰 건강한 데이터 생태계를 조성할 선행 요소가 된다.

넷째마당에서는 데이터 경제를 활성화하는 데 반드시 필요한 데이터 생태계를 살펴본다. 모든 산업이 그렇듯 데이터 역시 생태계가 마련되지 않으면 다양한 분야에서 신생 스타트업의 탄생 및 신시장의 창출과 같은 데이터 중심 혁신 사업 모델을 기대하기 어렵다.

따라서 데이터 생태계를 성장시키는 데이터 과학의 진화 과정과 데이터 기반 혁신 사업 운영의 연결성 그리고 데이터 인사이트에 대해서도 논의하고자 한다.

1960~1980년대까지는 우리나라 정부에서 의도적·지속적으로 추진한 기초 인프라 산업과 제철·기계 등과 같은 중공업의 발전이 세계 경쟁력의 밑바탕이 됐다. 이와 마찬가지로 미래에는 데이터 가공·유통 산업의 발전이 기존 전통 산업의 혁신은 물론 현재 존재하지 않은 데이터 신사업을 만들어 내는 근간이 될 것이다.

프롤로그를 맺으며 아마존을 세계 최대의 소매 유통 회사에서 최강의 ICT 클라우드 회사로 혁신, 성장시킨 제프 베조스Jeff Bezos 회장이 데이터 중심의 기업 문화와 데이터 거버넌스를 정착시키기 위해 2002년 전체 직원들에게 보낸 이메일을 소개한다. 이 메시지가 여러분이 이 책을 읽는 동기가 되기를 바란다.

1. All teams will henceforth expose their data and functionality through service interfaces.

2. Teams must communicate with each other through these interfaces.

3. There will be no other form of inter-process communication allowed: no direct linking, no direct reads of another team's data store, no shared-memory model, no back-doors whatsoever. The only communication allowed is via service interface calls over the network.

4. It doesn't matter what technology they use. - (tech neutral)

5. All service interfaces, without exception, must be designed from the ground up to be externalizable. That is to say, the team must plan and design to be able to expose the interface to developers in the outside world. No except.

Anyone who doesn't do this will be fired. Thank you, have a nice day.

Jeff Bezos.

1. 지금부터 모든 팀은 서비스 인터페이스(API)를 통해 모든 프로그램 기능과 데이터를 공개해야 합니다.

2. 팀들은 이 인터페이스를 통해서만 다른 팀과 소통해야 합니다.

3. 다른 내부 프로세스의 소통 즉, 직접 연결, 다른 팀에 저장된 데이터를 직접 가져오는 것, 메모리상의 데이터 모델 공유 그리고 이를 위한 그 어떤 뒷거래 작업도 허락하지 않습니다. 유일하게 허락된 내부 소통은 네트워크를 통한 서비스 인터페이스만 통해야 합니다.

4. 이를 위해 어떤 기술을 사용하든 상관없습니다.

5. 모든 서비스 인터페이스는 예외 없이 처음부터 외부와 소통할 수 있도록 설계해야 합니다. 즉, 팀은 외부 세계의 개발자에게 인터페이스를 노출할 수 있도록 계획하고 설계해야 합니다. 예외 없이.

이처럼 하지 않는 사람은 누구든지 해고될 것입니다. 감사합니다. 즐거운 하루 보내세요.

제프 베조스.

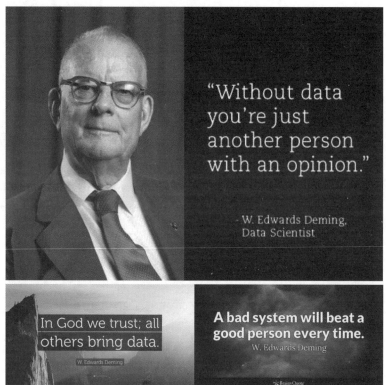

첫째마당

데이터 자본주의가 온다

01 공유 경제와 데이터 경제

02 데이터 자본과 데이터 현금화

03 데이터 시장

04 데이터 보안과 개인 정보 보호

05 4차 산업혁명: 스마트 혁신 사회

새로운 기술은 새로운 시장을 만들어 내고, 전통 산업을 무너뜨린다. 그렇기 때문에 오늘날의 기업들은 시장에서 살아남기 위해 빅데이터Big Data, 인공지능Artificial Intelligence, AI, 사물 인터넷Internet of Things, IoT, 클라우드Cloud 등과 같은 신기술을 도입하는 데 엄청난 시간과 자금을 투자하고 있다. 이러한 기술들의 밑바탕에는 '데이터'가 있다.

미국의 경제학자인 조 파인Joe Pine은 1998년 「하버드비즈니스리뷰HBR」에 기고한 '경험 경제에 오신 것을 환영합니다Welcome to the Experience Economy'라는 제목의 글에서 '경험 경제가 서비스 경제의 다음 단계'라고 주장했다.

그리고 그가 20여 년 전에 주장한 이 '경험 경제'가 마침내 데이터로 실현되고 있다. 이제 기업은 축적된 데이터를 자본화·현금화할 수 있게 됐다. 미국의 스타트업 회사인 데이터쿱DataCoup의 홍보 문구처럼 데이터를 상품으로 사고파는 것이 가능한 시대이자, 데이터가 자산과 자본이 되는 시대가 된 것이다.

**The Experience Economy and
the Data Economy.......**

**Consumers are open to share their
personal information, with the exception
of financial data, when there is perceived**
benefit..... and **YOU can**

Sell Your Personal Data for $8 a Month

[출처: MIT Tech Review]

'경험의 경제와 데이터 경제'

'우리가 여러분의 데이터를 살게요.'

'한 달 8달러에 여러분의 개인 데이터를 파세요.'

첫째마당에서는 데이터 자본주의 시대에 알아야 할 기본 개념들을 배운다. 먼저 '공유 경제'와 '데이터 경제'의 관계를 간단히 알아본다. 그리고 데이터 자본화와 거래 방식, 데이터 거래에 따른 현금화와 이를 기반으로 한 다양한 기업 형태, 데이터 시장Data Market의 현황에 대해 알아본다. 이와 함께 데이터와 관련된 최근의 규제나 법적 이슈들을 살펴보고, 안전한 데이터 활용 측면에서의 현실적인 문제들과 해결 방안을 고민해 본다. 마지막으로 데이터 통합과 구매, 융합된 데이터들을 어떻게 활용하는지도 살펴본다.

공유 경제와 데이터 경제

'공유 경제'는 물건 등을 소유하지 않고 빌리거나 빌려 주는 개념의 경제를 의미한다. 그리고 '데이터 공유'는 공유 경제의 가장 기본이 되는 인프라다. 공유 경제의 대표적인 예로는 자동차 셰어링(집카Zipcar, 스트리트카Streetcar, 고겟GoGet, 쏘카, 그린카 등), 바이크 셰어링(벨리브Velib, 바클레이Barclays, 사이클 하이어Cycle Hire, 푸른바이크 셰어링 등), 태양 에너지 공급(솔라시티Solacity 등), 장난감 대여(딤돔DimDom, 베이비플레이스BabyPlays, 희망장난감도서관 등), 도서 대여(체크Chegg, 주칼Zookal, 주민도서관 등) 등을 들 수 있다. 이러한 다양한 형태의 공유가 사회와 경제에 변화를 일으키고 있으며, 사업의 성공 가능성을 높이고 규모의 경제Economy of scale를 만들어 내면서 진화하고 있다.

✄ 공유 경제의 진화

공유 경제는 어느 날 갑자기 생긴 개념이 아니다. 과거부터 계속 진화해 오다 최근의 빅데이터 플랫폼, 블록체인, 사물 인터넷, 인공지능 등과 같은 IT 기술의 발전에 힘입어 획기적으로 발전했을 뿐이다.

초기에는 아마존이나 이베이 고객들이 해당 기업의 플랫폼을 이용해 다른 개인 고객에게 상품을 판매하는 C2CCustomer to Customer 방식의 직거래 형태였다. 최근에는 에어비엔비나 우버와 같이, 기업은 플랫폼만 제공하고 고객들은 해당 플랫폼을 공유하면서 직거래하는 형태로 발전했다. 미래에는 블록체인을 활용해 개인들이 중개자 없이 상품이나 서비스를 직거래하는 형태가 예상된다.

'블록체인'은 데이터를 '블록'에 저장해 누구도 임의로 수정할 수 없고, 누구나 바뀐 결과를 볼 수 있는 분산 컴퓨팅 기술 기반의 데이터 위·변조 방지 기술을 말한다. 기존에는 개인 데이터를 대규모 기업이나 기관의 데이터 플랫폼에서 전체적으로 저장·관리하는 환경이었다면 블록체인은 개인 단위로 자신의 데이터를 직접 관리·보호할 수 있는 환경을 말한다.

공유 경제에서는 '신뢰'를 바탕으로 정보와 자산을 제공하는데, 이를 시스템적으로 해결할 수 있어야 한다. 이러한 문제를 해결하기 위한 방법으로 중개자 없이 개인과 개인의 신뢰를 기반으로 직거래하는 블록체인 방식이 고려되기도 한다.

공유 경제는 '플랫폼'을 기반으로 성장했다. 플랫폼은 다음 그림과 같이 플랫폼 운영자, 자산 사용자, 자산 제공자로 구성되며, 이들은 신뢰를 바탕으로 자산을 제공하고, 그에 상응하는 대가를 지불한다. 또한 자산의 사용자는 자산을 제공받은 데 대한 피드백으로 사용 후기나 평가를 남겨 플랫폼의 지속적인 성장과 발전 기반을 마련한다.

공유 경제의 형태뿐 아니라 공유 대상도 단계적으로 진화했다. 가장 먼저 미디어 매체 간의 연결로 데이터와 정보를 공유했으며, 그다음으로는 연결된 미디어를 이용해 사람과 사람을 연결했다. 그다음에는 연결된 사람들이 정보와 생각을 공유했고, 나중에는 연결된 사람 간에 자산까지 공유하는 최고 수준의 공유를 이루게 됐다.

:: 기존 방식과 블록체인 방식 비교

기존 거래 방식   블록체인 방식

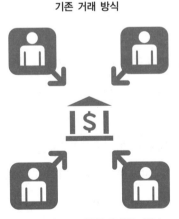
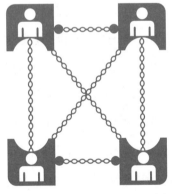

▲ 은행이 모든 장부를 관리하는 방식　　▲ 분산화된 장부를 이용해 거래하는 방식

:: 공유 경제 플랫폼 운영의 기본 프로세스

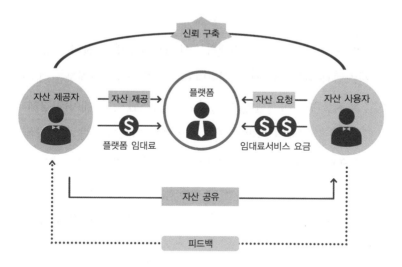

지금과 같은 형태의 공유 경제는 2008년 금융 위기 이후 미국 소비자들 간에 과잉 생산과 과잉 소비로 인한 낭비를 줄이자는 분위기가 형성되고, 소비 지상주의에 반발하는 능동적인 소비자들이 나타나면서 시작됐다. 이로써 '협력적 소비'에 대한 관심이 높아지고, 물품의 교환·대여·임대 등을 위한 새로운 시스템이 필요해졌다.

이런 시점에 소셜 네트워크 서비스SNS의 확대와 발전이 지금의 공유 경제 시스템을 탄생시킨 또 하나의 중요한 요소가 됐다. 이처럼 최신 기술들은 사물과 사람을 연결해 새로운 시장과 가능성을 창조해내고 있다.

❖ 데이터 경제 시스템

　실물 및 서비스를 공유·거래하는 대가로 요금을 지불하는 공유 경제 시스템과 같은 개념으로 데이터와 정보를 공유·거래하는 대가로 요금을 지불하는 시스템이 '데이터 경제 시스템'이다. 데이터 경제 시스템은 공유 경제의 기반이 되는 데이터와 정보의 거래가 시장에서 지속적으로 순환하는 시스템을 말한다. 사람의 기억 속에 저장된 정보나 경험은 시간의 흐름에 따라 달라진 새로운 정보와 경험을 축적하고 업데이트한다. 사람은 어떤 문제에 직면했을 때 이렇게 기억 속

:: 데이터 경제 시스템의 구조

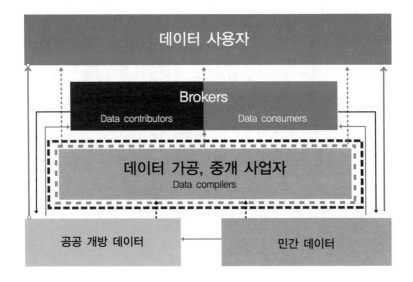

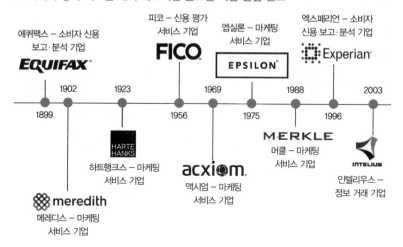

:: 데이터 경제 시스템 내의 대표적인 글로벌 기업 설립 연도

에 축적된 정보나 경험 중 적당한 것을 선택해 재활용하는 순환 시스템을 갖추고 있는데, 데이터 경제 시스템도 이와 비슷하게 작용한다고 볼 수 있다.

먼저 데이터 경제 시스템 안에는 생성되는 데이터를 모아 저장하는 기업이 있고, 각각의 기업에 산재해 저장된 데이터를 다시 한곳에 모으는 기업이 있으며, 통합된 데이터를 저장한 기업에게 데이터를 구매해 활용하는 기업이 있다.

미국에서는 데이터를 통합하고 가공하여 판매하는 기업이 1900년 대부터 출현하기 시작했는데, 각 개별 기업끼리 협의에 의해 교환하거나 구매를 하기도 하지만 시장Marketplace에서 거래되기도 한다. 이렇게 데이터를 사고파는 시장이 '데이터 거래소Data Maketplace' 또는

'데이터 시장Data Market'이다. 그리고 데이터 시장에서 데이터를 판매·거래·활용하는 과정에서 부가 가치를 창출하는 데이터 경제가 형성되었다.

앞에서 설명했듯이 데이터를 축적했다면 이를 지속적으로 순환시키는 시스템이 필요하다. 이러한 필요에 따라 산업 현장에서 데이터 공유에 대한 대가를 지불하고, 데이터를 판매·거래·활용하는 과정에서 부가 가치를 창출하는 데이터 경제 시스템이 만들어졌다.

데이터 경제 시스템에는 개인, 기업, 공공 기관 등과 같은 다양한 주체가 참여한다. 즉, 데이터 경제 시스템은 데이터 제공자가 제공하는 무료 데이터, 공개 데이터와 상업성 민간 데이터가 데이터 가공·중개 기관이나 기업을 거치면서 정제된 데이터를 데이터 수요자가 구매해 활용하는 방식으로 구성된다. 기업 간에 데이터를 거래(수집·가공·중개)하는 B2BBusiness to Business 관계에서 '공급자'로는 주로 IT 관련 기업들이 있으며, 이외에 데이터를 수집하는 기업, 데이터를 통합·정제·가공하는 기업, 데이터를 분석하는 기업, 데이터를 기반으로 비즈니스 서비스를 제공하는 기업들이 있다.

이렇게 많은 기업들이 참여하는 만큼 데이터 경제의 규모도 가파르게 성장하고 있다. 시장 조사 및 분석 기관인 IDCInternational Data Corporation에서 조사한 바에 따르면, 데이터 경제의 규모는 전 세계적으로 2018년 1,660억 달러에서 2022년 2,600억 달러로 성장할 것이라 예측했다.

이러한 가파른 성장 때문에 세계 각국의 정부는 데이터 경제를 활성화하기 위해 다양한 정책을 추진하고 있다. 미국은 빅데이터 R&D 전략과 국가 인공지능 R&D 전략을 발표했고, EU는 인공지능 분야에의 대규모 투자 추진 및 개인 데이터 보호 강화 제도 정비GDPR와 데이터 경제 육성 전략을 발표했으며, 2020년까지 민관 합동으로 인공지능 산업 육성에 200억 유로(약 26조 원)를 투자했다. 일본은 2017년 미래 투자 전략과 2019년 인공지능 종합 전략을 발표했고, 중국은 2017년 빅데이터 산업 발전 계획을 발표하는 한편, 차세대 인공지능 발전 계획으로 2030년까지 인공지능 핵심 산업의 규모를 1조 위안(약 170조 원)까지 육성하겠다고 밝혔다.

우리나라의 경우, 다른 나라에 비해 낮은 데이터 분야의 기술력과 활용도를 높이기 위해 2018년 6월에 '데이터 산업 활성화 전략'과 2019년 1월에 '데이터·인공지능 경제 활성화 계획(데이터와 인공지능의 통합적 전략 수립)'을 발표함으로써 세계적 데이터 경제의 흐름에 대응했다. 2020년 이후 코로나19를 계기로 데이터 경제화는 가속화되고 있다. 2021년 정부는 '디지털 뉴딜' 사업의 기반으로 실행되는 디지털 대전환의 중심을 인공지능으로 정했다. 구체적인 인공지능 산업 지원 계획으로는 데이터 댐 구축, 인공지능 데이터 구축, 차세대 인공지능 기술과 인공지능 반도체 산업 지원 등을 들 수 있다.

chapter 2

데이터 자본과
데이터 현금화

반복해서 사용해도 소멸되지 않는 특성이 있는 데이터 자산은 더 많이 공유될수록 가치가 커진다. 어떤 데이터는 무료로 제공되지만, 어떤 데이터는 대가를 지불하고 시장에서 거래된다. 심지어 법의 범위를 벗어나더라도 필요한 데이터를 입수하려고 한다. 자본주의 경제 시스템에서 일어나는 현상이 데이터 거래에서도 실제로 일어난다.

자본주의는 생산 수단을 가진 자본가·기업가가 이익 추구를 위해 생산 활동을 하도록 해 주는 경제 체제다. 자본주의 경제 체제하에서는 상품·용역의 가격 결정, 투자, 분배 등이 주로 시장 경제를 이용해 이뤄진다.

오늘날의 데이터 역시 이러한 시장 경제 시스템에 따라 거래됨으로써 '자산'으로서의 의미를 갖는다. 즉, 경제 주체들이 시장 경제 시스템 안에서 데이터를 기반으로 이익을 추구할 수 있고, 데이터를 자본이나 상품으로 거래하고 현금화할 수 있다는 것이다. 이는 곧 '데이터의 자본 체계'가 형성됐다는 것을 의미한다.

실제로 현재 시장에서 데이터가 교환·구독·판매 또는 무료 공유 방식으로 거래되거나 아예 데이터나 데이터 분석 기술을 보유한 기업 자체가 인수·합병 형태로 거래되기도 한다.

나이키가 개인화를 위한 상품 추천이나 수요 예측 인공지능을 개발하는 셀렉트Celect를 인수한 사례, 월마트가 고객 행동 데이터를 분석·추천하는 기술을 보유한 이스라엘 기업 아스펙티바Aspectiva를 인수한 사례, 맥도날드가 메뉴 관련 데이터 기업인 다이내믹 일드Dynamic Yield를 인수한 사례 등이 대표적인 예라고 할 수 있다.

᠀ 데이터 현금화와 상품화

데이터를 현금화하는 데는 크게 2가지 방법이 있다. 하나는 기업의 내부에서 데이터를 활용해 효율적으로 운용함으로써 비용을 최적화하거나 매출이나 이익을 최대화하는 '간접적 현금화 방식'이다. 또 하나는 데이터에서 찾은 인사이트Insight를 상품·서비스에 탑재해 가치를 추가로 높이거나 데이터 자체를 상품화해 거래하는 '직접적 현금화 방식'이다. 데이터를 현금화하기 위해서는 기업의 데이터를 상품화하는 과정과 데이터 기반의 사업 모델을 수립하는 전략이 필요하다.

데이터 상품화는 다음과 같이 4단계로 이뤄진다.

- 1단계: 전혀 가공되지 않은 원천 데이터
- 2단계: 정제돼 단순히 연결 · 통합된 데이터
- 3단계: 데이터 융합으로 만들어진 데이터
- 4단계: 분석 알고리즘을 활용한 지수 또는 추정 데이터

다음 표는 2014년 기준 미국의 기업들이 데이터를 구매하는 주요 목적을 조사한 것이다. 데이터 상품화 사업을 하려면 주목해 볼 만하다.

:: 데이터 브로커의 고객들이 주로 이용하는 서비스

고객 / 목적	다이렉트 마케팅	온라인 마케팅	마케팅 분석	개인 식별	사기 탐지	사람 찾기
금융 결제 사업자 핀테크, 카드, 현금 결제				○	○	
변호사 / 사설 탐정	○					
자동차 업계	○	○	○			
소비재 생산업	○	○	○			
데이터 브로커	○	○	○	○	○	
교육 기관	○			○	○	

고객 / 목적	다이렉트 마케팅	온라인 마케팅	마케팅 분석	개인 식별	사기 탐지	사람 찾기
에너지 / 설비 분야	○					
정부 기관	○		○	○	○	○

[출처: FTC, 2014]

이들이 주로 구하려는 데이터 역시 상품 데이터, 경쟁자의 데이터, 고객 관련 데이터, 시장의 변화 트렌드 관련 데이터들이다.

데이터의 가치

데이터를 상품화하려면 데이터의 가치를 알아야 한다. 우리는 '자산'으로서의 데이터에 다음과 같은 질문을 던져야 한다.

- 우리 기업이 보유한 데이터 자산의 가치는 얼마일까?
- 데이터 시스템을 구축한다면 얼마의 비용을 지출하는 게 적절할까?
- 데이터를 판매 또는 구매한다면 얼마에 거래해야 할까?
- 데이터를 기반으로 한 기업을 인수·합병하려면 얼마를 지불해야 할까?

위 질문들은 모두 데이터의 가치를 묻고 있다. 기업이든, 기관이든 각기 처한 환경과 가치 기준, 우선순위가 다르기 때문에 데이터 가치 측정 문제를 해결하기는 어렵다. 예를 들어 똑같은 주소Address 데이터라도 누가 사용하느냐에 따라 가치가 크게 달라지기 때문이다. 즉, 우체국이나 택배 회사라면 정확한 주소 데이터가 중요하겠지만, 인터넷으로 보험을 파는 기업에서는 택배 회사만큼 중요하지는 않다.

데이터의 가치를 측정하는 일이 중요해짐에 따라 오늘날 많은 투자자가 데이터 활용이나 데이터 분석 역량이 뛰어난 기업들의 가치를 높게 평가하고 있으며, 이러한 기업들에게 투자하거나 인수·합병하는 사례도 점점 늘어나고 있다. 기업에 있어서 데이터가 얼마나 큰 재정적 자산인지는 2012년에 이뤄진 페이스북의 IPO주식공개상장를 보면 알 수 있다. 당시 페이스북은 IPO를 이용해 1,040억 달러라는 역사상 가장 큰 시장 가치를 기록했다.

또한 2015년 라스베가스의 시저스 엔터테인먼트Caesars Entertainment가 아시아권에서 사업 부진으로 파산했을 당시 M&A 시장에서 본 가장 가치 있는 자산은 카지노 운영권과 실물 자산이 아니라 고객 로열티 프로그램의 데이터였다. 시저스 엔터테인먼트는 1998년부터 17년 동안 고객 데이터를 수집했고, 그 가치는 무려 한화 1.2조 이상의 평가를 받았다.

그런데 이 수치는 어떤 기준으로 측정되는 걸까? 데이터 자산은 지적 자산이나 브랜드 가치와 같이 '눈에 보이지 않은 자산'에 가깝다. 이런 측면에서 데이터나 데이터 기반의 인사이트, 인공지능 모델의 가치를 측정하기 위해서는 무형 자산의 측정 방법을 참고하는 것이 많은 도움이 된다. 다만 데이터는 완전한 무형 자산은 아니며, 운영 프로세스에 사용되는 데이터의 경우 물리적 유형 자산으로 취급되기도 한다. 대표적인 예로는 은행 잔고, 유통 회사들의 거래 이력 등을 들 수 있으며, 이 경우에는 주로 데이터가 사업 운영의 근거로써 기록·저장의 목적으로 사용된다.

데이터 자산은 일반 재화 자산과 마찬가지로 '품질(정확도)'이 가치에 결정적인 영향을 미친다. 아무리 중요한 항목의 데이터를 많이 갖고 있더라도 품질이 좋지 않으면 활용하기 어렵고, 꼭 필요한 항목이 아니라면 빅데이터라 하더라도 활용 가치가 없기 때문이다. 이와 관련해 2015년에 시장 조사 전문 기관인 가트너Gartner에서 조사한 결과에 따르면, 비즈니스 프로젝트의 40%가 이와 같은 데이터 자산의 품질 문제로 실패한다고 한다.

:: 데이터 자산의 품질(정확도)과 가치의 관계

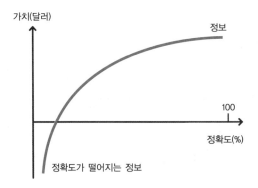

ᨀ 데이터 자산 가치 측정 모델

데이터 자산 가치 측정은 크게 '기업 내의 데이터를 관리하기 위한 가치 측정'과 실제 시장에서 판매되는 데이터의 가격 결정이나 회계 관리를 위한 '재정적 가치 측정'으로 구분한다.

'기업 내 데이터 관리를 위한 가치 측정'은 주로 다음과 같은 데이터 품질상의 객관적·주관적 관리 항목을 기준으로 이뤄진다.

> • 객관적인 관리 항목: 완전성, 지속성, 정확성, 유일성, 시간성, 유효성, 정밀성, 접근성 등
> • 주관적인 관리 항목: 존재성, 희소성, 비즈니스 관련성, 활용성, 상호 운영성, 신뢰성, 청렴성 등

'재정적 가치 측정'은 일반적으로 다양한 측정 모델을 조합해 판단하는데, 그중 몇 가지 측정 모델의 개념을 간략히 정리해 보면 다음과 같다.

(1) 비용 기반 모델

비용 기반 모델Cost Based은 데이터를 활용할 때 중복되거나 사용하지 않은 데이터의 비용은 빼고, 나머지 비용은 회계상 직접 비용과 간접 비용 등의 기준을 적용해 가치를 측정하는 것이다. 여기서 회계상 직·간접 비용들은 다음과 같이 데이터의 수집·저장·가공·활용과

관련된 다양한 유형으로 구분한다.

비용 기반 모델은 주로 시장 기반 모델이 존재하지 않거나, 매출에 대한 기여가 확실하지 않거나, 데이터를 손실·손상·도난당했을 때 위험 가치를 측정하는 데 사용한다. 하지만 이 모델은 이미 과거에 지불한 비용만을 고려하고 데이터의 미래적 가치는 고려하지 않은 개념이라는 한계가 있다.

- 사용자와 생산자 간의 연결 및 중개 비용
- 디바이스 및 센서 구매 및 연결 비용
- 데이터 전송 및 보안 비용
- 데이터 플랫폼 운영 비용
- 데이터 구매 및 통합·가공 비용
- 데이터 기록 및 수집 비용

(2) 시장 기반 모델

시장 기반 모델Market Based에 따른 데이터의 가치는 시장에서 거래되는 가격이나 전문가들의 조사·연구로 결정된다. 즉, 일반적으로는 시장에서의 사용자와 판매자 간의 합의에 따라 가치가 정해지며, 데이터 구매 거래는 현금, 상품 또는 서비스로 이뤄진다. 다만 아직까지는 데이터 시장이 넓지 않으므로 경매 방식을 취하기도 하고, 사용자가 어느 정도의 지불 의사willingness to pay를 갖고 있는지 실험 또는 조사하는 방식을 활용하기도 한다.

(3) 비즈니스 성숙 지수 모델

비즈니스 성숙 지수 모델은 톱다운Top-Down 방식으로 목표에 대한 공헌 정도에 따라 필요한 데이터의 우선순위를 수집해 가치를 평가한다. 이 모델에 따른 가치 측정 방법은 다음과 같다.

❶ 먼저 비용을 줄이거나 목표를 정의한다.

❷ 목표에 대한 일련의 활용 사례를 정리한다.

❸ 전문가가 활용 사례에 대한 데이터의 공헌 정도를 측정한다.

❹ 해당 공헌에 대한 ROI(투자 자본 수익률)를 산정한다.

데이터의 가치는 목표의 가치를 달성하기 위한 일련의 행동이나 비용 중 데이터만의 기여도를 계산하는 것으로, 이에 따른 수식은 다음과 같다.

데이터 가치 수식

$$\text{데이터 가치} = \text{데이터를 사용한 경우의 가치} \times \frac{\text{기여한 부분}}{\text{전체 기여도}}$$

(4) 의사결정 기반 모델

의사결정 기반 모델Decision Based은 비즈니스 성숙 지수 모델과 비슷한 톱다운 방식으로, 데이터의 품질이나 수집 빈도, 시간에 따라 변화하는 데이터의 가치 등을 고려한다. 그리고 필요한 정보를 만들어 내기 위한 데이터의 공헌 정도에 따라 회계적 개념을 사용해 측정한다.

이 모델에 따른 데이터의 가치 측정 순서는 다음과 같다. 데이터 활용의 목표를 정한 후 목표를 수행하는 데 필요한 데이터를 파악하고 데이터의 품질을 측정한다.

이 모델을 활용해 데이터 품질을 측정할 때 데이터의 적절한 수집 빈도나 품질 정확도가 높지 않으면 데이터의 가치가 줄어들 수밖에 없다. 이를 고려해 수집 빈도와 품질 정확도가 적절하면 '1', 그렇지 않다면 '0'을 부여하는 방식을 활용한다. 데이터의 정확도는 다음 수식처럼 사용하기에 적절한 정확도 수준과 실제 데이터의 정확도 수준의 비율로 측정한다.

데이터 정확도 수식

$$\text{데이터의 정확도} = \frac{(\text{요구된 정확도} - \text{실제 정확도})}{\text{요구된 정확도}}$$

데이터의 정확도를 산출할 수 없다면 품질 전문가의 의견으로 측정하기도 한다. 품질 전문가는 다음과 같은 기준을 바탕으로 데이터의 정확도를 평가할 수 있다.

품질 적정 지수(Quality Modifier)

- 0.2: 데이터 사용 불가
- 0.4: 기준 이하의 수준
- 0.6: 사용은 가능하지만 기능적으로 부족하거나 가공 필요
- 0.8: 훌륭한 데이터 수준
- 1.0: 완전한 수준

품질 적정 지수는 수집 빈도와 품질 정확도를 합해 0에서 1 사이로 책정한다. 품질 전문가는 용역, 하드웨어, 소프트웨어, 부가 설비 등을 감안해 비용을 책정한다. 그리고 데이터의 품질과 비용을 감안해 데이터를 활용한 프로젝트에서 데이터에 실제로 투입된 투자 가치를 측정한다. 이를 수식으로 표현하면 다음과 같다.

투자 가치 수식

$$투자\ 자본\ 수익률_{ROI} = \frac{생산된\ 가치}{투입된\ 비용}$$

- ROI < 1: 가치가 비용보다 작음.
- ROI = 1: 가치와 비용이 같음.
- ROI > 1: 가치가 비용보다 큼.

마지막으로 프로젝트의 목적에 대한 데이터의 공헌 정도에 따라 세부 항목을 추가해 최종 데이터 가치를 추정한다.

데이터 공헌도 수식

$$데이터\ 공헌도 = \frac{기여한\ 부분}{전체\ 기여}$$

프로세스 가치 수식

$$프로세스\ 가치 = \frac{처리하는\ 데\ 걸린\ 시간}{데이터를\ 획득하는\ 데\ 걸린\ 시간}$$

최종 데이터 가치 수식

$$최종\ 데이터\ 가치 = \frac{데이터\ 사용\ 가치\ \times\ 데이터\ 공헌도}{프로세스\ 가치}$$

(5) 소비 기반 모델

소비 기반 모델Consumption Based은 비용 기반 모델을 일부 적용한 데이터 허브나 플랫폼을 보유하고 있을 때 적합하다. 다만 이 모델을 적용해 데이터 가치를 측정하려면 데이터 허브에서 데이터를 다운로드한 횟수가 많아야 하고, 다양한 데이터 소스를 수집해 공유한다는 전제가 있어야 한다. 그러므로 다양한 사용자가 아무런 제한 없이 데이터 허브에 접근할 수 있어야 한다.

이 모델을 활용해 데이터 가치를 측정하는 방법은 다음과 같다.

❶ 데이터 허브 구축 비용을 산출한다.
❷ 중복 데이터는 제거하고 데이터 활용 빈도, 즉 데이터의 다운로드 등의 빈도를 측정한다.
❸ 데이터 품질에 맞춰 데이터 가치를 산출한다.

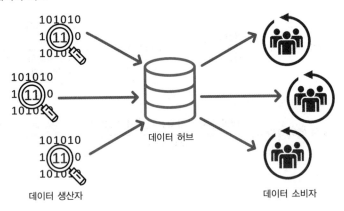

데이터 허브

데이터 생산자   데이터 소비자

다만 소비 기반 모델은 데이터 허브를 구축하고 관리하는 데 비용이 지속적으로 투자돼야 한다는 점과 사용자의 데이터 다운로드 후 활용 여부가 불투명하다는 점에서 현실적으로 적용하는 데 한계가 있다.

(6) KRDS 모델

KRDS Keep Research Data Safe 모델은 사용자 설문 조사를 이용해 데이터 허브의 경제적 가치를 평가하는 방식이다. KRDS를 활용해 사용자의 요구를 확인하면 데이터의 가치를 높이는 데 도움이 된다.

:: 데이터 허브 구축 비용 사례

비용 구분	투입 비용(달러)	비고
스태프	1,169,040	8주 동안 일할 스태프의 임금 스태프 지원 비용, 교육 비용 등

비용 구분	투입 비용(달러)	비고
하드웨어	37,000	서버 및 유지 보수 비용 포함
소프트웨어	6,500	구매 비용
스토리지	11,000	오프사이트, 온사이트, 온라인 및 백업 포함
유틸리티	14,000	전기, 가스, 수도 요금 포함
총계	1,237,540	

이 모델을 활용해 데이터의 가치를 측정하는 순서는 다음과 같다.

❶ 데이터 허브나 데이터 세트 구축 비용을 산정한다.
❷ 데이터 활용 프로젝트의 생애 주기를 고려해 직·간접적인 데이터 효과와 장·단
   기 운영 효과를 실제 데이터 활용으로 인한 내·외부 사용자로 분류해 측정한다.
❸ 데이데이터 생산자, 허브, 사용자에 관한 ROI를 산정한다.

데이터 가치를 측정하는 데 있어서 데이터 생산자 측면에서는 비용 기반 모델이나 시장 기반 모델, 데이터 사용자 측면에서는 비즈니스 성숙 지수 모델이나 의사결정 기반 모델이 적절하다. 또한 데이터 플랫폼 구축 측면에서는 소비 기반 모델이나 KRDS 모델을 사용할 수 있지만, 몇 개의 모델을 참고해 각자의 상황에 맞게 선택적으로 적용하면 된다. 이외에도 다양한 측정 방법이 존재하므로 구체적으로 어떤 방법을 활용할 것인지에 대한 추가 조사·연구가 필요하다.

데이터 시장

구매 데이터의 가치는 시장Data Marketplace에서 생산자와 사용자 간의 반복적인 교환·거래로 정해진다. 이때 데이터 시장에서 거래되는 대상은 개인, 센서, 비즈니스 관련 데이터로 구분된다. 데이터 시장에 참여하려면 다음과 같은 질문에 답할 수 있어야 한다.

- 기업 내 데이터의 종류와 가치는 무엇인가?
- 데이터를 공유할 때 위험 요소는 무엇인가?
- 데이터 판매 프로세스와 법규·보호·보안에 대한 대책은 무엇인가?
- 데이터의 교환으로 얻는 것은 무엇인가?
- 데이터 시장 생태계에서 판매자의 역할은 무엇인가?

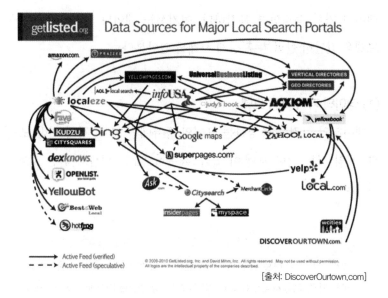

[출처: DiscoverOurtown.com]

이외에 데이터를 시장에서 판매하려면 데이터 가격 측정 및 판매 정책이 필요하다.

데이터 가격

데이터 가격은 비용, 품질, 데이터의 용도, 대체 가능한 데이터의 시장 가격, 고객의 필요 등 매우 복잡한 요소들에 영향을 받아 결정된다.

시장에서 거래되는 데이터의 가격도 다른 물리적 상품과 마찬가지로 시간의 흐름, 시장 환경에 따라 변화한다. 데이터 가격 측정 역시 데이터 가치 측정만큼 복잡하다. 여기서는 데이터 가격을 측정하는 모델을 간단히 살펴본 후 실제 사례를 알아본다.

(1) 데이터 가격 측정 모델

데이터의 가격을 측정하는 모델의 종류에는 크게 '경제 기반 모델'과 '게임 이론 기반 모델'이 있다. 세부적으로는 다음과 같은 모델들이 있다.

> • 경제 기반 모델: 비용 모델, 고객 가치 인지 모델, 수요 · 공급 모델, 상품 차별에 따른 가격 모델, 시장 변화나 고객의 필요 정도를 반영한 다이내믹 데이터 모델
> • 게임 이론 기반 모델: 비협력 게임 모델, 협상 게임 모델, 스택버그 게임 모델

다만 위의 모델 중 스택버그 게임 모델은 비협력적 게임 이론으로서 모든 시장의 판매자들이 가격 정책을 투명하게 공개해야 한다는 전제가 있으므로 현실적으로 적용하기 어렵다. 현실에서는 경쟁자가 가격 정책을 공표할 때까지 기다렸다가 그 결과를 보고 가격을 조정해 발표하는 판매자들도 있기 때문이다.

또 협상 게임 이론은 제공자와 소비자가 가격을 협상으로 결정하는 모델을 말한다.

최근 데이터 시장에 공급자들이 늘어나면서 데이터 가격이 일반적인 상품에 대한 수요·공급 법칙을 따르고 있다. 미국의 금융 정보 기업인 엑스페리언Experian의 조사에 따르면, 다음 그래프와 같이 2007년에 35달러였던 개별 데이터의 가격이 2011년에는 20달러까지 떨어졌다고 한다. 이런 조사 결과에 비춰 볼 때, 미국은 2007년 이후 데이터 판매 사업이 포화 상태에 들어간 듯하다.

:: 미국 내 개별 데이터의 가치 변화 추이

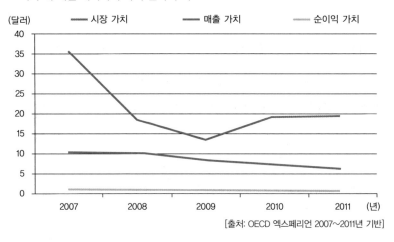

[출처: OECD 엑스페리언 2007~2011년 기반]

(2) 시장에서 거래되는 데이터의 가격 사례

데이터 가격은 다음 그래프와 같이 데이터의 콘텐츠에 따라 다르게 책정된다. 예를 들면 금융 기관을 대상으로 해서는 신용 관련 파산 정보가 다른 어떤 정보보다 비싸게 거래된다.

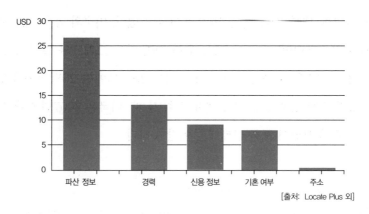

[출처: Locate Plus 외]

다음 표는 2010년에 사이버 보안 기업인 시맨틱Symantec에서 조사한 범죄시장에서 거래되는 데이터와 가격이다. 눈에 띄는 점은 은행계좌 정보가 15~850달러에 이르는 가격에 거래되고 있다는 것이다.

:: 범죄 시장에서 거래되는 데이터 가격

순위	정보 유형	2009년(%)	2008년(%)	가격 범위(달러)
1	신용카드 정보	19	32	0.85~30
2	은행 계좌 정보	19	19	15~850
3	이메일 계정	7	5	1~20
4	이메일 주소 목록	7	5	1.70~15(메가바이트당)
5	셸 스크립트	6	3	2~5

[출처: 시맨틱]

다음 표는 마이크로소프트 애저 마켓플레이스Microsoft Azure Marketplace 에서 거래되는 데이터의 가격이다. 이 표를 살펴보면 지리정보 시스템 기업인 에스리ESRI에서 제공하는 미국의 인구 통계 데이터가 10트랜젝션당 9.95달러에 거래되고 있다는 것을 알 수 있다.

:: 마이크로소프트 애저 마켓플레이스의 데이터 가격 사례

회사명	데이터 세트	트랜잭션	$/Million Matched
ESRI	2010년 주요 미국 인구 자료	150 100 50 25 10	49.95 39.95 24.95 19.95 9.95
STATS LLC	MLB 경기별 데이터	제한 없음	9.54
	MLB 실시간 점수	제한 없음	21.54
	MLB 연도별 데이터	500 100 50	120 24 12
Govt. of USA	Data.gov 데이터	제한 없음	0
Weather Central LLC	초소형 예측 데이터	1,000,000 100,000 10,000 2,500	2,400 600 120 0
	날씨 기상 이미지	1,000,000 100,000 10,000 2,500	2,400 600 120 0

회사명	데이터 세트	트랜잭션	$/Million Matched
AWS Convergence Technologies	역사적 자료	2,000 500 100	120 36 12
Alteryx LLC	지오코딩을 이용한 지리 탐색 서비스	제한 없음 250,000 100,000 75,000 50,000 20,000 10,000	1,194 954 714 594 474 354 234
GTW Holdings	싱가포르의 관심 지점	제한 없음	0
Zillow Inc.	주택 평가 자료	30,000	0
	저당(담보) 정보	30,000	0
CDYNE Corp.	국가별 사망 지수	1,000,000	396
Dun & Bradstreet	영업 조회	10,000 5,000 2,000 1,000	1,800 900 360 180
	기업 연고지	1,000	4,920
	기업 리스크 관리	64	4,920
Strikelron	판매 및 소비세율	50,000 10,000 1,000	3,300 900 150
Wolters Kluwer	CCH corpsystem 판매세율	50,000	333
PracticeFusion	의학 연구 데이터	제한 없음	0

회사명	데이터 세트	트랜잭션	$/Million Matched
United Nations	UNAIDS	제한 없음	0
	WHO 데이터	제한 없음	0

[출처: 마이크로소프트 애저 마켓플레이스]

환자들의 데이터를 판매하는 기업인 리즈플리스닷컴LeadsPlease.com
에서는 개인 식별 정보와 이름을 제거한, 암이나 당뇨, 심한 우울증
환자의 메일 리스트를 1명당 0.26달러에 판매하고 있는데, 해당 환자
들이 자주 사용하는 약 종류에 관한 데이터도 이 가격에 포함된다. 이
기업에서는 데이터 가격을 할인해 주기도 한다. 예를 들어 5~10만
리스트를 대량으로 구매하는 경우, 데이터당 0.14달러로 할인해 주는
식이다. 이 기업이 밝힌 바에 따르면, 해당 리스트 안에는 환자 본인
이 직접 제공한 데이터도 많다고 한다.

마케팅 전문 컨설팅 및 데이터 판매 기업인 액시엄에서는 일부 소셜
네트워크 사용자들의 데이터를 다음 표와 같은 가격에 판매하고 있다.

:: 액시엄의 가공 데이터 가격 사례

항목	$/Million Matched
그룹 보험 관련	30
그룹 금융 관련	30

항목	$/Million Matched
사용 사이트 수	25
쇼핑 사이트 멤버 수	25
소득	7
부동산 가치	10

위 사례들처럼 데이터 가격은 시장 구조, 가격 모델, 사용 알고리즘이나 규칙, 접근 방식, 데이터 판매 목적에 따라 다르게 구성될 수 있다.

다음 그림은 미국 경제지인 「파이낸셜타임즈」의 홈페이지 내에 있는 개인 정보의 가격을 보여 주는 화면이다. 개인 정보 성격에 맞는 사

:: 파이낸셜타임즈 홈페이지 내 개인 정보 가격 안내 화면

[출처: 파이낸셜타임즈]

항에 체크하면 해당 조건에 따른 개인 정보의 가격을 추정할 수 있다.

예를 들어 나이, 성별, 우편 번호, 민족, 교육 수준 등의 개인 정보를 제공한다 하더라도 대략 0.007달러 수준이다. 다른 정보를 추가하면 가격이 좀 더 높아지지만, 여전히 1달러를 넘지 않는다. 즉, 일반적으로 가공하지 않은 원천 데이터의 가치(가격)는 그리 크지 않다는 점을 시사한다.

데이터 판매 정책

데이터를 판매하는 기업들은 데이터 가격 모델에 따라 데이터의 가격을 정한 후 기업의 형편에 따라 무료, 사용 시간 단위당 사용량, 패키지, 시간 단위별 정액제 등과 같은 가격 정책을 선택한다. 그중 몇 가지 가격 정책을 소개한다.

(1) 무료 데이터 정책

일반적으로는 기업에서 데이터를 무료로 공유하지 않지만, 샘플 데이터, 저품질 데이터, 공공 데이터의 경우에는 무료 데이터 정책Free Data Strategy을 시행하기도 한다. 다만 이 정책은 잠재 고객을 끌어오기 위해 활용하는 것이므로 이후에는 기업 이익을 최대화하기 위해 데이터 가격 정책을 전환한다.

(2) 사용 기반 가격 정책

사용 기반 가격 정책Usage-based Pricing Strategy은 데이터의 단위별 사용 시간을 기반으로 하는 정책으로, 월 단위 무선 전화 요금제나 인터넷 사용 시간 단위당 요금제 등이 이에 해당한다.

(3) 패키지 가격 정책

패키지 가격 정책Package Pricing Strategy은 사용 기반 정책에서 발전한 형태로, 기본 고정 가격을 정해 놓고 그 이상 추가로 사용하는 데이터는 사용 기반 가격 정책을 활용한다. 패키지 정책은 고객의 사용 시간, 트래픽, 사용 패턴 등을 분석해 정한다.

(4) 일정 단위 정액 가격 정책

일정 단위 정액 가격 정책Plat Pricing Strategy은 단순 가격 정책으로, 고객이 서비스를 처음 사용할 때 요금을 한 번만 지불하게 하는 정책이다. 일반적으로 다른 정책과 병행해 사용한다.

(5) 프리미엄 가격 정책

프리미엄 가격 정책Premium Strategy은 처음에는 무료 또는 저가 정책을 쓰다가 고객이 고급 서비스나 완전 상품을 원하면 요금을 추가로 지불하게 하는 정책이다.

᠀ 데이터 중개 및 가공 서비스 사업 모델

데이터 시장에서 중요한 매개 역할을 하는 데이터 중개 서비스 관련 사업 모델을 운용하는 기업들이 있다. 2014년에 시장 조사 전문 기관인 가트너에서 조사한 결과에 따르면, 매년 데이터 중개 시장이 데이터 분석 서비스나 기타 데이터 기반 비즈니스 서비스 시장의 성장에 촉매 역할을 하며, 그 결과가 30% 이상 성장했다고 한다. 이 조사 결과처럼 데이터 과학이나 분석 시장은 데이터 통합·가공 서비스 시장이 먼저 성장한 이후에 뒤따라 성장한다.

데이터 통합·가공 서비스 기업들은 하나의 사업 모델로만 존재하지 않고 때로는 여러 개의 사업 모델로 구성되지만, 어느 한 영역에 특화된 전문 기업들도 있다.

(1) 데이터 중개 모델

데이터 중개 모델은 단순히 데이터 보유 기업에서 데이터를 제공받아 데이터가 필요한 기업에게 제공하는, 즉 데이터를 연결하는 역할만 하는 모델이다. 데이터의 종류에 따라 개인 정보, 기업, 센서 데이터를 거래하는 시장이 존재한다. 예를 들어 데이터툼DataTum, 시냅스 AISynapse AI, 데이터 월렛Data Wallet은 주로 개인 정보를 사용자 단위로 거래하며, DX 네트워크The DX Network, 오션OCEAN은 기업 간 데이터를 항목 단위, 데이터 브로커 다오Data Broker Dao, 스트리머Streamer, IOTA

데이터마켓IOTA Data Market은 사물 데이터를 시간 단위로 거래한다.

미국의 경우, 포괄적 데이터 중개 모델을 채택한 기업들은 애저 데이터 마켓플레이스Azure Data Marketplace, 데이터닷컴data.com, 스노우플레이크snowflake.com, 다웨즈dawex.com 등과 같은 민간 데이터 거래소들이다.

:: 이메일 데이터 거래 예시

2021 Fresh Updated South Korea 39 930 Consumer Email Database

$49.00 ~~$98.00~~

BUY AND DOWNLOAD

2021 Fresh Updated USA 400 Million Consumer Email Database

$749.50 ~~$1,499.00~~

BUY AND DOWNLOAD

2021 Fresh Updated Australia 3 000 000 Consumer Email Database

$299.50 ~~$599.00~~

BUY AND DOWNLOAD

[출처: 이메일 데이터 프로]

이에 반해 중국은 데이터 거래소가 주로 민간과 정부가 합작하거나 정부가 대주주로 참여하는 형태로 설립했다. 중국 귀양시의 빅데이터 거래소GBDEx가 이러한 중개 모델에 속한다. 이 거래소는 데이터 권리 확립, 가격 책정, 지수, 거래, 결산, 지불, 안전 보장, 자산 관리 등과 같은 종합 패키지 서비스를 제공하며, 365일 24시간 언제나 거래가 가능하다.

이 거래소에서는 이러한 서비스를 지원하기 위해 11개의 분점을 운영하고 있다. 현재 알리바바, 텐센트, 징동, 하이얼, 차이나 유니콤, 신화망, 마오타이, 교통은행, 중신은행 등 약 2,000개의 회원사를 보유하고 있으며, 회원사 중 225개 기업이 빅데이터 소스를 제공받고 있다.

중국의 또 다른 사례로는 상해 데이터 거래 센터가 있다. 이 거래 센터는 국유 자본 59%, 민간 자본 41%로 구성된 국유 기업으로, 2016년에 상해시 인민 정부의 비준을 거쳐 설립됐다. 이 거래 센터는 2017년 3월에 설립된 중국 빅데이터 유통과 거래 기술 국가 프로젝트 실험실의 수행 기관이자, 빅데이터 거래 표준 시점 기지로 지정됐으며, 상해시 경제정보화위원회의 승인으로 10개 업종 및 100개 응용 빅데이터를 전시하고 있는 빅데이터 응용 성과 종합 전시 체험 센터를 운영하고 있다.

이 거래 센터는 동방항공, 건설은행 등 200여 개의 회원사를 보유하고 있으며, 주주인 차이나 유니콤, 중국 전자 등 50여 개의 데이터 판매자가 활동하고 있다. 현재 이 거래 센터의 거래 플랫폼에서는 하루 약 2,000만 건의 데이터 상품 검색이 이뤄지고 있으며, 누적 검색량이 19억 건에 달한다.

이 거래 센터에서는 사용자 프로파일CAP, 기업 프로파일CEP, 도시 프로파일CCP 등 3가지 종류의 빅데이터를 소스로 활용하고 있는데, 여기에는 중국 120개 도시, 단말 사용자 8만 명의 속성·행위 등과 같은 정보와 중국 기업 및 경영진의 개인 정보 관련 데이터가 포함돼 있다.

분류	개수	분류	개수	분류	개수	분류	개수
금융	5	정부	10	정책	4	법원	3
에너지	20	소셜	2	환경	9	특허	3
기업	32	전자 통신	168	사회	8	전자 상거래	10
신용 조회	51	부동산	19	기상	12	소비	12

[출처: 상해 데이터 거래 센터]

(2) 데이터 가공 서비스 모델 및 사업자들

데이터 가공 서비스 모델Data Management Platform, DMP은 플랫폼 및 데이터 제공 · 수집, APIApplication Programming Interface를 이용한 데이터 수집, 정제한 데이터의 리포팅 · 분석 서비스 또는 데이터 기반 서비스를 제공하는 기업들이 주로 운용한다. 또한 데이터 관리 및 데이터 보안 · 보호 컨설팅 업체들도 대부분 이러한 모델에 속한다.

데이터 가공 서비스 모델을 운용하는 기업들은 데이터 보유 및 가공 기업의 데이터를 정제·융합해 기업에 데이터 서비스를 제공하는 사업 방식을 취하고 있으며, 그중 상당수가 클라우드 플랫폼을 이용하고 있다. 이들 기업은 각 산업 영역에서 수집된 데이터들과 온·오프라인에서 생성된 데이터들을 통합해 데이터 수요 기업에 제공한다.

데이터 가공 모델과 비슷한 개념으로 '데이터 팩토리Data Factory' 사업이 있는데, 이는 다양한 공공 및 민간 데이터를 수집·가공해 판매하는 것을 말한다. 데이터 팩토리 사업은 외부 데이터를 활용하려는 기업들에게 분산된 데이터를 직접 수집·가공했을 때 부딪칠 수 있는 기술적 어려움을 해결해 주거나 시간, 자원 등을 아낄 수 있게 해 준다. 이를 위해 원천 데이터에 대한 정제, 중복 제거, 법 적용, 데이터 변환, 활용 가능한 지수를 생성하는 등의 업무를 진행한다. 특히 데이터 팩토리 사업은 분석 모델의 테스트나 인공지능 개발을 위한 훈련 데이터Trainning Data를 생성하는 데 좀 더 집중한다.

데이터는 원유처럼 정제가 필요하다. 이 정제 작업이 이뤄지는 장소를 '데이터 정제소Data Refinery'라고 하는데, 이곳에서는 주로 데이터의 연결, 정제, 변환, 보강 등 데이터 활용을 위한 일련의 전前처리 과정을 담당한다. 데이터 제공자Data Provider들, 즉 데이터 가공 모델이나 데이터 팩토리 사업을 운용하는 기업들이 주로 이 데이터 정제소 사업을 영위한다.

⧉ 크레딧 뷰로와 데이터 뷰로

데이터 가공 사업은 주로 금융 분야에서 소개됐는데, 이는 '크레딧 뷰로Credit Bureau'라고 불린다. 대표적인 예로 한국의 나이스신용정보NICE, 한국크레딧뷰로KCB, 미국의 트랜스유니온Trance Union, 엑스페리언Experian, 에퀴팩스Equifax 등을 들 수 있다.

일반적인 데이터 사업 분야에서 데이터 가공 사업을 영위하는 기업을 '데이터 뷰로Data Bureau'라고 부른다. 외국에는 이미 이러한 데이터 가공 중개 사업을 40~50년 이상 영위해 온 기업들이 있다. 대표적인 예로 미국의 시그나이트Xignite, 캐나다의 퀀들Quandl 등을 들 수 있다.

(1) 시그나이트

2003년에 미국 캘리포니아에서 설립된 시그나이트Xignite는 클라우드에 있는 시장 데이터Market Data Cloud와 API를 활용해 1,000개 이상의 금융업자, 기관 투자자, 언론 매체, 소프트웨어 개발자 등에게 주식·채권·펀드 시장, 상장 지수 펀드Excahnge Traded Fund, ETF 금리, 환율, 원자재 등과 관련된 실시간 시세 정보 및 금융정보를 유료로 제공한다.

시그나이트는 데이터 제공 업체로 설립됐지만, 빅데이터 기술을 도입하면서 높은 평가받고 있다. 시그나이트는 이러한 기술을 활용해 금융 관련 애플리케이션 개발자를 위한 파이낸셜 데이터 APIFinancial Data API, 거래소 및 데이터 벤더Vendor를 위한 시그나이트 마켓 데이터 디스트리뷰션Xignite Market Data Distribution, 금융 기관을 위한 시그나이트 엔터프라이즈 데이터 디스트리뷰션Xignite Enterprise Data Distribution 등 고객 유형별 맞춤형 데이터 공급 수단을 제공하고 있다.

시그나이트의 대표적인 고객들은 자산 관리, 소매 금융, 지급 결제, 투자자 지원, 투자 거래, 투자 분석 등을 지원하는 핀테크 기업들이 많다. 다음은 시그나이트의 고객 기업들이다.

웰스프론트(Wealthfront), 퍼스널 캐피털(Personal Capital), 베터먼트 (Betterment), 퓨처어드바이저(FutureAdvisor), 요들리(Yodlee), 시그피그 (SigFig), 젬스텝(jemstep), 스퀘어 캐시스타(Square Cashstar), 시킹알파 (Seeking Alpha), 스톡트위츠(StockTwits), ETF닷컴(ETF.com), 로빈후드 (Robinhood), e토로(etoro), 모티프인베스팅(MotifInvesting), 8시큐어리티즈 (8securities), 켄쇼(Kensho), Y차트(Ycharts), 차트IQ(ChartIQ)

다음과 같은 기존 금융 기업에서도 비용 절감 및 마케팅 데이터 확보를 위해 시그나이트와 거래하고 있다.

블랙록(BlackRock), 찰스 슈왑(Charles Schwab), BNY 멜론(BNY Mellon), 아메리트레이드(Ameritrade), 엔베스트넷(Envestnet), 오펜하이머(Oppenheimer)

(2) 퀀들

또 다른 데이터 뷰로 기업으로 2011년 캐나다 토론토에서 설립돼 빅데이터 분석 도구를 제공하는 퀀들이 있다. 퀀들은 빅데이터 분석을 위해 잭스ZACKS, 질로우Zillow, 세계은행, 나스닥NASDAQ, 바차트Barchart, 유로스태트Eurostat, 미국연방은행FRB, OECD, ICI, EIA, 샤라다르

Sharadar에서 주식, 선물, 원자재, 외환, 이자율, 옵션, 자산 관리 및 펀드, 인덱스, 산업, 경제 등 다양한 분야의 데이터를 제공받는다.

쿼들의 서비스는 무료 데이터, 공개 데이터, 프리미엄 데이터 서비스로 구분된다. 먼저 무료 데이터, 공개 데이터 서비스는 외부에서 제공받은 2,000만 세트의 금융·경제 데이터를 무료 데이터, 공개 데이터 플랫폼에 탑재해 제공한다. 프리미엄 데이터 서비스는 쿼들 소속 데이터 관리자가 일차적으로 가공해 데이터 품질을 제고시킨다는 점에서 데이터 중개 모델과 구별된다. 쿼들의 주요 고객은 다음과 같다.

이코노미스트(The Economist), HSBC, JP모건(JPMorgan), 켄쇼(Kensho), 도모 (DOMO), 바스프(BASF), 시카고대학(The University of Chicago), 스미스필드 (Smithfield), 머니넷(Money.Net), 테자(Teza)

❦ 데이터 제공에 특화된 기업들

데이터 가공 서비스 사업자들은 여러 사업을 겸업하는 경향이 있는데, 그중 단순 데이터 제공에 좀 더 집중하는 사업자들을 소개하면 다음과 같다.

(1) 33어크로스

33어크로스33across는 100만 개의 웹사이트에서 월 14억 사용자들을 대상으로 30억 개의 고객 의도와 관심 신호를 수집하고 20종류, 500세그먼트로 구성된 패키지를 구성해 비즈니스, 금융 서비스, B2B 데이터 세트, 인구 통계 데이터를 제공한다.

(2) 어피니티 앤서스

어피니티 앤서스Affinity Answers는 인스타그램, 트위터, 페이스북에서 6만 개 이상의 브랜드 관련 데이터를 수집한다. 주로 화장품, 게임, 자동차, 모바일, 라이프 스타일 위주로 수집한 고객 행동 데이터를 2,000개 이상의 세그먼트로 구성해 판매하고 있다.

(3) 애널리틱스IQ

애널리틱스IQAnalyticsIQ는 데이터 과학과 인지 심리 관련 마케팅 분석을 전문으로 하는 기업이다. 공공 및 민간 데이터를 통합해 마케팅 관련 고객 행동을 예측한다. 광고 에이전시, 자동차, 금융, 보험, 비영리, 유통, IT, 여행 관련 데이터를 제공한다.

이외에 나이, 성별, 기혼 여부, 가족 구성, 소득, 자산, 주택, 직업, 인종, 신용 이력, 투자 종류와 이력, 의료 등의 데이터와 기업 관련 B2B 데이터도 제공하고 있다.

(4) 봄보라

봄보라Bombora는 미국에서 가장 큰 B2B 마케팅 및 영업 데이터를 수집한다. 기업이 위치하고 있는 지역 및 인구, 기업 정보, 기업의 구매 의향 데이터를 제공한다.

(5) CACI

CACI는 영국에서 가장 큰 데이터베이스와 데이터 분석 및 경영 서비스를 제공한다. 정부, 조사 기관, 무료 데이터, 공개 데이터 등 75개의 제공자에게서 데이터를 수집하며, 온라인 디지털 데이터와 450개 이상의 라이프 스타일 세그먼트를 오션Ocean이라는 브랜드 이름으로 제공한다.

(6) 카드리틱스

카드리틱스Cardlytics는 금융 기관의 온라인이나 고객 사용 이력에서 신용, 대출, 금융 결제 지불 관련 데이터를 구매해 마케팅 분석 서비스와 데이터를 제공한다. 이 기업에서는 민감한 정보인 금융 기관의 1차 데이터를 안전하게 보호하기 위해 특허받은 기술을 이용해 개인 식별 정보를 공유하지 않는다. 카드리틱스에서는 데이터를 판매자, 구매력, 구매 빈도, 구매 종류 등의 방식으로 세분화하고, 소매, 여행, 오락 서비스 등으로 분류한 세그먼트로 구성해 제공한다.

(7) 컴스코어

컴스코어ComScore는 스마트 TV 시청자 관련, 시청 시간, 청취 채널 등 300가지 이상의 세분화 데이터를 제공한다. 이 기업은 미국에서 가장 큰 스마트 TV 데이터 수집 파트너와 협력하고 있다.

(8) 커넥시티

커넥시티Connexity는 본사를 미국에 두고 있지만 영국, 프랑스, 독일, 이탈리아, 호주, 뉴질랜드에서도 사업을 운영하고 있다. '소비자의 구매 의도'처럼 주로 온라인 소매 유통 관련 데이터를 제공한다. 1억 7,500만 개의 상품 리스트를 7,500개의 브랜드로 분류하고, 해당 상품들의 구매 시기를 1,400개 유형으로 세분화한다. 이외에 소비자들의 계절별, 생애 주기별 라이프 스타일을 조사해 세분화한 데이터도 제공한다.

(9) 크로스 픽셀

크로스 픽셀Cross Pixcel은 e커머스, 구매 이력, 웹사이트에서 2억 4,000만 개의 사용자 데이터를 수집한다. 이렇게 수집된 데이터를 500개 이상의 구매 시기 세그먼트, 450개 이상의 소비자 프로파일 세그먼트, 100개 이상의 B2B 세그먼트로 구성해 프로그래매틱 플랫폼인 미디어매스Mediamath, 턴Turn, 오라클 블루카이Oracle BlueKai와 같은 수요자 측면의 플랫폼Demand Side Platform, DSP에 제공한다.

(10) 큐빅

큐빅Cuebiq은 위치 정보 관련 전문 기업으로, 와이파이, GSP, 비콘과 같은 장치로 소비자들이 자주 가는 장소의 방문 빈도나 머무는 장소 등과 같은 데이터를 수집한다. 이렇게 수집한 데이터를 190개 이상의 위치 기반 행동 세그먼트, 900개 이상의 브랜드 세그먼트, 80개 이상의 인터넷 기반 소비자 세그먼트로 구성해 제공한다.

(11) 데이터믹스

데이터믹스DATAMYX는 4,000가지 이상의 다양한 원천 데이터 소스를 활용해 생성한 금융, 자동차, 보험 관련 데이터를 40개의 세그먼트로 구성해 제공한다.

(12) 델리데이터X

델리데이터XDelidataX는 주로 라틴아메리카나 스페인 시장 관련 중소 기업, 부동산, 기업가, 개인 이주·이사 등의 데이터, 기존의 구매 패턴과 유사 상품 소비 관련 세그먼트를 제공한다.

(13) 엑스페리언

엑스페리언Experian은 고객의 신용 정보 에이전시로, 다양한 디지털 마케팅 데이터와 소비자들의 자산 관련 데이터를 제공한다. 모자이크 Mosaic라는 소비자 라이프 스타일 관련 19개의 세그먼트를 구성하고 있으며, 신용 정보 에이전시로서 소비자 금융 관련 데이터도 제공하고 있다. 이외에 선호하는 소배 패턴 인구 통계 데이터도 제공한다.

(14) 아이오타

아이오타Eyeota는 개인 정보 보호 규정을 적용한 온·오프라인 데이터를 개인 식별 정보 없이 안전하게 처리해 제공한다. 엑스페리언, 봄보라, 세마시오Semasio, CACI와 같은 데이터 제공 기업과 3만 개 이상의 미디어 및 출판사에게 제공받은 데이터를 5,800개 이상의 소비 세그먼트로 구성해 제공한다.

(15) 파이낸셜 어디언시스

파이낸셜 어디언시스Financial Audiences는 주로 미디어 기업들에게서 금융·투자 관련 데이터를 수집한다. 주로 온라인 사용자의 코멘트나 공유 자료에서 수집한 소비 행동 및 소비 내역 관련 데이터를 가공한다. 보험, 은행 또는 퇴직 연금 관련 데이터나 기업의 보험, 대출, 은행 거래 관련 금융 데이터를 제공하며, 인구 통계나 개인 투자 관련 데이터도 제공한다.

(16) IRI

IRI는 주로 소비 유통업의 판매 이력 데이터, 설문 조사 데이터, 멤버십 관련 데이터에서 원천 데이터를 수집한다. 3억 5,000개 이상의 고객 카드에서 수집한 판매 데이터를 가공해 소비 예측 지수나 가공 데이터인 프로스코어스ProScores를 제공한다.

(17) 칸타 숍컴

칸타 숍컴Kanta Shopcom은 미국의 광고 에이전시인 WPP의 자회사로, 데이터 분석을 이용해 마케팅 컨설팅 서비스를 제공한다. 숍컴Shop-com이라는 멀티 채널 고객 데이터 베이스 플랫폼을 보유하고 있다.

(18) KBM 데이터 서비스

KBM 데이터 서비스는 소비자나 기업의 매출 이력 데이터에서 2,800개 이상의 상권 데이터를 수집해 아이-비헤이비어I-Behavior라는 데이터베이스로 제공한다. 인구 통계, 구매, 미디어 소비, 소매, 계절 관련 데이터와 B2B 세그먼트를 제공하고 있다. 주로 미국, 영국, 프랑스, 브라질에서 활동하고 있다.

(19) 로타미 데이터 익스체인지

로타미 데이터 익스체인지Lotame Data Exchange, LDX는 미국의 가장 큰 데이터 회사 중 하나다. LDX는 다양한 마케팅 캠페인을 가능하게 하는 40억 개의 쿠키와 모바일 ID를 수집해 인구 통계, 관심, 의향, B2B, 위치 또는 스마트 TV의 소비자 정보로 4,000개 이상의 고객 세그먼트를 제공한다. LDX는 데이터 품질 향상을 위해 글로벌 마케팅 리서치 기업인 닐슨 리서치가 조사한 데이터와 비교해 데이터의 품질을 확인하며, 이렇게 생성된 데이터와 세그먼트는 많은 광고 플랫폼에 캠페인 용도로 제공되고 있다.

(20) 마스터카드 어디언스

마스터카드 어디언스Mastercard Audience는 주로 온라인에서 사용한 22억 개의 카드 구매 이력으로 얻은 데이터를 익명으로 제공한다. 유통, 여행, 오락, 스포츠 상품, 명품 구매 이력이나 계절·명절·휴가 관련 상품 구매 이력 등과 같은 세그먼트를 제공한다.

(21) 머클

머클Merkle은 전 세계에 28개의 지사를 두고 자체적으로 원천 데이터를 생산한다. 인구 통계, 자산, 라이프 스타일, 자동차 관련 500개 이상의 세그먼트와 카메오CAMEO라는 사회 경제 지수도 제공한다.

(22) 모바일왈라

모바일왈라Mobilewalla는 북아메리카, 유럽, 아시아의 20여 개 나라에 디바이스 ID 기반의 모바일 관련 행동 데이터를 제공한다. 대부분의 모바일 데이터를 수집하며, 공공 데이터와 모바일 캠페인 데이터에서도 데이터를 추출한다. 이런 데이터들을 스포츠, 소비 유통, 부동산, 건강 관련 데이터 기반의 세그먼트로 구성해 제공한다.

(23) 나베그

나베그Navegg는 라틴아메리카와 관련된 데이터를 제공하는 브라질 기업이다. 주로 사용자의 웹 행동, 가격 비교, e커머스 관련 원천 데이터에서 추출한 데이터를 1,400개 이상의 세그먼트로 구성한다. 이외에 인구 통계, 구매 의도, 관심, 취미 등의 라이프 스타일, B2B 관련 데이터도 제공한다.

(24) 뉴스타 애드어드바이저

뉴스타Neustar AdAdvisor는 200개 이상의 데이터 협력사에게서 원천 데이터를 제공받아 자동차, 인구 통계, 개인 금융, 쇼핑, 기술, 컴퓨터 관련 가공 데이터를 제공한다. 인터넷, 위험, 디지털 성능 및 방어, 통신, 엔터테인먼트 및 마케팅 산업에 대한 실시간 정보 및 분석 데이터를 제공한다.

(25) 닐슨 DMP 데이터

닐슨 DMP 데이터Nielson DMP Data는 주로 데이터 제공과 성과 측정 관련 사업을 하며, 닐슨의 자체 데이터와 외부 데이터를 융합해 6만 개 이상의 세그먼트를 제공하고 있다. 주로 구매 이력을 기반으로 한 신용카드, 매장 방문, 장바구니 규모, 구매한 상품 관련 데이터, 쇼핑 설문 조사 데이터 등 광범위한 영역의 데이터를 사용한다. 온라인이나 모바일에서 TV 시청이나 라디오 청취 등의 온·오프라인 데이터를 수집해 제공하고 있으며, 여행, 통신, 유통, 자동차, 금융, B2B 관련 산업 데이터도 제공한다.

(26) 원어디언스

원어디언스OneAudience는 4억 개의 디바이스에서 데이터를 수집해 150개 이상의 세그먼트를 구성한다. 앱 사용 이력을 앱 개발자나 제공자에게서 제공받아 자동차, 여행, 보험 상품의 구매 시기, 졸업·취직 등과 같은 라이프 이벤트 관련 데이터를 제공한다.

(27) 오라클 데이터 클라우드

오라클 데이터 클라우드Oracle Data Cloud는 크로스 디바이스 솔루션인 오라클 ID 그래프ID Graph로 다양한 데이터를 통합해 활용한다. 오프라인 구매 이력 데이터를 제공하는 데이터로직스Datalogix와 소비 및 구매 데이터를 제공하는 블루카이BlueKai를 인수해 구매 시기와 자동차 구매 이력을 제공하는 애드디스AddThis, 큐레이티드 어디언스Curated Audience라는 세그먼트로 구성해 제공한다. 또한 봄보라Bombora나 던 앤 브래드스트리트Dun & Bradstreet에게서 제공받은 400억 개 이상의 B2B 프로파일도 제공한다.

오라클 데이터 클라우드에서 운영하는 블루카이 마켓플레이스Bluekai Marketplace에서는 액시엄Acxiom, 컴스코어Comscore, 엑스페리언Experian, 로타미Lotame, 칸타 미디어Kantar Media, 비자 어디언스Visa Audience

등과 같은 데이터 제공자들이 데이터를 판매하고 있으며, 다양한 디지털 사업자로 구성된 마케팅 에코 시스템을 제공하고 있다.

(28) 세마시오

세마시오Semasio는 인테넷 사용자들의 웹 페이지 내용이나 키워드를 머신러닝을 기반으로 분석해 사회·인구 통계, 관심사를 바탕으로, 대출, 여행, 스포츠 용품 등의 구매 의도 관련 데이터를 제공한다. 또한 시맨틱 트윈스Semantic Twins라는 유사 구매 모델 기반 세그먼트도 제공하고 있다.

(29) 스킴링크

스킴링크Skimlinks는 웹 또는 앱 사용자들의 150만 개 웹 페이지 링크나 내용을 추적하고, 고객의 구매 의도, 유사 브랜드, 구매 시기 등과 같은 정보를 제공한다.

(30) 트루시그널

트루시그널TruSignal은 공개된 공공 데이터, 설문 조사, 지방 신문 등에서 2억 2,000만 개의 미국 성인 관련 오프라인 데이터를 수집한 후 자동차, 금융, 정치 관련 예측 데이터나 유사도 세그먼트로 구성해 다양한 마케팅 플랫폼에 제공한다.

(31) V12 데이터

V12 데이터v12 Data는 온·오프라인 채널에서 인구 통계, 라이프 스타일, 자동차, 구매 이력, 소비한 상품, B2B 관련 원천 데이터를 수집해 디지털 마케팅 업체에 제공한다. 15가지 도메인 영역에서 1,900가지의 세그먼트를 생성하는데, 주로 검색어를 통한 구매 의도 데이터를 제공한다. 이들이 제공하는 데이터는 기존에 구매한 상품과 유사한 상품 또는 새로 이사한 사람들의 세그먼트, 자동차, 금융, 여행, 개인 심리 프로필, 스포츠나 피트니스 등과 같은 옴니 채널 정보들이다.

(32) 비자 어디언스

비자 어디언스Visa Audience는 비자 신용카드에서 생성된 구매 이력을 바탕으로 한 익명의 데이터를 제공한다. 이러한 데이터에는 상품 분류, 소비 빈도, 구매 시간, 구매액, 온·오프라인 구매 등과 같은 유통 관련 데이터와 자동차, 식품, 기술, 여행, 계절 소비 제품 관련 데이터가 포함돼 있다. 이러한 데이터들을 175개의 세그먼트로 구성해 주요 DMPData Management Platform 기업이나 디지털 마케팅 기업에 제공한다.

(33) 비주얼DNA

비주얼DNAVisualDNA는 닐슨 리서치의 자회사로, 주로 설문 조사에서 수집한 사용자 심리 프로파일을 제공한다. 미국, 영국, 프랑스, 스페인, 독일, 이탈리아 등 다양한 국가에서 사업을 영위하고 있으며, 심리 유사도 모델을 소비 유통, 자동차, 오락, 금융 영역에 제공한다.

(34) 웹블라

웹블라Webbula는 100여 개의 원천 데이터 소스에서 수집한 구매 이력, 설문 조사, 공공 데이터, 온·오프라인의 데이터를 사용한다. 온라인 쿠키, 모바일 ID에서 수집한 인구 통계, 자동차, B2B 데이터, 정치 성향, 금융, 관심·취미 데이터를 제공한다.

(35) 지프 데이비스

지프 데이비스Ziff Davis는 114개 국가의 웹사이트, e커머스 등과 같은 다양한 영역에서 1억 200만 명의 월 사용자와 소비, 비즈니스 기술, 게임, 오락, 의료, 쇼핑 등 500가지 이상의 영역을 대상으로 원천 데이터를 수집하고 있다. 이렇게 수집한 데이터를 기반으로 소비 가전, 남성 라이프 스타일, 게임·오락, 모바일, 소프트웨어 관련 데이터를 제공한다.

이외에 데이터 가공 및 관리 서비스를 위한 플랫폼과 데이터를 포함해 광고, 마케팅 분야에서 활발하게 사업을 추진하고 있는 데이터 가공 서비스 사업자는 다음과 같다. 이들 DMP 사업자가 데이터 제공자와 다른 특징은 플랫폼 구축 시스템을 함께 제공한다는 데 있다.

애드폼 DMP(Adform DMP), 어도비 어디언스 매니저(Adobe Audience Manager), 더 애덱스 아모비 DMP(The Adex AMobee DMP), 구글 어디언스 센터 360(Google Audience Center 360), 로타미 DMP(Lotame DMP), 미디어 매스 DMP(MediaMath DMP), 뉴스타 IDMP(Neustar IDMP), 닐슨 DMP(Nielson DMP), 오라클 블루카이(Oracle BlueKai), 세일즈포스 DMP(Salesforce DMP), 집라인 바이 KBM 그룹(Zipline by KBM Group)

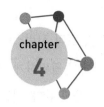

데이터 보안과
개인 정보 보호

처음 자동차가 등장했을 때는 도로나 표지판, 교통 법규 등이 없었던 것처럼 지금의 데이터 유통 산업도 초창기 자동차 시대와 비슷하다. 오늘날 데이터 유통 산업이 신규 일자리 창출, 침체된 경제를 활성화시키는 촉매 역할을 하고 있지만, 빅데이터 수집·활용에 따른 민감한 개인 정보의 보호와 데이터 유출 위험이라는 숙제를 안고 있다.

일반적으로 미국에서는 새로운 기술이 등장하면 일단 시도해 보고 문제가 생기면 규율이나 법률상의 사후 조치를 하는 포괄적 네거티브 방식을 취하고 있다. 이런 미국에서 지난 몇 년 동안 벌어진 의미 있는 데이터 관련 소송이나 사건들을 정리했다. 이 사례들을 통해 미국이 어떤 데이터 관련 법적 문제들로 고민하는지 살펴보고 미국이나 유럽의 데이터 보안과 보호에 대한 법적 조치와 시스템적 접근 방법을 알아보자.

❧ 미국의 대표적인 데이터 관련 사건

대표적으로 미국보안국National Security Agency, NSA의 위반 사례와 과거 데이터 유출 사건을 정리했다.

(1) 개인 정보 보호 위반 사례

'프리즘PRISM'은 미국보안국에서 자국 내 인터넷 기업들의 다양한 통신 내역을 수집하는 프로그램이다.

이 프로그램의 실체는 2013년에 미국보안국에서 계약직으로 일했던 에드워드 스노든 때문에 알려졌다. 그는 프리즘 프로젝트가 기업의 동의 없이 각 기업의 핵심 서버에 접속해 자료를 수집할 수 있다고 주장했다. 이 프로젝트에는 구글, 페이스북, 마이크로소프트, 애플 등 9개 IT 기업이 협조한 것으로 알려졌다.

스노든이 공개한 자료에 따르면, 프리즘은 미국보안국이 2011년 9월 11일 알카에다의 세계무역센터 공격 이후 조지 W. 부시 대통령의 지시를 받아 외국인 테러리스트 의심자를 추적하는 'FISA' 프로그램의 단점을 극복하기 위해 도입됐다고 한다. FISA 프로그램을 이용해 외국인 테러리스트 의심자를 추적할 때는 해당 국가의 협조가 필요했다. 이에 미국 정부는 시간을 다투는 테러 사건에서 해당 기관의 협조를 구하기보다는 프리즘 프로그램을 이용한 사전 검열로 의심자를 찾아 내는 방식이 더 빠르다고 판단했던 것이다.

백악관은 스노든의 내부 고발로 이러한 사실이 드러나자 '불법적인 개인 정보를 활용한 적은 없으며, 수사 목적을 위해 활용했을 뿐'이라고 해명했다. 프로젝트에 협조한 것으로 알려진 기업들도 사실을 부인했다. 페이스북은 "우리는 정부에 정보를 넘긴 적이 없다."라고 밝혔고, 애플은 "어떤 정부 기관에게도 우리 서버에 바로 접속할 수 있는 권한을 제공한 적 없다."라고 밝혔다. 구글 역시 "어떤 형태로든 정부의 정보 수집 활동에 협조한 적 없다."라고 밝혔다.

미국보안국에서는 "미국인의 개인 식별 정보는 세이프 가이드나 특별 프로토콜을 사용해 보호하기 때문에 안전하다."라고 주장했다. 하지만 일부 전문가들은 미국보안국, FBI, CIA가 미국인과 비미국인의 개인 식별 정보를 자유롭게 검색하는 '백도어 서치스Back-door Searches'가 이뤄질 수 있어서 여전히 위험하다고 비판했다.

결과적으로 스노든이 프리즘 프로그램의 정체를 폭로한 일은 빅데이터와 클라우드를 활용한 맞춤형 서비스 제공에 따른 보안과 안정성 문제를 지적한 큰 사건이었다.

(2) 미국의 데이터 대량 유출 사례

데이터를 보호하는 보안 기술이 발전하고 있는데도 여전히 외부 해커들의 침입으로 데이터 유출 사례가 빈번하게 발생하고 있다. 데이터가 유출되면 해당 데이터의 대상자가 불법 행위의 대상이 될 수 있다는 문제도 있지만, 더 크게는 기업 브랜드나 이미지에 상당한 타격을 줌으로써 기업의 존폐 문제로 발전할 수도 있다. 여기서는 과거 미국에서 발생한 데이터 대량 유출 사례를 정리했다.

❶ 엡실론

엡실론Epsilon은 한해에 2,200개 글로벌 브랜드의 고객 리스트와 400억 개의 이메일 리스트를 다루는 기업이다. 이 기업에서는 2011년 108개 소매점의 고객 및 이메일 리스트와 시티은행 및 일부 비영리 기관 등의 데이터가 유출돼 40억 달러의 가치가 소실됐다.

❷ 액시엄

액시엄Acxiom은 기업 경영을 심각한 상황으로 몰고간 2번의 데이터 유출 사건을 겪었다. 2003년과 2004년에 걸쳐 기업의 내부 계약 직원인 다니엘 바스Daniel Bass와 광고 메일 대량 발송 업체인 스나이퍼메일Snipermail.com의 운영자인 스콧 리바인Scott Levine이 액시엄이 보유한 일부 패스워드와 16억 건에 달하는 고객 개인 정보를 훔치는 사건이 벌어진 것이다. 대부분 비민감 데이터 또는 암호화된 데이터였고 실제 범죄로 이어지지는 않았지만, 이 사건은 역대 가장 대규모의 개인 정보 데이터 유출 사건 중 하나로 기록됐다.

결국 2005년에 다니엘 바스는 45개월, 스콧 리바인은 8년의 징역형을 선고받았다.

❸ 기타 데이터 유출 사례

이외의 대표적인 데이터 유출 사례들을 정리하면 다음과 같다.

:: 데이터 유출 사례

기업명	발생 시기	유출 사건
카드시스템스 솔루션	2005. 6.	4,000만 개의 비자 · 마스터카드의 이름, 계좌번호 등 신용카드 계좌 도난
AOL	2006. 8.	검색 · 쇼핑 · 은행 관련 65만 개의 사용자 데이터 도난
TJX	2006. 11.	9,400만 개의 신용 정보 도난
몬스터닷컴	2007. 8.	130만 개의 사용자 이름, 전화번호, 주소 등의 데이터 도난
허트랜드 페이먼트 시스템즈	2008. 3.	1억 3,400만 개의 신용 정보 도난
RSA 시큐리티	2011. 3.	4,000만 개의 임직원 정보 도난
소니 플레이스테이션 네트워크	2011. 4.	7,700만 개의 플레이스테이션 네트워크 계좌 도난
트위터	2012. 5.	사용자 이름과 패스워드가 포함된 58,978개 트위터 계정 도난

❖ 데이터 활용 및 분석 관련 소송

대표적인 사례로는 페이스북의 데이터를 분석하는 기업인 케임브리지 애널리티카Cambrige Analytica가 페이스북 이용자의 정보를 선거에 이용하면서 벌어진 소송 사건과 미국의 자동차 번호 판독 관련 소송 사건을 들 수 있다. 각 사건의 개요는 다음과 같다.

(1) 페이스북 - 케임브리지 애널리티카 정보 유출 사건

이 사건은 2018년 초에 케임브리지 애널리티카가 수백만 명의 페이스북 가입자 프로필을 사전 동의 없이 수집하고 정치적 선전목적으로 사용했다는 사실이 밝혀지면서 일어난 정치적 논쟁이다.

2015년과 2016년에 미국 공화당 소속 상원 의원인 테드 크루즈Ted Cruz의 선거 캠페인에서 케임브리지 애널리티카에 불법 데이터 사용료를 지불했다는 사실이 보도됐다. 이에 크루즈 선거 본부 측에서는 해당 데이터들이 적법하게 수집된 것이라 생각했다고 주장했다.

더욱이 케임브리지 애널리티카가 수집한 해당 데이터들은 2016년 미국 대통령 선거와 영국의 브렉시트 국민투표뿐 아니라 인도, 이탈리아, 브라질 등 여러 나라에서 투표자들에게 영향을 미치는 데 사용됐다는 것도 밝혀졌다.

이후 페이스북에서는 정보 유출로 피해를 입었다고 생각하는 사용자들에게 메시지를 보내, 수집된 정보는 아마도 그들의 '공개된 프로필'과 '좋아요'로 반응한 페이지들, 생일과 현주소지 정도일 것이라고 안심시켰다. 하지만 그 이후에 페이스북의 일부 사용자들의 뉴스피드, 타임라인, 메시지까지 수집됐다는 사실이 추가로 밝혀졌다.

케임브리지 애널리티카가 페이스북을 이용해 수집한 데이터들은 해당 데이터 주인들의 성격 특성도Psychographic Profiles까지 뽑아 낼 만큼 자세했으며, 심지어 위치까지 파악할 수 있었다. 이렇게 유출된 데이터들은 여러 나라에서 정치 캠페인 목적으로 활용됐다. 예를 들어 어떤 종류의 정치 광고가 특정 장소에 있는 누구에게 효과적인지를 선별하는 데도 쓰였다.

결국 페이스북의 CEO 마크 저커버그는 2013년 미 의회 청문회에 출석해 케임브리지대학의 연구원 알렉산드르 코간이 페이스북 사용자뿐 아니라 그들의 페이스북 친구들의 정보까지 빼낼 수 있는 퀴즈 앱을 만들었고, 30만 명의 페이스북 사용자가 그 앱을 설치했다고 시인했다. 그리고 2019년 7월 미국의 연방거래위원회는 투표를 시행해 페이스북에 50억 달러의 벌금을 부과했다.

(2) 미국의 자동차 번호 판독 소송

자동차 번호 판독 기술은 고속도로 요금 징수, 교통 상황 파악, 범죄 방지 등의 합법적인 목적과 공공의 안정성을 이유로 엄청나게 발전해 왔다.

그런데 최근 이미지 데이터를 활용한 AI 기술의 발전으로 자동차 번호의 판독이 쉬워져 보험, 자동차 대출, 견인 서비스 등 상업 목적의 실시간 자동 판독이 이뤄지면서 개인 정보 보호 이슈 등을 이유로 한 소송 사례들이 늘어나고 있다. 여기서는 그중 몇 가지 대표적인 사례를 알아보자.

❶ 플로리다 주 자동차 번호판 판독 소송(2018년)

플로리다 주의 코럴 게이블스 시에서는 자동차 번호판의 자동 판독을 위해 7년간 3,000만 개 이상의 번호판을 촬영했다. 이에 라울 마스 케노사Raul Mas Canosa라는 시민이 2018년 10월에 시에서 수천 번에 걸쳐 자신의 자동차 뒷모습과 번호판을 촬영하고, 자동차의 위치와 시간 데이터를 저장한 것은 개인 정보 보호를 침해한 비헌법적 행위라며 코럴 게이블스 시와 플로리다 주 정부를 상대로 소송을 제기했다.

❷ 유타 주 자동차 번호판 판독 소송(2014년)

자동차 견인 업체들은 유타 주에서 자동차 번호판 추적과 사진 촬영을 금지하는 것은 자신들의 권리를 침해한다며 주 정부를 상대로 소송을 제기했다. 수집한 데이터를 자동차 대출 업체나 정부 기관에 판매하는 이들 기업에서는 자동차의 위치와 자동차 번호판 관련 데이터는 공공 정보라고 주장했다. 이에 대해 유타 주 정부에서는 자동차 번호판 관련 데이터는 불법 주차나 도로 통행료 징수와 같이 불법이나 범죄 행위에 관련해서만 사용할 수 있으며, 다른 용도로 사용하는 것은 불법이라고 주장했다.

(3) 미국 의회 데이터 브로커 청문회(2013·2015년)

2013년 11월 제이 록펠러Jay Rockefeller 상원 의원이 발의한 데이터 브로커 업체인 엑스페리언Experian, 액시엄Acxiom, 엡실론Epsilon에 대한 청문회가 전화와 이메일을 이용해 진행됐다. 청문회에서는 이들 기업에게 데이터 브로커의 정의에 관한 질문에 답변할 것과 데이터 소스 및 고객 리스트를 요구했다.

하지만 이들 기업에서는 해당 자료들이 기업의 자산이자 보안 자료라는 이유로 제출을 거부했다. 이들은 청문회에서 요청한 자료는 고객과 파트너사 간에 맺은 보안 협약상 제출할 수 없고, 자신들의 사업은 법적으로 아무런 문제가 없다고 주장했다. 특히 액시엄은 기업 설립 이래 파트너사에게 데이터를 제공하거나 마케팅에 사용할 때 불법적인 사례는 없었다고 주장했다.

2015년 11월에는 미국 의회에서 '데이터 브로커 업체의 고객 정보는 안전한가?'라는 주제로 패트릭 리히미Patrick Leahy 상원 의원이 발의한 청문회가 열렸다. 액시엄의 최고 보안 책임자인 프랭크 카세트라Frank Caserta는 액시엄이 보유한 데이터의 종류와 수집 방법을 설명했다. 그리고 액시엄은 데이터의 보안과 보호를 위해 보안, 보호, 외부 감사, 위험 관리 최고 책임자를 두고 보안 관련 정책과 전략, 프로그램을 운영한다고 하면서 이와 관련된 프로그램도 소개했다. 그러면서 그는 그 어떤 보안 프로그램도 완전하지는 않지만, 액시엄은 최선의 프로그램과 직원 보안 교육으로 대응하고 있다고 주장했다.

(4) 액시엄의 9·11 테러범 색출을 위한 항공 데이터 활용 관련 청문

미국 국회는 2002년 액시엄에서 9·11 테러범 색출을 위해 사용된 데이터가 개인 정보 보호 위반이라는 이슈가 불거지자 이에 대한 청문회를 열었다.

2002년 9월, 액시엄은 FTPFile Transfer Protocol를 통해 제트블루항공을 이용한 2,226,715명의 승객에 대한 33개월 간의 개인 여정 데이터 500만 건5million JetBlue PNRs을 암호화 형태로 데이터 기반 국가보안관리 프로젝트인 토치 콘셉트Torch Concepts에 제공했다.

해당 데이터들은 액시엄의 인구 통계 데이터와 함께 전달됐으며, 그 안에는 제트블루항공을 이용한 승객들의 성별, 거주 기간, 소득, 가족, 직업, 자동차 정보 등이 포함돼 있었다. 이 정보는 인구 통계 정보로 주소, 우편번호, 사회보장번호, 출생일, 주거기간을 제공했지만 승객의 실명을 노출하지 않았다. 토치 콘셉트에서는 액시엄에서 데이터를 받을 때마다 내부의 보안 관련 절차를 착실히 수행했다고 주장했다.

미국의 국가 개인 정보보안 사무국의 청문회 보고서 내용은 다음과 같다.

❶ TSA(Transportation Security Act), 즉 미국 국가교통안전청은 9·11 테러의 범인을 색출하기 위해 모든 항공 승객을 조사했고, 이 과정에서 아무런 법 위반이 없었다. 조사에 사용된 데이터는 제트블루항공의 계약자인 액시엄에서 바로 토치 콘셉트에게 전달됐고, 해당 데이터를 TSA에서 활용할 때는 「개인 정보 보호법」(The Privacy Act of 1974)이 준수됐다고 한다.

❷ 기본적으로 해당 데이터는 TSA의 '국가의 기본 안전 보강 프로젝트'를 목적으로 전송됐고, 데이터의 패턴을 찾는 기술 개발을 위한 개념으로 시작한 테스트 프로젝트로 시작됐다.

❸ TSA 직원이 데이터 전송에 관여했고, 미국 국방성과 항공사 간에 계약서와 음성 녹음은 있었지만, 이들 데이터가 공유됐을 때 개인에게 미칠 영향이나 개인 정보 정책은 발견하지 못했다.

❹ TSA가 데이터 전송에 참여했다는 사실은 중요하다. 몇몇 항공사들이 TSA의 관여가 없었기 때문에 프로젝트에 대한 데이터 전송 요구를 거절하기도 했지만, 제트블루항공과 국방성 간의 계약에서는 TSA 직원이 관여했다.

❺ TSA 직원이 관여했지만, 「개인 정보 보호법」에 따른 개인 정보 보호 관점에서는 적법한 절차를 거치지 않았다. 이러한 데이터 공유는 「개인 정보 보호법」에 어긋나는 것이다.

결국 해당 데이터들은 9·11 테러범 색출이라는 국가 보안상의 중대한 목적으로 사용됐지만, 개인 정보 보호 입장에서는 잘못된 것이었다. 개인 정보 보안 사무국에서 액시엄에게 권고한 시정 사항은 다음과 같다.

❶ 시정 조치(Corrective Action): TSA 직원은 「개인 정보 보호법」과 정책에 대해 최소한 개인 정보 보호국의 기준에 부합하는 교육을 받아야 한다.

❷ 조사관 위탁(Referral to the Inspector General): TSA 운영 범주가 개인 정보 보호국의 범주를 넘어가는 영역인지, 아닌지 결정하기 어려울 때는 국가 보안국의 조사관을 참고인으로 불러 확인을 받아야 한다.

❸ 종합적 개인 정보 보호 교육(Comprehensive Privacy Training): 종합적 개인 정보 보호 교육이 추가로 필요하고, 최신 추세에 맞춰 교육 시스템이나 프로그램을 재구성할 필요가 있다. 이에 개인 정보 보호국은 개인 정보 보호 교육 관련 시스템이나 프로그램을 지속적으로 분석하고 공식화할 필요가 있다.

(5) GDPR 위반 과징금 사례

유럽연합EU에는 국민의 개인 정보를 다루는 기업과 집단이 의무적으로 따라야 하는 GDPRGeneral Data Protection Regulation(개인 정보 보호 규정, 자세한 설명은 84쪽 참조) 규정이 있다. 이 규정이 무서운 이유는 높은 과징금이 부과되기 때문이다.

GDPR은 위반 성격, 지속 기간, 중대성 등 11가지 기준에 따라 크게 '일반 위반'과 '심각한 위반' 2가지 종류도 나뉘고, 각 위반 유형에 따라 과징금이 부과된다. '일반 위반'일 때는 '1,000만 유로(약 132억 원)'와 '전 세계 연간 매출액의 2%' 중 높은 금액이 과징금으로 부과되고, '심각한 위반'일 때는 '2,000만 유로(약 264억 원)'와 '전 세계 연간 매출액의 4%' 중 높은 금액이 과징금으로 부과된다. 수십조 단위의 매출을 올리는 글로벌 기업의 입장에서는 2%든, 4%든 천문학적 금액이 될 수 있다. 이러한 과징금을 부과받은 기업들의 대표적인 사례를 간단히 살펴보면 다음과 같다.

❶ 구글

글로벌 기업인 '구글Google'은 2019년 1월 프랑스 정보자유국가위원회CNIL에게서 다음과 같은 사항들이 GDPR의 '제5조 개인 정보 처리 원칙 정책'을 위반했다는 이유로 과징금 5,000만 유로(약 653억 원)를 선고받았다.

이외에 개인 맞춤형 광고에 필요한 '유효한 동의'를 획득하지 않은 점도 GDPR의 '제6조 처리의 적법성 정책'을 어긴 것으로 판단됐다.

- 데이터 처리 목적 및 저장 기간에 대한 정보를 한곳에서 제공하지 않고 5~6회 이상 클릭하도록 한 점
- 일반적이고 모호한 설명으로 명확하고 포괄적인 정보를 제공하지 않은 점

❷ 바레이로 몽티조

포르투갈의 의료 기관인 바레이로 몽티조Barreiro Montijo는 2018년 11월 다음과 같은 사유로 40만 유로(약 5억 원)의 과징금을 선고받았다.

이는 포르투갈에서 발생한 최초의 GDPR의 위반 사례로 알려졌다.

- 의사 이외의 직원들에게 환자의 개인 정보 접근 권한을 부여한 점
- 개인 정보의 불법적 접근 방지를 위한 기술적·관리적 조치를 적용하지 않은 점
- 개인 정보 처리 시스템 및 서비스의 기밀성·무결성·가용성을 유지하지 않은 점

❸ 비스노드

온라인 광고사인 비스노드Bisnode는 2018년 3월 폴란드 정부에서 GDPR의 '제14조 정보 주체에게서 개인 정보가 수집되지 않았을 경우 제공해야 하는 정보 정책'을 위반했다는 이유로 22만 유로(약 3억 원)의 과징금을 선고받았다. 여기서 정보 주체는 EU 국민을 말하며, 개인 정보를 직접 획득하지 않고 다른 경로로 확보할 때는 그 사실을 EU 국민에게 고지해야 하는데, 이를 지키지 않았다는 것이다.

❹ 택사 4×35

덴마크의 택시업체인 택사 4×35Taxa 4x35는 2018년 2월 보유 기간이 지난 고객의 승차 정보를 보관했다는 이유로 16만 유로(약 2억 원)의 과징금을 선고받았다. GDPR의 '제5조 개인 정보 처리 원칙'을 어겼다는 이유였다. 택사 4×35는 "승객의 승차 이력 데이터 보존을 위해 전화번호만 보관하고 승객의 이름을 삭제해 개인 정보를 익명화했다."라고 주장했지만, 감독관은 전화번호로도 개인 정보 식별이 가능하다는 점을 들어 이 주장을 수용하지 않았다.

❺ 크누델스

독일의 채팅 애플리케이션인 크누델스Kneddels는 2018년 11월 사용자 비밀번호 등 개인 정보 암호화 미준수를 이유로 정부에게서 2만 유로(약 2,600만 원)의 과징금을 선고받았다. 크누델스에 등록된 80만 개의 이메일 주소와 180만 개의 비밀번호가 해킹 공격으로 유출되면서 해당 정보들을 암호화하지 않은 사실이 드러났기 때문이다.

데이터의 보호 · 보안

데이터 보호·보안을 위해 개인이 주의하거나 가이드를 만들어 교육하는 것도 중요하지만, 사전에 시스템을 만들어 관리하는 것이 더욱 중요하다. 관리해야 할 모든 범위를 100% 충족할 수 있는 기술적인 데이터 보호·보안 대책은 없기 때문이다.

따라서 데이터의 중요성과 민감도에 따라 등급 체계를 만들거나, 데이터의 관리 시스템을 마련해 활용을 통제하거나, 데이터 가공 서비스 기관에서 전문적으로 관리하는 노력이 필요하다.

여기서는 대표적인 데이터 관련 법인 EU의 GDPR과 미국의 CCPA에 관해 알아보고 데이터 등급 체계, 디지털 권리 관리Digital Rights Management, DRM 그리고 데이터 가공 기관의 데이터 보호와 보안을 위한 시스템적 역할을 살펴본다.

(1) 유럽의 개인 정보 보호 법령(GDPR)

GDPR은 2018년 5월 25일부터 시행되고 있는 EU의 개인 정보 보호 법령으로, 위반 시 과징금이 부과될 수 있으므로 EU와 거래하는 우리나라 기업들은 주의해야 한다. 특히 기존의 EU 지침은 권고 차원의 규정인 데 반해, GDPR은 모든 회원국이 의무적으로 준수해야 한다는 점에서 큰 차이가 있다. GDPR은 EU에서 사업장을 운영하는 기업뿐 아니라 전자 상거래 등을 이용해 해외에서 EU 주민의 개인 정보를 처리하는 기업에 적용된다.

GDPR에는 이전에 없었던 개인 정보 책임자 Data Protection Officer, DPO 지정 등 기업의 책임을 강화하는 내용과 정보 이동권 등 정보 주체의 권리를 강화하는 내용이 추가됐다.

따라서 특히 EU 내 주민의 민감한 정보(건강, 유전자, 범죄 경력 등)를 처리하거나 아동 관련 정보를 처리하는 기업의 CCTV 등을 이용해 공개적으로 접근 가능한 장소를 모니터링하는 기업들은 GDPR의 위반 여부를 점검해야 한다.

(2) 미국 캘리포니아 주 「소비자 개인 정보 보호법」(CCPA)

캘리포니아 주 의회는 소비자에게 개인 정보를 효과적으로 관리할 수 있는 방법을 제공하고, 캘리포니아 주민의 개인 정보 보호 권리를 증진시키기 위해 2018년 6월 28일에 「소비자 개인 정보 보호법」 Consumer Privacy Act, CCPA을 제정하고, 2020년 1월 1일부터 시행했다. 해당 법에 따른 개인의 주요 권리는 다음과 같다.

❶ 어떤 개인 정보가 수집되는지 알 권리
❷ 개인 정보가 판매·공개되는지 여부 및 누구에게 판매·공개되는지를 알 권리
❸ 개인 정보 판매를 거부할 권리
❹ 자신의 개인 정보에 접근할 권리
❺ 개인 정보 보호 권리를 행사하는 경우에도 동일한 서비스와 가격을 누릴 권리

이 법에 따라 기업은 고객 정보를 얻기 전에 수집 이유를 명확히 공개할 의무를 지게 됐다. 또한 개인 정보와 관련된 변경사항이 생길 경우 즉시 고객에게 통보해야 하며, 고객이 개인 정보 수집·사용에 동의하지 않는다고 해서 동의한 고객과 서비스를 차별화해 제공하면 안 된다. 이외에 CCPA에는 다음과 같은 사항들이 포함돼 있다.

· 개인 정보(Personal Information)에 대한 정의 개념 확대
· 비식별 정보(Deidentified Information)의 개념 정의
· 정보 공개를 요구할 소비자의 권리
· 정보 삭제를 요구할 소비자의 권리
· 소비자 권리에 관한 사업자의 의무 사항
· 사업자의 정보 유출 책임 등

CCPA를 위반하면 피해자 1명당 100~750달러(약 11~88만 원)의 벌금이 부과된다. 다만 수익이 2,500만 달러(약 296억 원) 미만이고, 5만 명 이상의 개인 데이터를 보유한 기업이 아닐 때는 CCPA 규제 대상에 포함되지 않는다.

(3) 데이터 등급 체계

우리나라도 데이터의 제공과 활용을 활성화하고, 이에 따른 부담을 줄이기 위해서는 내내외 환경 변화에 신속하게 대응할 수 있는 유연하고 효율적인 데이터 보호 정책을 수립해 적절한 데이터 공개 규칙을 만들어야 한다. 이러한 규칙은 전 세계적으로 엄격해진 개인 정보 보호 규정 등 관련 법령을 준수해야 한다.

데이터 분류Data Classification는 위와 같은 데이터 보안 정책을 수립하는 데 핵심이 되는 요건이다. 이때 데이터 분류는 저장된 정보에 대한 보호 대상을 각각의 중요도에 따라 차등을 두는 것을 말한다. 과거에는 기업에서 사내 정보를 공개 자료, 대외비, 기밀 등으로 구분했는데, 최근에는 기업에서 개인 정보를 취급할 때 해당 개인 정보를 보호 대상에 포함시키고 있다.

데이터 분류는 주로 정보가 유출됐을 때의 영향도를 고려한 '민감성'을 바탕으로 이뤄지며, 분류된 정보 중에는 특정 그룹의 사람들이 접근할 수 없는 규정이 포함돼 있다. 이렇게 분류된 데이터에 접근하려면 공식적인 인가가 필요하며, 일반적으로 민감성을 몇 단계로 나

뒤 인가 요건을 차별화한다. 이러한 방식의 보안 분류 체계는 매우 일반적인 방법으로, 전 세계 모든 국가의 정부에서 사용하고 있다.

데이터 분류 체계는 목적과 상황에 따라 조금씩 차이가 있지만, 일반적인 예를 들면 다음 표와 같다.

:: 데이터 분류의 일반적인 사례

구분	세부 내역
기밀 (Confidential)	• 유출 시 조직에 심각한 손해를 끼치는 경우 • 사업 전략과 같이 유출되면 향후 사업 기회를 상실할지도 모르는 중요한 자료
개인 정보 (Private)	• 유출 시 개인에게 심각한 손해를 끼치는 경우 • 조직이 보유한 개인 정보, 임직원 및 고객의 주민 등록 번호, 계좌 번호 등
대외비 (Sensitive)	• 일반 정보보다 기밀성, 무결성이 요구되는 데이터 • 기업 재무 정보
공개 자료 (Public)	• 유출돼도 특별히 문제될 것이 없는 데이터 • 위 등급에 포함되지 않는 데이터

기업이나 기관마다 나름의 분류 체계를 기준으로 보호 대상 데이터를 분류하고 있지만, 일반적으로 위 표와 같은 일반적인 분류 체계의 틀에서 크게 벗어나지 않는다.

그런데 위 표처럼 분류 기준상에 '심각한 손해' 등의 모호한 표현들이 사용되면 데이터를 분류하기가 쉽지 않을 수 있다. 따라서 세부 표현들을 구체적으로 정의할 필요가 있다.

(4) 디지털 권리 관리

디지털 권리 관리Digital Rights Management, DRM는 출판권자 또는 저작권자가 그들이 배포한 디지털 자료나 하드웨어의 사용을 제어하고, 이를 의도한 용도로만 사용하도록 제한하는 데 사용되는 모든 기술을 말한다.

DRM은 논란의 여지가 있는 분야에서 저작권 소유자가 저작물에 대한 불법 복제를 막아 지속적인 수입원을 확보하는 데 필요하다. 이 기술은 주로 기존 오프라인에서 CD나 DVD 등으로 유통되던 많은 음악, 영화 등이 온라인상에서 유통됨에 따라 정당한 금액을 지불하지 않는 불법적인 사용을 차단하기 위해 인증된 사용자가 인증 기간 동안만 사용할 수 있도록 통제하는 데 많이 사용된다.

또한 기업의 기밀 사항이 담긴 내부 문서가 외부로 유출되지 않도록 관리하는 데도 많이 사용된다. 디지털 자료인 데이터 역시 불법 복제 방지나 개인 정보 보호 차원에서 사용될 수도 있다.

현재는 마이크로소프트 DRM, 애플 DRM, 어도비 DRM 등 여러 IT 기업에서 만든 다양한 솔루션이 개발돼 있다. DRM의 주요 기능은 보안, 접근 통제, 사용자 통제 및 관리, 라이선스 관리, 지불 관리 등이다. DRM의 흐름은 다음 그림과 같다.

:: 마이크로소프트 DRM의 흐름

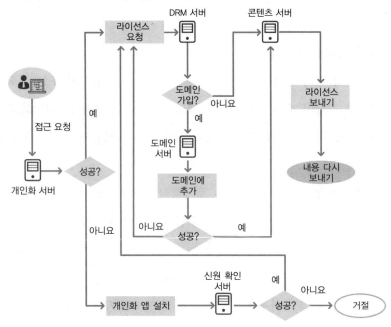

(5) 데이터 가공 서비스 기관

데이터 가공 서비스 기관은 '신뢰할 수 있는 제3자Trusted Third Part, TTP 모델'로, 개별 기업들이 개인 정보를 무분별하게 수집·유통시키거나 보안 문제에 노출될 가능성 있을 때 사전에 차단하는 역할도 한다.

액시엄과 같은 민간 데이터 가공 사업자도 국가 산하 기관처럼 개인 정보 보호와 보안 문제를 사전에 조사해 차단하지만, 이 역할을 제대로 수행하려면 몇 가지 구성 요건이 필요하다. 대표적인 예로 미국의 버몬트 주에서는 민간 데이터 가공 사업의 의무 등록 제도 신설 법안을 제출했다. 이 법안을 데이터 브로커 등록할 때 반드시 제공해야 하는 정보는 다음과 같다.

- 데이터 브로커의 명칭·거주지(사업지)·이메일 주소
- 개인 정보 수집·판매를 거부(옵트 아웃)할 수 있는 방법
- 전년도 데이터 보안 침해 사실 여부와 그로 인해 피해를 입은 소비자 수
- 미성년자의 개인 정보에 적합한 수집 여부
- 데이터베이스, 영업 활동, 옵트 아웃 방침이 상세히 기술된 별도의 진술서

이처럼 미국에서는 연방 차원의 데이터 브로커들을 규제하는 시도가 여러 차례 있었지만, 입법화되지는 못했다.

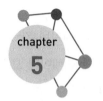

chapter
5

4차 산업혁명:
스마트 혁신 사회

❧ 산업별 스마트 사회의 사례

　데이터 경제로 이룩한 데이터 생태계는 디지털 기술, 네트워크 등의 신기술과 결합해 산업 전반에 걸쳐 변화를 일으키고, 그 결과 삶의 질을 향상시키는 '스마트 사회'를 구현한다. 이번 장에서는 데이터 생태계에 기반을 둔 디지털 기술이 불러온 스마트 사회의 방향성을 각 산업별로 간단히 살펴본다.

(1) 스마트 금융

　'핀테크FinTech'는 '금융Finance'과 '기술Technology'의 합성어다. 핀테

크 관련 주제들 중에서 최근 은행권에서 거론되는 '스마트 금융'은 빅데이터, 인공지능 등과 같은 IT 기술로 고객들이 원하는 형태의 금융 관련 요구를 충족시키는 것이라고 할 수 있다.

스마트 기기의 급증으로 쇼핑, 정보 검색, 업무 처리 등 모바일 중심의 새로운 비즈니스 생태계가 확대되고, 이를 지원하는 모바일 기반의 뱅킹, 이체, 결제, 상거래 등의 금융 거래가 빠르게 증가하고 있다. 대표적인 예로 토스, 카카오페이 등을 둘 수 있다.

이외에도 스마트 금융에는 모바일 뱅킹, 모바일 결제 등 상품·서비스의 접근 편의성을 위한 고객 접점 영역뿐 아니라 상품·서비스를 효과적으로 전달하기 위한 고객 분석, 상품 개발, 프로모션 등의 영역도 포함된다. 또한 기존의 전통적인 전자 어음에 P2B 대출을 결합한 중소 기업 지원형 전자 어음 플랫폼도 있다.

(2) 스마트 부동산

부동산 산업도 여러 단계의 기술 발전을 거치면서 스마트하게 변화하고 있다. 특히 부동산 공공 데이터가 공개되면서 부동산 서비스를 제공하는 '프롭테크PropTech'가 국내 부동산 시장에서 영향력을 키우고 있다. 프롭테크는 '부동산property'과 '기술technology'의 합성어다.

전통적인 부동산 사업 방식에 모바일 기술과 데이터를 활용했던 1998~2010년까지는 '프롭테크 1.0' 단계라고 할 수 있다. 앱과 데이터를 활용하지만, 여전히 전통적인 중개업에 가까운 방식을 취하는 직방, 다방, 질로우, 코스타그룹 등이 이에 해당한다.

현재 국내 부동산 시장에서 프롭테크를 적극 활용하는 업체로는 '호갱노노'와 '밸류맵'을 들 수 있다. 호갱노노는 아파트 정보, 밸류맵은 주로 토지·건물 등 상업용 부동산에 각각 특화돼 있다. 두 업체 모두 각종 공간 정보, 국토교통부 실거래가 데이터를 기반으로 빅데이터 분석 시스템을 개발했으며, 이로써 사용자가 보다 편하고 쉽게 실거래가 및 부동산 정보를 얻을 수 있도록 하고 있다.

'프롭테크 2.0'은 '공유 경제' 개념을 활용하는 단계로, 빈방을 공유하는 에어비엔비와 사무실을 공유하는 위워크의 사업 방식이 이러한 단계에 해당한다. 스마트 부동산은 점점 빅데이터와 플랫폼을 기반으로 새로운 서비스를 제공하는 사업으로 발전하고 있다.

:: 부동산 사업 모델 연도별 발전 사례

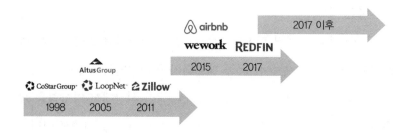

(3) 스마트 물류

스마트 물류는 인공지능, 정보통신기술 등과 같은 다양한 신기술을 활용해 물류 현장의 자동화 설비를 구축하는 물류 시스템을 의미한다. 수송에서 보관, 포장, 배송까지 최근 물류 현장의 전 과정에서 자동화 기계가 활용되는 것이다. 물류 산업의 트렌드가 기존 대량 수송에서 맞춤형 운송으로, 하역·보관 시스템의 대형화와 고도화로 변화하고 있다. 이에 따라 정보 처리에 있어서 실시간 물류 정보 제공의 필요성이 증대되며 이를 충족할 수 있는 시스템이 발전하고 있다. 미국, 일본, 독일 등 주요 선진국의 기업들은 이미 창고 로봇, 무인 자동 시스템 등 신융합 물류 서비스 도입을 이용해 생산성을 높이고 있다.

개인화·맞춤화된 운송 수요의 확대와 물류 창고의 대형화 등은 물류 서비스 업무의 복잡성을 증대시키고 있다. 이에 따라 사물 인터넷과 빅데이터 기술을 활용한 물류 정보 제공, 물류 서비스 및 자산 관리 시스템 등의 개발이 활발하게 이뤄지고 있다. 그 대표적인 사례는 다음과 같다.

- 트랜스포테카(Transporteca), 쉬포(Shippo), 제네타(Xeneta) 등: 다양한 업체의 물류 서비스 가격 비교 서비스 제공
- 플렉스포트(Flexport): 국제 화물의 위치 추적, 화물 경로 비교 등 물류 흐름의 가시성 제공
- 인프로, 포에스텍: 재고 관리를 위한 스마트 저울 시스템, 지게차 관리 시스템 등을 개발
- 파슬투고닷컴(Parcel2Go.com): 제품 손실 관련 빅데이터 분석으로 물류 보험 조건을 최적화해 물류 비용을 절감

특히 자율 주행 트럭 등이 도입되면 화물차가 '소유'의 개념이 아닌 '이용'의 개념으로 인식될 가능성이 크다. 이러한 환경에서는 화물 운송 산업 자체의 변화도 불가피할 것이다.

(4) 스마트 소매 유통

현재 소매 유통 기업들은 재고 관리, 수요 예측, 가격 계산, 공급망 관리 등 주요 영역에 데이터 기반 기술들을 적극적으로 활용하고 있다. 시장 조사 전문 기관인 가트너의 조사 결과에 따르면, 대형 소매 기업 중 64%가 제품 개발·선택에 인공지능 기술을 사용하고 있거나 사용할 계획이며, 60%는 가격 정책 개선을 위해 인공지능을 사용하고 있거나 사용할 계획이라고 한다. 또한 86%는 구매할 제품과 보유 재고량 등을 결정하는 데 데이터 고급 분석을 사용한다고 한다.

현재 소매 유통 기업들은 고객 경험의 중요성이 커짐에 따라 제품 추천 및 프로모션 최적화를 위해 인공지능과 머신러닝 기술을 활용하고 있으며, 매출 증가를 가능하게 하는 개인별 상품 추천과 인공지능의 음성 인식 기술을 현장에 적용하고 있다.

(5) 스마트 광고

스마트 광고는 스마트 TV, IP-TV VOD, 스마트폰, 디지털 사이니지 Disital Signage, 영상 옥외 광고 등 IP기술이 기반인 스마트 미디어를 이용하는 새로운 패러다임의 광고를 말한다. 스마트 미디어는 전통적인 미디어와 달리 양방향성, 상호작용성, 이동성 등의 특성을 통해 똑똑해진 소비자들에게 적합한 광고를 전달한다. 이러한 스마트 광고는 가상현실 VR, 증강현실AR 등을 이용해 사람들의 관심도를 높이고, 보다 풍부한 경험을 제공한다는 장점도 있지만, 가장 중요한 장점은 '빅데이터를 활용한 맞춤형 광고'라는 데 있다.

광고주의 입장에서 목표 소비자에게 광고를 전달하기 위해서는 해당 소비자에 관련된 정확한 데이터가 매우 중요하다. 특히 정교한 타깃팅을 위해서는 소비자의 행동 데이터뿐 아니라 소비자의 취향과 관심을 파악할 수 있는 빅데이터가 필요하다. 이와 같이 빅데이터는 인공지능, 알고리즘 등의 기술 발전과 함께 광고의 과학화와 정교화를 이끄는 새로운 광고 패러다임의 기반이 되고 있다.

(6) 스마트 법률

법률 서비스는 금융, 광고 등과 같은 다른 지식 서비스 산업과 달리, IT 기술 도입에 보수적인 입장을 취해 왔다. 하지만 최근 데이터 분석, 인공지능 등의 IT 기술이 발전하면서 법률과 기술의 융합에 속도가 붙고 있다.

리걸테크의 대표적인 사례로는 전자 증거 개시E-Discovery와 디지털 포렌식Digital Forensic이 있으며, 이외에도 인공지능 검사와 변호사로 대표되는 인공지능 법률 기술AI Legaltech, 변호사와 법률 검색Lawyer & Legal Search, 각종 온라인 법률 서비스 등도 있다.

이와 같이 최근 급성장하는 인공지능을 법률 시장에 도입해 판·검사, 변호사 등이 좀 더 정확하고 빠른 법률 서비스를 제공하고 있다. 물론 아직까지는 인공지능이 판·검사와 변호사를 대체하거나 리걸테크 기업이 로펌을 대체하기는 불가능하다. 다양하고 복잡한 사건을 판단하려면 판·검사와 변호사의 손을 거쳐야 하기 때문이다. 다만 인공지능이 이러한 과정에서 데이터를 분석하고 업무를 표준화해 판·검사, 변호사들이 정확하고 합리적인 판단을 내리는 데 도움을 줄 수는 있다.

미국 버튼대 로스쿨의 구디노프 교수는 리걸테크의 혁신을 기술적 능력이 향상되는 1단계, 기술이 점차 사람을 대체하는 2단계, 기술이 현체제를 대체하거나 처음부터 재설계하는 3단계로 구분했다. 이 기준으로 보면 현재는 2단계 초반에 머물러 있다고 볼 수 있다.

(7) 스마트 농업

스마트 농업은 전통적인 농업의 개념을 바꾸고 있다. 스마트 농업은 IT 기술을 농업의 생산·가공·유통·소비 전반에 접목해 작물의 생육 환경을 자동으로 관리하고 생산 효율을 높일 수 있는 기술을 말한다. 즉, 사물 인터넷 기술을 기반으로 농업 시설의 온·습도, 일조량, 이산화탄소량, 토양 등을 자동으로 측정·분석하고 관리하거나 스마트폰 등의 모바일 기기를 이용해 작물 재배 환경을 원격으로 관리하는 방식이다.

특히 스마트 농업은 더 적은 자원을 사용해 더 많은 작물을 기르고, 농지에서 재배하는 다양한 작물을 정확하게 관리하는 데 적합한 기술이다. 즉, 생산량 모니터링용, 작물 확인용, 토양 지도 제작용, 기후 기록·예측용, 관개 관리용, 재고 관리용, 재무 관리용, 노동 관리용, 기타 고객 관리용, 세금 관리용 등 다양한 용도의 기술을 활용한 농업 관리가 가능하다. 이러한 스마트 농업 기술은 정밀 농업, 스마트 온실, 가축 모니터링, 양어, 기타(난초 재배, 임업, 원예 등) 분야에서도 사용되고 있다.

(8) 스마트 헬스 케어

스마트 헬스 케어(또는 디지털 헬스 케어)는 개인의 건강과 의료에 관한 정보, 기기, 시스템, 플랫폼을 다루는 산업 분야로, 건강 관련 서비스와 의료 IT가 융합된 종합 의료 서비스를 말한다. 개인의 휴대 기기나 병원 정보 시스템 등에서 확보한 생활 습관, 검진 결과, 의료 이용 정보, 유전체 정보 등의 분석을 바탕으로 제공되는 개인 맞춤형 건강 관리 생태계가 만들어진 것이다.

지금까지의 헬스 케어는 의사와 의료 기관을 중심으로 이뤄져 왔다. 의사는 전통적으로 헬스 케어 분야에서 정보를 생성하고, 이러한 정보를 바탕으로 환자를 치료하는 역할을 담당해 왔다. 하지만 이제는 스마트 헬스 케어가 미래 예측Predictive, 예방Preventive 의학으로 변화하고 있으며, 더 나아가 환자 개개인의 특성에 맞춘 맞춤 의학Personalized과 환자가 적극적으로 참여하는 참여 의학Particpatory이라는 새로운 현상까지 나타났다.

이러한 헬스 케어 패러다임의 변화에도 '빅데이터'가 큰 영향을 미쳤다. 데이터를 수집·축적해야만 질병 예방 및 건강 증진, 맞춤형 의학을 이용한 효과적인 치료가 가능하기 때문이다. 실제로 최근에는 유전자 분석 기술의 발달로 유전 정보 확보에 따른 비용·시간이 많이 줄어들었으며, 다양한 무선 센서의 발달과 통신 속도의 향상, 스마트폰의 발달 등으로 외부 활동 데이터의 습득이 매우 쉬워졌다. 그 덕분에 데이터의 수집·저장·분석과 관련된 기술들도 점차 발달하고 있다.

또한 사물 인터넷 헬스 케어 기기 시장의 성장은 관련 서비스 산업의 성장과 밀접하게 연관돼 있는 만큼 기기 산업과 서비스 산업의 규모가 동반 성장하는 패턴으로 전개될 것으로 전망된다. 현재 대기업 및 미국 벤처 기업의 주요 헬스 케어 제품은 다음과 같다.

- 대기업: 나이키의 퓨얼밴드(FuelBand), 구글의 스마트 글래스(Smart Glass), 애플·삼성의 스마트 워치(Smart Watch) 등
- 미국 벤처 기업: 컨벤티스(Conventis)의 픽스(Fiix), 하피랩스(Hapilabs)의 하피포크(Happifork), 프로테우스(Proteus)의 스마트 필스(Smart Pills) 등

이와 같은 웨어러블 IoT 기기를 이용하면 운동 정보(칼로리 소모량,

거리, 걸음 수 등), 족적 정보(움직임, 족압 등), 심전도, 칼로리 등의 정보를 측정할 수 있으며, IoT 플랫폼과 연계해 다양한 서비스를 제공할 수 있다.

예를 들어 구글의 스마트 글래스·렌즈Smart Glass·Lens는 당뇨 환자의 눈물 속에 있는 포도당 수치를 확인해 혈당 수치를 간편하게 체크할 수 있다. 또 AT&T에서 개발한 스마트 슬리퍼Smart Slipper는 발걸음의 가속도 및 압력 정보를 네트워크로 전송하고, 이러한 정보를 이용해 위급 상황 시 이메일 또는 문자로 의사 또는 지인에게 알려 주는 서비스를 제공하고 있다.

(9) 스마트 교육

빅데이터의 확산에 힘입어 '교육 분석Education Analytics'이라는 분야가 새롭게 관심을 받고 있다. 교육 분석은 '학습 분석Learning Analytics'과 '교육 관리 분석Academic Analytics'으로 나뉜다.

학습 분석은 학습자의 데이터를 측정·수집·분석·보고하는 것을 의미한다. 학습 관련 데이터를 분석해 학습자의 성과를 평가·관리하는 방식은 오래전부터 활용돼 왔다. 이러한 학습 분석 분야가 최근 학습 데이터의 양과 종류가 증가하고 그러한 데이터를 고도로 분석할 수 있는 기술이 개발됨에 따라 새롭게 주목받고 있다.

또한 빅데이터를 기반으로 한 교육 조직 운영과 정책 개발에 대한 관심이 높아지고 있는데, 이와 관련된 것이 '교육 관리 분석'이다. 교육 관리 분석의 목적은 교육 기관·지역·국가 단위별 비즈니스 인텔리전스 시스템을 활용해 교육 환경을 효율적으로 관리하는 것이다.

학습 분석이 마이크로 수준Micro-Level에서 데이터 분석 기법을 응용하는 분야라면, 교육 관리 분석은 매소 또는 중·대 규모Meso or Macro Level에서 데이터 분석 기법을 응용하는 분야인 것이다.

일반 교육 기관 기업과 마찬가지로 정보를 전사적 자원 관리 시스템으로 관리하기도 하고, 데이터를 바탕으로 의사를 결정하기 위해 비즈니스 인텔리전트 시스템을 사용하기도 한다.

(10) 스마트 팩토리

스마트 팩토리는 공장 내 설비·기계에 설치된 사물 인터넷 센서로 데이터를 수집·분석해 공장 내의 모든 상황을 일목요연하게 살펴보고Observability, 이를 분석해 목적한 바에 따라 스스로 제어Controllability하는 공장을 말한다.

스마트 팩토리에서 각 공장에서 수집된 수많은 데이터를 기반으로 분석·의사결정하는 데이터 기반의 공장 운영 체계Data Driven Operation를 갖춤으로써 생산 현장에서 발생하는 현상·문제들의 원인 관계를 알아 낸다. 즉, 돌발 장애, 품질 불량 등의 원인을 알아 내 해결책을 제시할 수 있는 것이다.

또한 숙련공들의 노하우를 데이터화함으로써 누구나 쉽게 해당 노하우를 활용할 수 있다. 예를 들면 현장에서 발생하는 돌발 상황이 모니터링 데이터로 축척돼 비숙련자도 원격 안내를 통해 대응할 수 있게 된다. 이러한 데이터들이 MESManufacturing Execution System(제조 실행 시스템), ERPEnterprise Resource Planning(전사적 자원 관리) 등과 같은 생산·경영 분야의 기간 시스템과 연동되면 공장을 최적의 생산 체제하에서 운영할 수 있다.

이와 같이 공장 내 다양한 객체가 사물 인터넷으로 연결돼 데이터를 자율적으로 연결·수집·분석하고, 이를 기반으로 능동적 의사결정을 실시간으로 이행할 수 있다. 이와 같은 제조 운영 환경은 다품종 복합 생산에 적합한 유연성을 갖는 제조 시스템을 구현하는 기반이 된다.

(11) 스마트 시티

전 세계적으로 수많은 도시가 인구의 집중과 기반 시설 노후화로 다양한 문제와 마주하고 있다. 스마트 시티는 도시에 정보통신기술과 빅데이터 등의 신기술을 접목해 각종 문제를 해결하고, 지속 가능한 도시를 만드는 모델을 의미한다.

최근 들어서는 다양한 기술을 도시 인프라와 결합해 실현하고 융·복합할 수 있는 공간이라는 의미로 '도시 플랫폼'이라는 개념이 활용되고 있다. 이러한 플랫폼이 현실화되면 빅데이터, 인공지능 등의 지능형 인프라와 함께 자율차, 드론 등의 ICT 기술을 활용해 도시 문제를 해결하고 삶의 질을 높이는 정책을 추진할 수 있다.

스마트 시티 프로젝트는 'IoT 센서', '연결성', '데이터'라는 3가지 공통적인 기술적 기반을 공유한다. 이 3가지 기술적 기반을 연결하면 도시는 좀 더 새롭고 효율적인 방법을 제공하는 플랫폼을 갖추게 된다.

(12) 스마트 모빌리티 서비스

제조업의 대표주자인 자동차 기업들이 속속 서비스 기업과 손잡고 있다. 대표적인 예로 포드, GM 등 메이저 완성차 업체들이 앞다퉈 카셰어링 서비스에 뛰어들면서 서비스의 다각화를 시도하고 있다.

이처럼 기존의 개발-생산-판매-AS로 이어지는 가치 사슬Value Chain에서 벗어나 자동차와 관련된 다양한 서비스를 지원하는 것을 '모빌리티 서비스 플랫폼'이라고 한다.

향후 자동차의 가치는 자동차 자체의 성능보다 자동차와 함께 제공되는 서비스에 따라 결정될 수 있다. 물론 이동성 제공이라는 자동차 본연의 기능은 계속 유지하겠지만, 이외에 여러 가치와 다양한 서비스를 함께 제공하는 플랫폼이 되는 것이다. 이와 관련해 벤츠의 회장이었던 디터 제체Dieter Zetsche는 "미래 자동차는 사적인 공간과 품위 있는 시간이라는 최고의 럭셔리를 제공하는 '모바일 거주 공간'이 될 수 있고, 결제 플랫폼, 엔터테인먼트를 위한 도구, 여러 가지 필요한 정보를 제공해 주는 슈퍼 컴퓨터 등도 될 수 있다."라고 말했다. 이렇게 확장적으로 발전한 모빌리티 플랫폼은 교통, 운송 등과 관련된 도시 문제를 해결하는 스마트 시티로 연결될 것이다.

이에 따라 현재 전 세계 자동차 업계는 자동차 서비스 관련 기술 개발과 함께 자율 주행 자동차와 커넥티드카(자동차에 정보 통신 기술을 적용해 양방향 인터넷 서비스 등이 가능한 차량) 등 미래 혁신 기술에 도전하고 있다. 그 대표적인 사례들을 간략하게 살펴보자.

토요타Toyota는 자동차에 대한 고객들의 요구가 '소유'에서 '사용'으로 전환됨에 따라 다양한 이동성 서비스를 제공하고 있다. 대표적인 예로 토요타 딜러와 토요타 임대 지점에서 자동차 공유 서비스를 제공하는 '토요타 셰어Toyota Share'를 시작했고, 무인 렌터카 서비스인 '초쿠노리Chokunori'도 시작했다. 토요타의 고객은 이러한 서비스를 이용해 소형차, 미니밴, SUV 등의 다양한 토요타 차량 라인업을 이용할 수 있다.

토요타는 스마트폰을 사용해 차량의 잠금·해제가 가능한 스마트 키 박스Smart Key Box, SKB, 자동차 공유에 필요한 차량 정보(위치 및 주행 거리)를 캡처하는 장치인 트랜스로그Ⅱ TransLog Ⅱ를 개발하는 등 기술 혁신에도 힘쓰고 있다.

GM, 포드, BMW 역시 자동차 제조업체에서 모빌리티 업체로의 변모를 꾀하고 있다. GM은 우버와 함께 북미 지역 차량 공유 서비스의 양대 산맥을 이루는 리프트Lyft에 5억 달러(약 5,800억 원)를 투자했다. GM은 리프트의 차량 공유 서비스를 원하는 차량 미보유 운전자에게 GM의 차량을 우선 공급하는 파트너십을 구축했고, 리프트의 내부 API(응용 프로그램 인터페이스)를 활용해 새로운 서비스를 개발할 수 있게 됐다. GM은 리프트와 계약을 체결하면서 "GM이 확보한 자율 주행 기술과 리프트의 네트워크 등을 활용해 무인 콜택시 네트워크를 구축하겠다."라고 밝히기도 했다.

이외에도 GM은 카셰어링 및 배달 서비스 업체인 사이드카Sidecar의 자산(특허 등)과 인력을 흡수해 '메이븐Maven'이라는 독자적 차량 공유 서비스를 시작했다.

토요타와 GM 외에도 대부분의 메이저 완성차 업체가 규모의 차이만 있을 뿐 아우디앳홈(아우디), 퀴카(폭스바겐), 드라이브나우(BMW), 뮤바이푸조(푸조시트로엥), 카투고(다임러) 등 카셰어링 기반의 자체 서비스를 개발해 제공하고 있다.

(13) 스마트 아트

현대 시각 예술(미술, 사진, 조각 등)은 인공지능, 가상현실, 빅데이터 등의 기술과 결합해 새로운 아트 테크Art-Tech를 선보이고 있다. 구글은 아트&컬처 연구소Art&Culture Lab를 이용해 아트 팔레트, 모마 툴MoMA Tool 등 IT 기술과 예술을 접목한 문화 프로젝트를 진행 중이다. 이미지 검색 분야도 빠르게 진화 중이다.

셔터스톡, 구글 이미지, 틴아이Tineye 등과 같은 기업들은 인공지능 기술을 이용해 기존의 텍스트 기반 검색에서 이미지 기반 검색으로 바꿈으로써 검색의 편의성을 개선했다. 인공지능 기술은 미술 작품의 판단에도 관여한다. 2020년 2월에 게재된 보고서에 따르면, 딥러닝

:: AI 기술을 활용한 진품 감별 서비스

[출처: 아트 레커그니션]

기술을 이용해 램브란트의 붓 터치를 학습시킨 후 그림 속 붓 터치의 유사도에 따라 원작자가 그린 부분과 조력자가 그린 부분을 구분하는 기술을 개발했다.

스마트 아트 분야는 인적 자원에 의존하는 시각 예술의 특수성 덕분에 4차 산업혁명 시대의 미래 일자리로 주목받고 있다. 2016년 산업연구원의 조사에 따르면, 시각 예술 분야의 고용 유발 계수가 13.8로 제조업 평균인 6.2보다 높다. 또한 2016년 한국고용정보원의 조사에 따르면, 국내 400여 개 주요 직업 조사 결과, 인공지능 등 자동화에 따른 직무 대체 확률이 낮은 직업 상위 10개 중 9개가 문화 예술 분야다. 시각 미술은 타 산업과 연계해 부가 가치를 창출한다. 세계 시장

규모를 고려할 때 국내 시각 예술 시장은 성장 가능성이 높으며, 온라인 경매 등 중저가 시장의 성장으로 미술품 소비층으로도 확대될 전망이다.

지금까지 다양한 산업 영역에서 일어나고 있는 데이터 기반 스마트 사회로의 변화를 살펴보았다. 핵심은 디지털과 아날로그, 가상과 물리적 세계, 온라인과 오프라인을 융합해 공동 발전으로 얻을 수 있는 혜택을 다수의 사람에게 경험하게 한다는 데 있다.

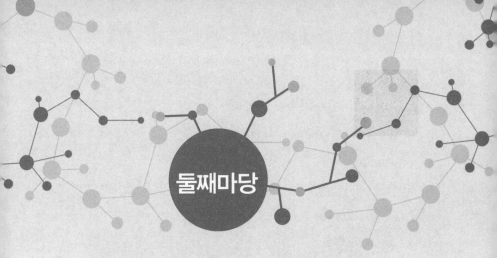

둘째마당

데이터 경제만이 살길이다

06 국가가 저성장의 늪에 빠지는 이유
07 시대에 따른 데이터 기반 혁신과 성장
08 데이터 기반 사업 모델과 데이터 전략

19세기 초 증기기관의 발명이 산업혁명을 불러온 것처럼 이제는 클라우드, 빅데이터, 인공지능과 같은 기술의 등장이 경제에 혁명을 불러오고 있다. 이러한 신기술들로 무장한 스타트업들은 거대한 전통 산업을 분해하기도 하고, 때로는 아예 사라지게도 한다.

대표적인 예로 금융 분야의 신생 핀테크Fintech 기업들을 들 수 있다. 이 핀테크 기업들은 전통적인 금융 관련 기업들을 위협하거나 아예 대체하고 있다. 전통 금융 기업들은 이에 대비하기 위해 핀테크 스타트업을 인수하거나 자체적으로 핀테크 기술을 받아들이는 등 내부 혁신을 위해 안간힘을 쓰고 있다.

그러나 이러한 금융 혁신에 적응하지 못한 은행들도 있다. 2020년에도 미국의 알메나 스테이트 은행Almena State Bank, 플로리다 퍼스트 시티 은행First City Bank of Florida, 더 퍼스트 은행The First State Bank, 에릭슨 스테이트 은행Ericson State Bank 등이 문을 닫았다.

[출처: CB인사이트]

혁신은 전통 IT 산업에서도 일어났다. 대표적인 예로 과거 100여 년간 IT 설비 및 기술 분야에서 최고의 명성을 누렸던 IBM이 2015년 10월에 날씨 데이터 전문 기업인 웨더컴퍼니The Weather Company를 2조 2700억 원에 인수한 사건을 들 수 있다.

IBM은 웨더컴퍼니의 날씨 예측 데이터와 분석 부분을 인수해 사물 인터넷을 활용한 인공지능 플랫폼인 왓슨Watson과 클라우드 플랫폼의 기반을 마련하겠다는 사업 전략이 있었다.

IBM 웨더컴퍼니의 클라우드 계정은 분당 최대 10번의 호출, 최대 1만 번의 API 호출까지 데이터를 무료로 제공하고 있다. 클라우드 사용자들은 날씨와 관련된 지역이나 예보 유형, 시계열 관측에 관한 데이터의 경우 테이터의 양이 아닌 데이터 다운로드 횟수를 제한하는 조건으로 데이터를 활용하거나 테스트할 수 있다. 최대 호출을 넘기는 사용자는 유료 사용제로 업그레이드할 수 있다.

잘 알다시피 IBM은 IT 시스템 설비 및 장비 분야로 출발한 세계적인 기업이다. 이후 IBM은 2000년 초반부터 각종 소프트웨어 기업을 인수·합병해 소프트웨어 집중 전략을 취하다가 2010년 이후부터 데이터 기반의 기업을 인수·합병하기 시작했다.

IBM의 최근 매출 추세를 보면 이러한 전략을 이해할 수 있다. 2011년 후반부터 IBM의 IT 설비 및 장비 분야는 아예 마이너스 성장으로 돌아섰고, 소프트웨어 매출도 지속적으로 하향 추세를 보이고 있다. IBM뿐 아니라 동종 분야 경쟁자인 델DELL이나 HP 역시 최근 매출 성장률이 각각 0.8%와 1.5%로 부진을 면치 못하고 있다. 이러한 상황에서 IBM은 지속적인 데이터 기업의 인수·합병으로 소프트웨어 전성 시대를 지나 데이터 시대를 준비해야 한다는 미래 전략을 세운 것이다.

아마존Amazon은 온라인 서점에서 시작해 다양한 상품을 판매하는 소매 유통업자로, 다시 데이터 및 클라우드 기반의 IT 사업자로 변모하면서 지속적으로 성장하고 있다.

이외에도 데이터 시대에서 살아남기 위해 과거 전통적인 사업 모델을 버리고 새로운 사업 모델로 전환한 사례는 수없이 많다.

우리나라 역시 이러한 시대적 변화에 뒤떨어지지 않기 위해 정부 중심으로 빅데이터, 사물 인터넷, 인공지능과 관련된 많은 사업을 추진해 왔다. 하지만 최근에는 미·중 무역 전쟁, 일본과의 정치적 갈등 그리고 코로나19로 인한 우리 경제의 불확실성과 저성장 가능성이 증폭되고 있다.

각계 전문가들은 "한국이 변화를 시도할 수 있는 마지막 시간들이 지나가고 있다."라고 말하고 있다. 지금 우리 앞에 "이 마지막 기회의 시간 앞에서 무엇을 어떻게 해야 할 것인가?"라는 매우 심각한 질문이 놓여 있는 것이다.

둘째마당에서는 위의 질문에 대한 인사이트와 대처 방안을 찾아보려고 한다. 그 답을 위한 첫 단계로, 우리 기업들이 어떤 상황에 처해 있는지를 경제적인 시각에서 살펴보자.

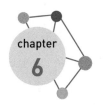

chapter
6

국가가 저성장의 늪에
빠지는 이유

국내외 경제 전문가들은 2010년 이후 한국 경제가 장기적 저성장 시대로 진입할 것이라고 진단해 왔다.

한국은행에서 발표한 자료에 따르면, 우리나라의 잠재 성장률은 1990년대부터 지속적으로 감소해 2019년에는 내수와 수출이 모두 위축돼 2.4% 성장에 그쳤고, 2020년에는 2.5%의 성장률을 기록해 완만한 회복세를 보이기는 했지만, 이 역시 저성장 수준인 3% 미만이다.

한국경제연구원 보고서에서도 다음 그래프와 같이 우리나라의 잠재 성장이 2030년까지 지속적으로 감소해 거의 1.9~1.7%를 유지할 것으로 전망했다.

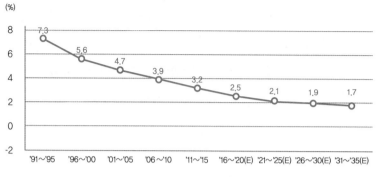

[출처: 한국경제연구원, 2019]

 부동산 버블 붕괴 위험, 고령 인구 증가 등 우리나라의 저성장 현상은 1990년대 일본의 장기 침체 양상과 비슷한 흐름을 보이고 있다.

 일본은 장기 저성장 국면에 진입할 당시 1인당 국민소득 4만 달러 이상의 세계 2위의 경제 대국이었다. 반면, 현재 1인당 국민소득이 3만 달러 수준인 우리나라가 장기 저성장 국면에 빠지게 되면 1990년대 일본보다 심각한 상황에 직면할 가능성이 크다.

 그렇다면 우리 경제가 저성장의 늪에 빠진 원인은 무엇일까? 문제를 잘 정의하고 이유만 정확히 알아도 해결 방법이 보일 것이다. 이런 취지에서 전문가들의 견해를 들어보자.

 전문가들은 한국이 저성장 시대에 진입하게 된 이유와 관련된 다양한 진단을 내 놓고 있다.

경제학자인 김동원 교수는 『한국경제, 반전의 조건』(매경출판, 2018)
이라는 책에서 "현재 우리나라에는 대기업과 중소기업 간의 격차, 영
세 자영업, 고령화·저출산, 가계 부채 등 수많은 문제가 있으며, 이
때문에 또 다른 사회적 문제들이 발생한다."라고 이야기한다.

경제 전문가들의 의견 중 기업과 직접적으로 관련된 주요 원인들
은 생산 인구 감소, 산업의 핵심 비즈니스 사이클의 변화, 신규 투자
의 부족, 저부가 가치 위주의 산업 구조, 기업의 운영 구조 등이다. 여
기서는 이와 같은 대표적 원인들을 하나씩 짚어 보자. 미·중 무역 전
쟁 등 외부 요인들은 어쩔 수 없다 하더라도 기업 스스로 저성장에
대처하기 위해 다음과 같은 직접적인 국내 요인들을 좀 더 자세히 살
펴볼 필요가 있다.

✣ 인구 대비 경제 규모의 한계와 인구 구조의 양극화

우리나라의 출산율은 2000년대 들어 하향세를 유지하다 2000년
중반부터 일본은 물론 OECD 국가 평균보다 낮은 수준을 보이고 있
으며, 2030년 최고점을 찍은 이후에는 인구 감소로 돌아설 예정이다.

기업들은 2000년대 중반을 기점으로 우리나라의 핵심 생산 인구
(25~49세)가 감소 추세로 접어들어 노동력이 감소하고 인건비가 상승
하자, 국내보다는 해외 설비 투자를 늘리기 시작했다. 이는 국내 민간

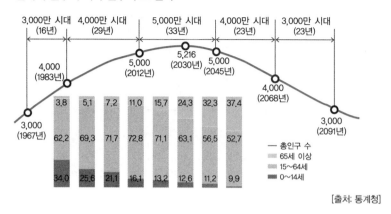

:: 한국의 인구 추이와 인구 구조 변화

[출처: 통계청]

소비를 위축시키는 원인으로 작용했고, 전문가들은 우리나라의 경제 성장률이 2010년을 기점으로 한계에 도달해 지속적인 하향세를 유지할 것이라고 전망했다. OECD에 따르면, 우리나라의 경제 성장률이 2000년대 초에는 5%를 기록했지만, 2016~2019년 사이 평균 경제 성장률 2.7%을 기록했다.

기업 핵심 경쟁 비즈니스의 순환적 요인

마케팅의 대부 필립 코틀러Philip Kotler는 다음 그래프처럼 핵심 경쟁 비즈니스는 거의 40년을 주기로 생성과 쇠퇴를 반복한다고 주장했다. 참고로 핵심 경쟁 비즈니스 주기는 한 주기가 끝나면 다음 주기가

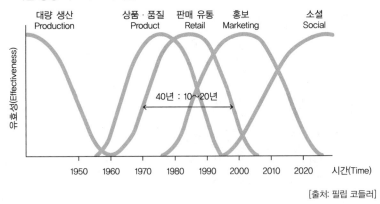

:: 핵심 경쟁 비즈니스 사이클

[출처: 필립 코들러]

시작되는 것이 아니라 서로 겹치는 경향을 보이는데, 이는 각 산업의 특성에 따라 다르게 나타나기도 한다.

위 그래프를 보면, 1960년대 이전은 대량 생산 시대였고, 1960년대를 시작으로 1970년대와 1980년대를 지나면서 제품의 다양성과 품질이 기업의 핵심 경쟁력이 됐다. 도요타, 혼다, 소니, 파나소닉, 후지쯔 등과 같은 일본의 자동차 및 가전업체들이 이 시기에 두각을 나타냈다.

일본은 이미 1950년대부터 미국의 통계학자인 에드워드 데밍 박사를 초대해 생산 기술자들을 훈련시킴으로써 세계적인 품질의 제품을 생산할 수 있는 기틀을 마련했다. 또한 TQCTotal Quality Control(전사적 품질 관리), 카이젠Kaizen 등 일본의 특성에 맞는 소집단 활동을 중심으로 한 공정 관리 시스템을 제조 공정에 도입해 자동차를 비롯한 일본 제품의 품질 경쟁력을 높였으며, 이를 바탕으로 1980년대 미국 시장을 잠식했다. 제품 우위의 1970년대가 지나고 1980년대에는 유통 혁명의 정점을 찍었다. 이 시기에 월마트, K마트 등의 대형 소매 업체가 출현했고, 이 기업들과 함께 성장한 물류 산업이 유통 과정의 비용 축소라는 측면에서 산업 전반에 커다란 영향을 미쳤다.

판매·유통 시대의 마지막 단계에 이르는 1990년대에는 저가 경쟁이 시작됨과 동시에 홍보·마케팅 시대의 최고점을 찍었다. 저가 경쟁과 과대 광고·홍보에 따른 비용 부담은 전체 기업들의 순이익률을 지속적으로 감소시켰다.

대표적인 예로 1962년에 설립돼 1990년대까지 미국 최고의 저가 유통 체인이었던 K마트가 2002년에 파산한 것을 들 수 있다. K마트는 성급한 확장, 비효율적인 체인망 구조, 기존 시설에 대한 재투자 부족, 타 저가 소매업체들의 성장으로 1991년에 월마트에게 1위 자리를 내 줬고, 이후에도 지속적인 하락세를 보이다 결국 파산에 이르렀다.

다음 그래프와 같은 미국 기업들의 연도별 GDP 대비 기업 이익률 추이를 보면, 저가 경쟁이 시작된 1980년대 중반 이후부터 미국기업들이 저성장 시대에 접어든 2000년대 초반까지의 흐름을 파악할 수 있다. 이 그래프를 보면, 1990년대 초반까지는 기업 이익률이 다소 증가하는 모습을 보였지만, 1990년대 중반 이후부터 2000년대 초반

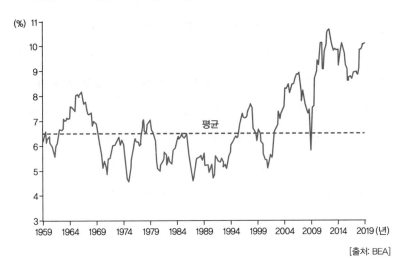

:: 시대별 미국의 GDP 대비 기업 이익률 추이

[출처: BEA]

까지 거의 10여 년간은 다시 하락하는 흐름을 보이고 있다. 그러다가 2004년 이후에야 기업 이익률이 6%를 넘어섰고, 2014년 이후에는 10%를 넘고 있다.

우리나라는 2000년대 중반 이후부터 저가 경쟁 시대가 시작돼 2010년 이후에는 뚜렷한 저성장 장기 침체 조짐을 보이고 있다. 다음 표는 한국과 미국, 일본이 각각 어느 시기에 판매·유통 시대에 진입했는지를 보여 주는데, 이로써 우리 산업이 저가 경쟁 시대로 진입하는 시기를 설명할 수 있다.

다음 표를 보면 우리나라의 단계별 소매 유통 형태는 미국보다 대략 짧게는 10년, 길게는 20년 정도 늦게 진화했다는 것을 알 수 있다.

:: 한국, 미국, 일본의 소매 유통업 진화 과정

연도	한국	미국	일본
1890~1920	재래시장	백화점, **통신 판매**, 잡화점, 식료품 체인, 드럭 스토어	백화점
1930	-	양판점, 쇼핑 센터	-
1940	백화점	슈퍼마켓	슈퍼마켓, **통신 판매**
1950	-	대형 마트	전문점
1960	슈퍼마켓	편의점	**대형마트**, 편의점
1970	-	**홈센터**, 창고형 클럽	**홈센터**, 방문 판매
1980	전문점, 통신 판매, 편의점	쇼핑, 하이퍼 마켓, 파워 센터	쇼핑센터, 전문 대형점
1990	전문 대형점, 창고형 클럽, 대형마트, 하이퍼마켓	슈퍼 센터	창고형 클럽, 카테고리 클럽
2000~2010	쇼핑센터	라이프 스타일 센터, 테마파크	라이프 스타일 센터

예를 들어 미국에서는 편의점 사업이 1960년대에 시작된 반면, 우리나라에서는 1980년대에 시작됐고, 창고형 클럽의 경우 미국은 1970년대, 우리나라는 1990년대 후반에 시작됐다. 이는 곧 지금의 우리나라의 저가 소매 유통 기업들이 20여 년 전 미국의 선례를 기반으로 현재 우리나라의 저가 경쟁 상황에 주목해야 한다는 점을 시사한다.

⑧ 신규 설비 투자 부족과 저임금 산업 구조

한국은행과 한국수출입은행에 따르면, 국내 설비 투자는 다음 그래프처럼 2000년을 기준으로 지속적으로 감소하다가 2005년을 기점으로 현격히 줄어들었다고 한다. 1980년대 초기에 투자된 설비들은 노후되고 추가적인 고정 설비 투자는 거의 없는 산업 구조가 된 것이다.

이처럼 국내 기업들은 2006년부터 꾸준히 국내 설비 투자는 줄이고, 해외 설비 투자는 늘리고 있는데, 그 결과 제조 관련 산업이 취약해지고 있다.

한편, 매켄지 글로벌 연구소와 한국개발연구원에서 발표한 자료에

:: 우리나라의 고정 설비 투자율 변화 추이

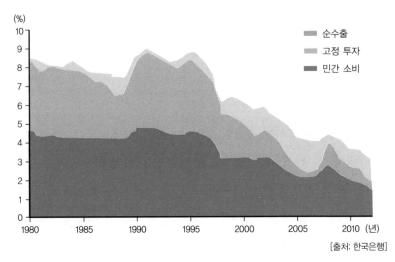

[출처: 한국은행]

따르면 한국의 서비스 산업은 대부분 저부가 가치 사업 중심이며 고부가 가치 사업의 비중은 미국과 유럽 국가들의 평균에 비해 현저히 저조한 것으로 나타났다. 특히 경영 지원 서비스, IT 서비스 산업의 생산성 및 고용 비율은 더 취약한 것으로 나타났다.

:: 국내 기업들의 설비 투자 변화 추이

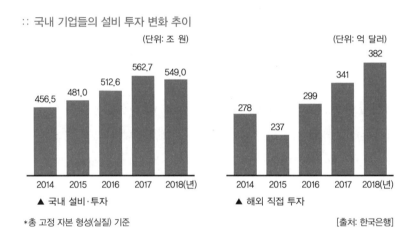

*총 고정 자본 형성(실질) 기준 　　　　　　　　　　[출처: 한국은행]

　　LG경제연구원에서도 우리나라의 금융, 통신, 물류 등 많은 서비스 부분의 생산성이 미국의 절반에도 못 미치며, 특히 도·소매, 부동산 영역의 생산성은 미국의 10%에 불과하다고 지적했다.

　　우리나라 서비스 부분의 생산성이 낮은 이유는 다른 나라에 비해 프랜차이즈, 슈퍼마켓, 식당, 미용실, 세탁소 등과 같은 생계형 도·소매 서비스업 비중이 훨씬 높기 때문이다. 이는 결국 고등 교육을 받았거나 기업에서 오랜 경험을 쌓은 고급 인력들이 서비스 부문에서 일자리를 찾기가 어렵다는 사실을 의미하며, 해당 부분의 생산성을 높이려면 향후 IT 서비스, 경영 지원 서비스, 사회 복지 서비스 등 전문 서비스 부문에서 더 많은 고임금 일자리를 창출할 필요가 있다는 것을 시사한다.

✕ 산업 간 또는 기업 내 사일로 효과가 초래한 비효율성

'사일로 효과Silo Effect'는 기업 내 각 사업부가 총체적 기업 운영의 최적화보다 개별 사업의 운영을 최우선시함으로써 전사적 기업 운영 차원에서 비용·투자의 비효율성을 초래하는 상황을 말한다.

:: 마이크로소프트의 조직 형태를 풍자한 그림

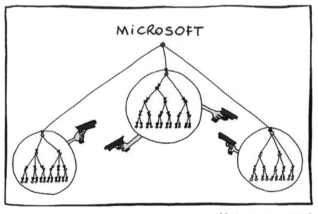

[출처: Manu Cornet, 2011]

앞의 그림은 조직 형태를 풍자한 것으로, 부서 간에 서로 총을 겨누고 있는 마이크로소프트의 조직 형태가 앞에서 설명한 우리나라 기업들의 사일로 현상을 잘 설명해 주고 있다.

실제로 사티아 나델라Satya Nadella가 CEO로 부임하기 전까지 마이크로소프트는 그림과 같은 조직 형태를 보였다고 한다.

먼저 IT 측면에서 기업 내 사일로 효과가 어떻게 발생하는지 살펴보자. 예를 들어 기업 내 IT 부서에서 고객 관리 시스템을 개발·구매·구축하더라도 정작 영업·마케팅 등의 현업부서에서 해당 시스템을 외면하는 경우가 있을 수 있다. 실제로 현업부서와의 충분한 논의 없이 구현된 IT 관련 시스템들은 유용하지 않은 경우가 많다.

그리고 현업부서에서는 각자 필요한 자료들을 개인 PC나 부서별로 자체 시스템에 저장해 사용하게 된다. 그런데 이렇게 전사적으로 소통되지 않고 부서별로 분산 관리되는 정보들은 기업 전체의 경험적 자산으로 남겨지지 않을 뿐 아니라 심지어 개인의 퇴사 등으로 소실되는 경우도 있다.

이것이 바로 기업 내 '정보의 사일로 효과'다. 인공지능 데이터 기업인 크라우드 플라워Crowd Flower의 조사에 따르면, IT 부서에서는 데이터나 정보의 사일로 효과 때문에 분산되는 정보 등을 정리하는 데 80%의 시간을 소모한다고 한다.

이번에는 정부 기관의 시스템에서 사일로 효과가 발생하는 사례를 살펴보자. 예를 들어 전국적으로 유행성 바이러스가 퍼지는 상황이 발생했다고 가정해 보자. 이러한 상황에 관련된 주체는 병원, 질병관리본부, 건강보험관리공단, 건강보험심사평가원, 감염된 개인일 것이다. 즉, 감염된 개인이 병원을 방문하면 그 검사 결과가 병원 시스템에 기록으로 남게 되고, 이와 관련해 병원에서 만들어진 모든 정보는 유형에 따라 각각 보험관리공단과 보험심사평가원으로 넘어간다.

그런데 만일 위와 같은 각 개별 기관들의 시스템이 최소한의 연결도 없이 산발적으로 구성돼 있다면 어떻게 될까? 최초 감염 환자가 방문한 병원에서 즉각 보고하지 않는 한, 질병관리본부에서는 해당 사실을 뒤늦게 인지할 것이고, 이렇게 지연된 보고는 다시 지연 또는 적절치 못한 조치로 이어질 것이다.

또한 병원 간 시스템이 연결돼 있지 않다면 각각의 감염 환자들이 어떤 경로를 거쳐 어떤 병원을 방문했는지 알 길이 없다. 설사 개별 병원들이 효율적으로 환자를 관리했더라도 감염성이 있는 질병을 관리해야 하는 국가의 입장에서 볼 때 최적의 프로세스와 시스템은 아닌 것이다. 이는 결국 시스템의 구조 문제로 발생하는 사일로 현상이라고 볼 수 있다.

이렇듯 사일로 효과는 일반 기업과 정부 기관의 시스템뿐 아니라 사회, 정치, 산업 등에 영향을 미쳐 저성장을 초래하는 원인이 될 수 있다.

✌ 데이터 경제는 저성장 시대의 생존 방법

우리나라가 저성장 시대로 접어드는 것이 단지 우리만의 문제는 아닐 것이다. 앞서 산업의 핵심 경쟁 비즈니스 사이클에서 살펴봤듯이 선진국들은 이미 우리보다 최소 10~15년 전에 같은 상황을 겪었고, 이를 해결하기 위해 필사적으로 노력해 왔다.

IMF 자료에 따르면, 2008년 금융 위기의 늪에서 2~3년만에 벗어난 국가가 바로 '미국'과 '독일'이라고 한다. 이들 국가의 글로벌 기업들은 저성장과 금융 위기 속에서도 성장의 지속성을 유지하고 있다. 이들 기업이 살아남기 위해 선택한 방법 중 하나가 바로 '데이터 경제'다. 첫째마당에서 설명했듯이 데이터 경제는 내·외부 데이터를 연

:: 2008년 금융 위기 후 세계 각국의 GDP

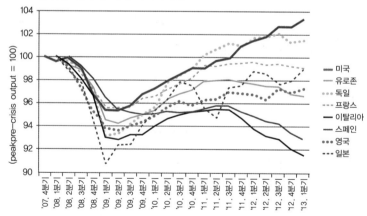

[출처: IMF]

결·융합한 빅데이터 분석을 기업 경영 및 산업에 적극적으로 활용하는 경제 체제를 말한다.

컨설팅 기업인 캡 제미니Capgemini에 따르면, 데이터를 잘 활용하면 향후 전 세계적으로 1조 6,000억 달러의 '데이터 배당금'을 달성할 수 있을 것이라고 한다. 또한 데이터 기반의 혁신이 기업의 생산성을 높인다는 사실이 입증되기도 했다. 실제로 데이터를 기반으로 의사결정을 하는 기업들의 생산성이 5~6% 향상됐다는 보고도 있다. 경제학자들은 기업들이 데이터 활용 효율성을 1% 높이면 다양한 업계에서 수익이 향상돼 2030년에는 전 세계 GDP에 약 15조 달러가 추가될 수 있다고 전망하고 있다. 이 수치는 미국 경제 규모의 2배에 달하는 수준이다.

또한 최근에는 데이터를 활용해 인구에 관련된 트렌드, 건강, 환경 그리고 사회 문제를 연구, 분석해 국가나 지방 정책에 반영하는 '인구 데이터 과학Population Data Science'이라는 학문이 대두되고 있다. 이는 데이터 과학이 분야별 전문성과 결합해 마케팅 분야에는 마케팅 데이터 과학, 소매 유통에는 리테일 데이터 과학, 의료 분야에는 의료 데이터 과학이 활용되는 것과 같은 맥락이다.

이처럼 데이터를 활용하면 저성장 시대에도 우리가 직면한 문제를 점진적으로 해결해 나갈 수 있을 것이다. 2장에서는 데이터 활용의 초창기인 1950년대까지 거슬러 올라가 저성장과 금융 위기를 극복하고 지속적인 성장을 이룬 미국과 독일 선진 기업들의 데이터 생성 과정, 데이터 분석과 관련된 진화 과정을 시대별·단계별로 살펴본다. 또한 이들 국가들이 2010년대 중반부터 만물 인터넷Internet of Everything, IOE과 인공지능으로 연결되는 4차 산업혁명 초기를 거치면서 어떻게 데이터 경제로 진화해 왔는지 살펴본다. 이로써 우리 기업들의 데이터 활용 단계와 현황을 파악하고, 앞으로 나아갈 방향도 고민해 보는 기회를 가져본다.

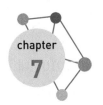

chapter
7

시대에 따른 데이터 기반
혁신과 성장

ଫ 기업의 데이터 분석 경쟁력과 진화 배경

앞서 경제 전문가들이 지적한 저성장 요인 중 인구나 산업의 구조적 문제는 기업보다 정부 기관에서 적극적으로 나서야 성과를 낼 수 있다. 또한 산업의 핵심 경쟁 비즈니스 사이클은 기업의 입장에서 시대적 흐름에 맞게 잘 활용하고 대처해야 하는 외생 변수에 해당한다.

반면, 사일로 효과는 개별 기업의 의사결정에 따라 내부 운영 구조나 프로세스를 혁신적으로 개선해야만 극복할 수 있는 문제다. 유통, 물류, 금융, 의료, 제조 등 전통 산업을 영위하는 기업들이 위와 같은 혁신을 이용해 내부 역량을 강화하며 내실을 기하다가 적기에 진화하면 기존의 수익 모델 자체를 바꿀 가능성이 높아진다.

하지만 내부 운영 방식이나 프로세스는 기업 문화와 연결돼 있기 때문에 쉽게 바꾸기 어렵다. 그나마 기업 사일로 효과를 없애는 빠르고 현실적인 방법은 물리적으로 정해진 짧은 기간 안에 데이터와 정보의 흐름을 IT 중심으로 통합하는 것이다. 하지만, 데이터 활용의 성과적 측면에서 보면 현업 비즈니스의 협조와 이해 없이는 전사적인 효과는 제한적일 수밖에 없다.

(1) 데이터를 이용해 찾은 인사이트가 기업에 미치는 효과

글로벌 기업은 오래전부터 데이터 활용과 분석으로 기업을 운영해 왔다. 비즈니스 사이클의 각 단계마다 데이터 활용 및 분석 경쟁력을 발전시킴으로써 새로운 기회와 위기의 전환점을 만들어 온 것이다.

기업의 목표는 이익을 내면서 지속적으로 성장하는 데 있다. 하지만 '이익 창출'과 '지속적인 성장'이라는 목표를 동시에 달성하기는 어렵다. 계속 이익 우선 전략을 내세우면 변화에 뒤처지고, 지나치게 성장 우선 전략을 펴다 보면 R&D만 하는 기업이 되기 때문이다. 실제로 초기 벤처 기업들이 대부분 후자의 모습을 보이곤 한다.

결국 기업이 계속 살아남으려면 이익과 성장이라는 2가지 목표 사이에서 '적절한 균형'을 잡아야 하는데, 역사에서 알 수 있듯이 쉬운 일은 아니다. 지금까지는 대부분의 의사결정자들이 스스로의 감이나 경험으로 이를 조절해 왔다. 하지만 오늘날은 몇몇 경험 있는 의사결정자들의 판단만으로는 기업의 목표를 달성하기 어렵다.

우리는 지금 불확실성의 시대에 살고 있고, 이 불확실성은 최고 경영자들을 불안하게 만들고 있다. 기업들은 이러한 불확실성을 줄이기 위해 다양하고 방대한 데이터와 정보를 기록·수집·분석·예측·활용하기 위해 막대한 자금과 인력을 투자하고 있다.

그런데 데이터와 정보는 시간이 지나면 가치가 떨어지는 속성을 지니고 있기 때문에 이들의 가치를 재생시키기 위한 데이터 가공·관리 기술과 가공한 데이터에서 인사이트를 찾기 위한 데이터 분석 기술이 필요하다. 또한 데이터 분석으로 찾은 인사이트를 현장에 적용하기 위해 현장을 설득하는 과정도 필요하다. 이런 과정을 거쳐 해당 인사이트를 현업 프로세스에 적용하면 기업의 기존 수익 모델을 바꾸는 등과 같은 파급 효과를 얻을 수 있다.

물론 기업의 모든 문제를 데이터만으로 해결할 수는 없다. 하지만 현재의 불확실성을 줄이고 미래를 준비하는 최선의 방법은 사실을 기반으로 한 데이터와 정보를 기준으로 기업의 의사결정을 하는 것이다.

(2) 글로벌 기업들의 데이터 분석 경쟁력 성장 배경

기업이 지속적으로 성장하기 위해서는 목표의 우선순위가 정립돼 있어야 한다. 시장 조사 전문 기관인 가트너에서는 기업의 우선순위 목표로 기업 성장, 신상품 개발, 신시장 개척, 비용의 최적화, 프로세스 혁신, 기업의 성장과 이익 창출을 지원하기 위한 첨단 IT 기술 습득 등을 꼽았다. 이 모든 목표를 달성하기 위한 밑바탕에 '데이터 활용과 분석 경쟁력'이 있다.

다음 그림은 현존하는 주요 산업을 하나의 제품이라 가정하고 생애 주기를 나타낸 것이다. 즉, 대부분의 산업이 비슷한 시기 (1960~1970년대)에 도입됐다고 보고, 대략 과거 40~50년 간격으로 산업 형태의 변화와 매출·순이익의 추세를 보여 주고 있다.

:: 한국 vs. 미국의 업종 생애 주기

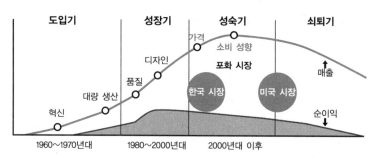

＊한국은 미국보다 각 단계별 진입 시기가 15~20년 늦음.

[출처: 테오르도 제빗]

현재 우리나의 산업 대부분은 많이 팔면 수익이 늘어나는 대량 생산, 품질 경쟁력, 제품의 다양성 시대를 마감하고, 판매·유통 시대의 마지막인 가격 경쟁 단계에 있다. 다시 말해 기업이 많이 팔아도 수익률이 지속적으로 줄어드는 시기에 접어들고 있는 것이다.

앞서 언급했듯이 우리 기업들보다 업종의 생애 주기를 빨리 겪은 글로벌 기업들은 판매·유통 시대부터 가격 관련 데이터를 수집·분석했으며, 산업이 성숙기에 접어드는 마케팅 시대에는 마케팅의 최적 효과와 고객 관련 데이터를 분석했다. 특히 가격 경쟁 시대와 마케팅·광고 시대의 정점에 도달하면 기업들은 이익이 지속적으로 줄어드는 구조에서 벗어나기 위해 신사업, 신상품, 신시장 개척에 나서야 했는데, 이를 위해 외부의 공개 데이터나 구매 데이터를 사용하기 시작했다. 또 최근에는 기업들이 웹 로그와 비정형 대량 데이터를 분석해 새로운 성장·발전의 계기를 마련하고 있다.

이러한 글로벌 기업들의 데이터 분석 경쟁력이 각 단계별 비즈니스 시대를 지나면서 지속적으로 발전해 기업 문화가 되고, 빅데이터 산업이나 사물 인터넷 관련 수익 모델을 만들어 내는 기본 토양이 됐다.

이처럼 기업의 데이터 분석 경쟁력은 관련 조직을 만들고 인력을 배치한다고 해서 곧바로 생기지 않는다. 데이터 중심의 기업 경쟁력은 마치 모래알과 같이 작은 데이터를 하나하나 쌓아 태산을 만드는 것과 같다.

이번에는 데이터가 기업에서 어떻게 생성·수집·저장되며, 기업의 정보 시스템은 이러한 과정을 어떻게 수행하고 있는지를 알아보자.

❤️ IT 시스템의 발전 과정

데이터 중심 기업을 성공적으로 운영하려면 기업의 문화나 조직 구조 자체를 데이터 중심으로 바꾸는 것이 중요하다. 먼저 IT 시스템의 발전 단계를 이해할 필요가 있다.

기업 내 데이터 정보 시스템에는 크게 데이터를 기획·생성·수집·저장해 기업 운영을 지원하는 '기간 정보 시스템'과 수집·저장된 데이터를 다시 수집·통합·가공·분석해 기업 내 중요 의사결정을 지원하는 '분석 정보 시스템'이 있다. 최근에는 분석 정보 시스템의 분석 대상에 외부 구매 데이터와 사업 관련 협력 기관에서 수집한 데이터는 물론, 소셜 미디어 관련 빅데이터까지 포함시키고 있다.

여기서는 먼저 데이터 활용의 근간이 되는 기간 정보 시스템의 발전 단계를 간략히 살펴보자. 초기 단계인 1960년대부터 최근까지의 발전 단계를 살펴보면 우리 기업들의 현발전 단계를 파악하거나 다음 단계의 방향을 정할 수 있을 것이다.

(1) 기간 정보 시스템의 진화

1960년대에 등장한 기업의 기간 정보 시스템은 초기에는 생산 재고 파악에 활용됐고, 이후 생산 자재 관리로 발전했으며, 1970~1980년대를 거치면서 계획·측정·통제는 물론 자재 비용 등 생산 과정 전반을 관리하는 생산 관리 시스템Material Requirements Planning, MRP으로 확장됐다. 이 시기에는 품질 관리가 비즈니스의 핵심이었기 때문에 품질 관리를 위한 데이터 수집과 분석에 중점을 둔 시스템이 개발됐다.

1980년대 후반을 지나 1990년대 들어서는 기업의 인사·회계·고객·협력사 관련 시스템Enterprise Resource Planning, ERP이 개발됐고, 1990년대 후반부터는 ERP 시스템과 고객 관리 시스템을 통합한 비즈니스 프로세스 관리 시스템이 개발되기 시작했다.

2000년대 들어서는 공급 관련 협력사 관리 시스템SCM까지 통합되기 시작했는데, 이를 'ERP II'라고 부른다. 이는 사업 부분별이 아닌 기업 차원의 실질적 데이터 통합이 중요한 시스템이다.

2010년 이후 전사 통합 기업 운영 시스템은 소셜 네트워크와 빅데이터 기술의 발전으로 쌍방향 고객 관리를 포함해 소셜 네트워크를 활용하는 기업 시스템Data Resource Planning, DRP으로 진화하고 있다.

:: 정보 시스템의 발전 역사

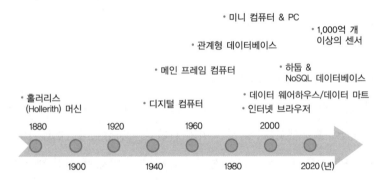

❶ 데이터베이스

기업의 기간 정보 시스템이 발전하면서 이들 시스템에서 생성되는 데이터를 수집·저장하는 기술도 발전했다. 1970년대 후반에 등장한 초기의 관계형 데이터베이스는 1980년대 들어 오라클Oracle이 등장함에 따라 본격적으로 발전하면서 데이터의 크기가 급속도로 커지기 시작했다. 1979년에 설립된 테라데이터Teradata가 데이터 운영 규모를 늘려 나간 속도를 보면 이를 짐작할 수 있다. 1992년에 월마트의 데이터를 1테라Tera 규모로 운영했던 테라데이터는 이후 운영 데이터 규모를 1996년에는 11테라, 1997년에는 24테라, 1999년에는 130테라로 늘려 나갔다.

2000년대 중반을 지나면서부터는 인터넷, 소셜 네트워크와 관련된 비정형 데이터가 기하급수적으로 늘어나면서 이와 관련된 다양한 데이터베이스 서비스가 나타났다. 그 대표적인 예로 하둡의 HBase, CouchDB, MongoDB 등을 들 수 있다.

데이터베이스 기술과 기간 정보 시스템의 발전으로 다양한 종류의 데이터베이스 정보 시스템이 구축됐고, 이는 다양한 데이터 형태를 생성해 냈다. 다만 전사 차원의 데이터 활용을 위해 분산된 정보 시스템에서 생성된 서로 다른 종류의 데이터를 수집·저장·통합하는 과정에서 발생하는 불필요한 업무, 비용통성, 고비용, 운영상의 긴 소요 시간 등은 분석 정보 시스템의 발전에 커다란 걸림돌이다.

❷ 4차 산업혁명의 서막: 웹 3.0

4차 산업혁명을 가능하게 할 결정적인 기술은 '인터넷'과 '데이터'다. 1990년대 중반 이후 인터넷의 발달로 소셜 네트워크 관련 데이터가 기하급수적으로 늘어나면서 비정형 데이터의 빅데이터 시대가 열렸다. 시장 조사 기관인 포레스터 리서치Forrester Research에 따르면, 웹Web은 2005년을 기점으로 그 이전은 웹 1.0 시대, 이후는 웹 2.0 시대로 구분되며, 2010년대로 넘어오면서는 웹 3.0 시대로 나뉜다.

웹 1.0은 월드 와이드 웹의 창시자인 팀 버너스 리Tim Berners Lee가 인터넷에 첫 번째 웹 페이지를 쓴 1990년에 시작됐다. 이 초창기 웹은 주로 읽기만 할 수 있는 홈페이지 위주의 HTML 형식이었다. 주로 기업에서 홍보나 배너 형식의 광고에 활용했으며, 얼마나 많은 방문객이 웹 페이지를 봤느냐가 관심의 대상이었다.

웹 2.0 시대는 2004년에 정보 기술 전문 출판사인 오라일리미디어의 CEO인 팀 오라일리Tim O'Reilly가 '웹 2.0 컨퍼런스'라는 회의를 주최하면서 시작됐다. 웹 2.0에서는 주로 사용자 위주의 내용, 쌍방향 접촉, 협력을 강조한다. 쓰기와 읽기가 가능한 커뮤니티 중심의 소셜 네트워크 사이트, 블로그, 비디오 사이트, 웹앱, 위키피디아 등이 이에 해당한다.

기업에서는 웹 2.0을 이용해 다양한 장소에서의 실시간 보고서 및 모니터링 공유가 가능해졌다. 웹 2.0의 중요성은 웹을 기업의 마케팅이나 고객 관리에 적극 활용하기 시작했다는 데 있다. 상품과 관련된 고객 커뮤니티 활동을 도와줌으로써 충성 고객을 관리하고, 자사 상품의 의견·불만을 수렴하는 소셜 고객 관리가 가능해진 것이다.

웹 3.0은 웹 국제표준화단체인 월드 와이드 웹 컨소시엄W3C에서 만든 웹 표준을 따르는 시맨틱 웹Semantic Web의 시대다. 이 시대에는 데이터의 '연결'뿐 아니라 '의미'도 중요해졌다. 이는 웹에서의 공통된 데이터 형태나 프로토콜 교환으로 데이터 공유를 가능하게 함으로써 커뮤니티, 기업, 앱 간에 데이터를 재사용하기 쉽게 만드는 것이다. 따라서 웹 표준을 지켜 데이터를 제작하는 게 중요하다. 2013년 기준 4,000만 개의 웹 페이지가 이 시맨틱 웹 표준을 따르고 있다.

웹 1.0이 내부 기업 중심이고, 웹 2.0이 커뮤니티 중심이라면, 웹 3.0은 외부 산업 간의 연결 중심으로 4차 산업혁명을 가능하게 하는 단계에 해당한다.

:: 웹의 발전 과정

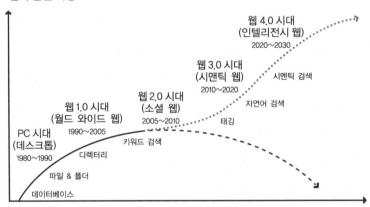

(2) 분석 정보 시스템의 진화

글로벌 기업들이 분석 정보 시스템을 이용해 기업의 경쟁력을 어떻게 높여 왔는지를 시대적으로 살펴보면 다음과 같다.

❶ 1950~1980년: 제품의 질과 다양성 시대의 데이터 활용

데이터의 활용과 분석의 역사는 1800년대 후반까지 거슬러 올라간다.

현재의 모든 데이터 분석에서 기본으로 사용하고 있는 '정규분포Bell Curve'를 통계적 품질 관리에 처음으로 적용한 사람은 미국의 물리학자·엔지니어·통계학자인 워터 앤드류 슈하트Walter Andrew Shewhart이다. 그는 "데이터는 신호와 소음Noise, 즉 불특정 변동Random Fluctuation으로 구성돼 있고, 데이터에서 정보를 추출하기 위해서는 이들을 구분해야 한다."라고 말했다.

이 통계적 품질 관리Statistical Process Control, SPC 개념을 1948년에 에드워드 데밍Edward Deming이 제2차 세계대전 패망국인 일본에 전하면서 토요타 생산 라인 시스템에 적용됐고, 재료가 적시에 투입되는 일본의 생산 방식Just In Time, JIT과 전사적 품질 관리Total Quality Management, TQM 개념으로 발전했다. 이것이 일본이 이후 1980~1990대에 최고의 품질을 자랑하며 제조 관련 세계 시장을 선도하는 계기가 됐다.

미국에서는 1970대에 모토로라가 자사 제품이 일본 제품보다 뒤떨어지는 문제를 해결하기 위해 일본 기업의 TQM 방식을 생산 과정에 적용하기 시작했고, 이후 데이터를 활용한 DMAICDefine, Measure, Analyze, Improve, Control 시스템을 도입해 6시그마6Sigma의 체계를 세웠

다. 여기서 6시그마는 통계학적으로 '0.000002% 제품 생산 불량률'을 의미하는 것으로, 거의 불량률 제로에 가까운 개념이라고 할 수 있다. 1995년 이후에는 GE의 CEO인 잭 웰치Jack Welch가 6시그마의 개념을 더욱 발전시켜 재정·회계·운영 프로세스 등 전사 차원의 기업 운영에 적용했다.

6시그마의 기본 개념은 문제를 정확히 정의·측정·분석하는 것이다. 그리고 6시그마의 바탕이 되는 DMAIC 프로세스에서의 핵심은 '측정', 다시 말해 '정확한 데이터 생성을 통한 분석'에 있다. 따라서 원천 데이터에 문제가 있다면 후속 작업의 정확도가 떨어져 결과에 대한 평가를 어렵게 만든다. 오늘날의 데이터 활용에서 가장 큰 문제가 되는 데이터 품질 문제를 1960~1970년대부터 이미 인지하고 대처해 왔다는 것을 알 수 있다.

1990년에는 미국의 경영학자인 제임스 워맥James P. Womack과 다니엘 존스Daniel T. Jones가 낭비Waste를 최소로 줄이기 위한 일본 제조 공정의 저스트 인 타임Just In Time 개념을 재정립한 '린Lean'이라는 경영 기법을 만들었다. 이들은 1996년에 『린 싱킹Lean Thinking』이라는 책을 출판했다. 이후 이 린 개념을 적용한 '린 6시그마'가 생산 라인에 적용됐고, 2000년대로 넘어오면서 '린 시그마Lean Sigma'에 적용됐다.

린 6시그마는 기존의 6시그마에 5SSort, Set in order, Shine, Standardize, Sustain 개념을 추가해 생산 프로세스에 적용함으로써 낭비를 줄이는 운영 프로세스를 말한다. 참고로 6시그마가 생산의 안정성과 정확도를 중시하는 개념이라면, 린Lean은 생산 속도를 중시하는 개념이라고 할 수 있다.

린 시그마는 린 6시그마가 고정된 기존 생산 프로세스에만 적용되고 신상품이나 최신 IT 기술에는 적용할 수 없다는 점과 지나치게 방법methods과 툴tools에 의지한다는 점을 개선해 더욱 발달한 방식으로 주목받기 시작했다.

:: 6시그마와 린의 변천 과정

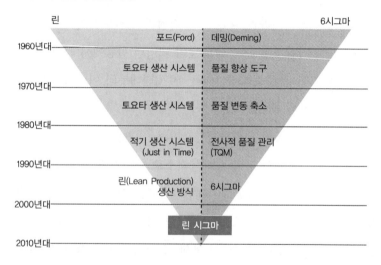

기술 혁신은 통계적 접근법상 전체 모집단의 평균이 이동하거나 분산이 이동하는 것을 의미한다. 다음 그림은 평균 또는 분산이 이동하는 것에 대한 예시이다. 예를 들어 전화기가 유선 전화기에서 무선 전화기로 바뀐 것은 통계적 접근법에서는 일종의 '평균'이 이동한 것, 즉 '모집단 틀'이 변화한 것이고, 무선전화기에서 2G, 3G, 4G, 5G로 바뀐 것은 '분산'이 변화한 것이라고 할 수 있다.

이처럼 기술 혁신이 일어나면 기존의 전체 모집단의 틀 자체가 변화하는 경우가 자주 생기게 된다. 그런 이유로 린 시그마는 이러한 추세를 반영해 기존 프로세스나 틀을 벗어나거나 새로운 혁신적인 기술이 비즈니스에 적용되었을 경우 활용 가능한 개념이다.

:: 기술 혁신으로 기존 틀에서 벗어난 2가지 모형

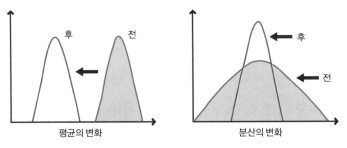

● 1970~1990년: 판매·유통 시대의 데이터 활용

1980년대 후반, 전 세계의 산업 구조는 생산해서 팔기만 하면 이익이 늘어나는 구조였다. 하지만 가격 경쟁이 시작되는 산업의 성숙기에 접어들면서 매출 증가가 더 이상 이익 증가로 연결되지 않고 오히려 이익이 줄어드는 딜레마에 빠질 가능성이 높아졌다. 이런 현상은 1990년대 후반으로 갈수록 더욱 심해졌다.

이러한 시장에서 경쟁하는 기업들은 2가지 가격 전략을 취할 수 있다. 하나는 시장에서 버티기 위해 가격을 원가 바로 위까지 내리는 것이고, 또 하나는 상품의 가치를 높여 그에 합당한 가격을 지불할 고객이나 시장을 찾는 것이다.

하지만 기업들은 가격을 경쟁적으로 낮추는 전략은 가장 마지막에 써야 한다는 사실을 알게 됐고, 결국 상품의 가치에 상응하는 가격을 받기 위해 그 가치를 인정해 줄 고객과 적절한 시장을 찾아야 했다. 이를 위해 기업들은 적극적으로 가격 변동에 따른 순이익을 분석하고, 어떤 고객이 어떤 환경에서 가격에 민감하게 반응하는지를 관찰하고 테스트했다. 시장과 고객에 대한 지식과 자신감이 높을수록 가격을 올리는 정책을 실현할 가능성이 커지기 때문이다.

가격에 영향을 미치는 요인으로는 생산 비용, 경제 환경, 판매량, 계절적 요인, 경쟁자 가격, 심리적 요인, 판매 조건, 가격 민감성 등을 들 수 있다. 하지만 위의 요인들 중에서 가장 기본이 되는 것은 '상품·서비스의 생산 비용'이다.

생산 관리 시스템과 ERP 시스템에서 생성되는 상품·서비스의 생산 비용과 재정·회계 관련 데이터들을 수집·통합해 보면 기업의 가격·가치 전략을 사전에 확인할 수 있다. 이를 위해서는 원자재 비용에 따른 가격의 시나리오를 먼저 분석한 후 판매량이나 판매 시점에 따른 이익 변동을 분석해야 한다. 그리고 마지막에 해당 상품·서비스의 마케팅·판매 영역에서 다양한 소비자 가격과 프로모션 비용까지

시뮬레이션해 보면 이익 최대화에 대한 분석과 함께 최종 가격에 대한 의사결정을 할 수 있다.

과학적 가격 결정의 단계는 다음 그림과 같이 향상되는데, 1단계는 가격 결정을 위한 프로세스나 판단 없이 가격을 즉흥적으로 결정하는 것이고, 2단계는 각 사업부가 가격 결정과 관련해 데이터를 교환하고 협력하는 단계다. 3단계는 가격 결정을 위해 순이익률에 반응하는 가격 관련 솔루션을 도입·활용하는 단계다. 4, 5단계는 전사적으로 가격 결정을 최적화하는 방법을 모색하고, 변화하는 경제와 시장 환경에 지속적으로 대처하며 발전할 수 있는 최고의 가격 전략을 구축하는 단계다.

:: 가치 중심의 가격 경쟁력 발전 단계

5. 가격 전략의 통합

4. 근거 있는 가격, 가격 정책

3. 가격 정책을 위한 솔루션 도입

2. 부서 간 데이터 교환 및 협력

1. 통제 불능, 프로세스 없이 즉흥적인 가격 결정

기업들은 다음 그림처럼 데이터를 지속적으로 수집·분석해 가격 관리 체계를 구축하고, 이렇게 정해진 가격 포지션을 운영 프로세스에 적용한 후 모니터링·재평가해 다음 단계의 가격 결정에 반영한다.

위와 같이 가격 경쟁 우위 포지션을 정하기 위한 분석 경쟁력을 잘 갖추기 위해 노력하는 기업들은 크래프트Kraft, P&G, 월마트 같은 유통 기업들이다. 하지만 이런 기업들도 최근에는 경제 불황으로 가격에 대한 고객들의 반응이 더 예민해지고, 경쟁자들이 더 공격적으로 가격을 낮춤에 따라 끊임 없는 도전을 받고 있다.

:: 가격 경쟁력을 성공적으로 확보하기 위한 가격 관리 체계

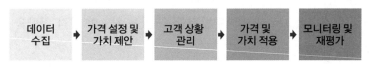

지금까지 설명했듯이 최고의 가격 전략 역시 정제된 데이터의 수집과 전문 기술이 필요하다. 실제로 소매 유통 관련 IT 기술 컨설팅 전문회사인 RSRRetail Systems Research이 2013년에 기업이 효율적 가격 정책을 실행하는 데 있어서의 문제점에 대해 조사한 결과, '가격과 관련된 정제 데이터의 수집'이 가장 우선순위였고, 그다음이 '스토어나 채널들의 가격 변동에 따른 저항', '가격 정책에 필요한 경험 있는 전문기술 인력의 부족' 순이었다.

한편, 소비 관련 IT 기술의 발전으로 시장에서의 가격 투명성이 높아지면서 기업들은 과학적인 가격 결정 전략을 추구하게 됐다.

❸ 1980~2010년: 광고·마케팅 시대의 데이터 활용

1900년대 초기의 마케팅은 불특정 다수의 대중을 대상으로 한 매스마케팅Mass Marketing이 주를 이뤘다. 그러다가 1980년대부터는 데이터베이스 기술의 발전으로 데이터베이스 마케팅이 본격적으로 시작됐다. 이후 기업들은 비용 효율성을 높이기 위해 데이터베이스에 수집·저장된 고객 데이터를 분류·분석해 세그먼트(고객 세분화) 마케팅을 전개했고, 그 성과를 비교·평가하기 시작했다.

데이터베이스 마케팅 이전에는 다이렉트 마케팅이 있었다. 다이렉트 마케팅은 다이렉트 메일, 전화, 이메일, 팩스 등 고객과 직접 접촉하는 채널을 활용하는 일종의 광고다. 즉, 상품·서비스에 대한 고객 반응을 테스트하는 캠페인을 시행하고, 사전·사후의 데이터를 수집·분석해 비용 효율성과 마케팅 효과를 높이는 마케팅 기법인 것이다. 다이렉트 마케팅에서의 데이터 분석은 주로 고객 관련 과거 구매 이력과 일반 현황(나이, 성별, 지역, 구매 빈도 등)을 사용해 분류하는 수준이었다.

데이터베이스 마케팅은 여기서 한 발 더 나아가 각 고객의 구매나 마케팅 반응을 점수Score로 만들어 반영하는 타깃 마케팅Target Marketing에 활용됐다. 타깃 마케팅은 예비 고객, 고객, 사업체의 이름과 접촉 정보, 인구 정보, 구매 이력에 관심, 취미, 성향까지 포함시킨 데이터베이스를 바탕으로 심도 있게 분석·예측한 정보를 활용하는 마케팅 기법으로, 고객 반응을 추적하고 측정할 수 있다는 장점이 있다. 가격 경쟁이 심해지면서 기업들은 이윤을 높이기 위해 이전보다 본격적으

로 타깃 광고 및 마케팅을 시도했다.

데이터베이스 마케팅이 발전하면서 기업들은 고객 관련 데이터베이스를 바탕으로 고객 관리Customer Relationship Management, CRM 시스템을 구축했다.

전통적인 고객 관리 시스템은 고객, 파트너, 내부 직원 각각의 접점 데이터와 과거 활동, 데이터 웨어하우스, ERP, 공급망 관리Supply Chain Management, SCM 시스템에서 생성되는 데이터를 통합해 영업·마케팅·고객 서비스에 활용하는 형태였다.

대표적인 고객 관리 시스템의 종류는 다음과 같다.

❶ oCRM: 고객 서비스, 영업, 마케팅을 통합·자동화하는 운영 차원의 고객 관리 시스템
❷ aCRM: 수집·통합된 데이터 분석·예측·활용을 강조한 고객 관리 시스템
❸ gCRM: 지리 정보를 활용한 고객 관리 시스템
❹ eCRM: 인터넷과 모바일을 연결한 고객 관리 시스템
❺ sCRM: 소셜 네트워크를 활용한 고객 관리 시스템

특히 aCRM은 기존 세그먼트 중심의 고객 관리 시스템에서 심화된 데이터 마이닝과 예측 분석 기술을 발전시킴으로써 타깃 마케팅에 커다란 공헌을 했다.

거의 1990년대 말부터 시작된 CRM은 웹 2.0 시대를 지나면서

2005년쯤에는 소셜 CRM으로 발전했다. 소셜 CRM은 다음 그림과 같이 전통 CRM에 고객들의 온라인 커뮤니티 및 소셜 네트워크 관련 데이터를 포함시켜 기업의 수익 창출에 기여하는 고객 서비스·영업·마케팅에 활용하는 모든 활동을 의미한다. 구글 트렌드에서 '소셜 CRM'을 검색해 보면 2008년부터 상승세를 나타내고 있다는 것을 알 수 있다.

전통 CRM은 기업의 고객 관리 사업부에서 기존 고객 위주의 정해진 채널로(전화 상담 또는 방문) 거래 및 접촉 활동과 이력에 따른 정보를 고객에게 일방향으로 전달하는 의사 소통방식이었다.

반면, 소셜 CRM은 철저히 고객 중심의 프로세스로 운영된다. 즉, 기업과 관련된 모든 사람이 다양한 채널(이메일, 모바일, 웹 등)을 이용해 고객이 선택한 시간에 정보를 양방향으로 소통·공유하는 방식으로 운영된다. 또한 고객들이 상호 파트너로서 정보를 공유하는 협력체를 만들기도 하며, 기업에서는 이런 활동과 관계를 지원한다. 기업은 이런 과정에서 기업 정보 시스템에 쌓이는 정보를 재가공해 고객 및 협

:: 소셜 CRM의 개념

력 기업들과 공유하며 발전해 나간다.

최근에는 다양한 채널을 뛰어넘는 옴니 채널 마케팅이 주목받고
있다. 옴니 채널의 '옴니'는 '모든 것'을 의미하는 라틴어 '옴니omni'를
의미한다. 옴니 채널 마케팅은 전통적인 고객 소통 채널(전화, 방문 등)
과 디지털 채널(인터넷, 모바일 등)을 통합해 최적의 마케팅 효과를 만들
어 내는 전략이다. 이러한 마케팅을 이용하면 기업은 온·오프라인 스
토어, 모바일, 전화, 인터넷 등과 같은 모든 채널을 하나로 연결해 고
객이 필요로 하는 정확한 정보를 전달할 수 있다.

결국 정보 시스템에 따른 데이터의 전사적 통합이 기업이 데이터 기
반의 운영 체계로 변신하는 터닝포인트가 된다는 사실을 알 수 있다.

❹ 2000~2013년: 인터넷 스타트업 시대의 데이터 활용

인터넷은 1990년대 초부터 서서히 발전·성장해 1990년대 후반을
지나면서 소위 인터넷 닷컴(.com) 기업 붐을 일으켰고, 2002년에는
닷컴 기업들이 미국 나스닥에 상장해 최고점을 찍게 된다. 이후 급격
한 가치 하락을 겪은 닷컴 기업들은 2~3년의 조정 기간을 거치면서
안정적으로 성장하기 시작했다.

버블 붕괴에서 살아남은 닷컴 기업들은 2004년부터 시작된 웹 2.0
시대에서 새로운 수익 모델을 추구하며 빠르게 성장해 나갔다. 그 대
표적인 예가 구글, 아마존, 넷플릭스 및 빅데이터 관련 신생 기업들이
다. 컨설팅 기업인 액센튜어Accenture의 조사 결과에 따르면, 다음 그림

과 같이 전통적인 기업들이 성숙 모델에 이르기까지 보통 20년이 걸리는 데 비해, 이들 신생 기업들은 평균 4.4년이 걸렸다. 이처럼 기업 가치가 10억 달러 이상인 스타트업들을 '유니콘 기업'이라고 한다.

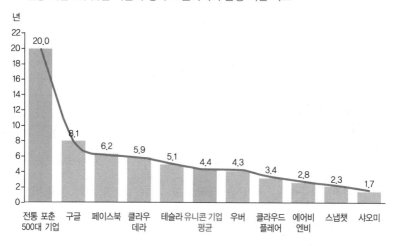

:: 전통 기업 vs. 닷컴 기업의 성숙 모델까지의 달성 기간 비교

[출처: 액센튜어]

테크크런치TechCrunch는 페이스북, 핀터레스트, 드롭박스, 야머, 링크드인, 인스타그램 등을 비롯한 39개의 유니콘 기업을 선정했다. 한편, 리서치 기업인 CB 인사이트CB Insights는 2015년 기준 전 세계적으로 140개 정도의 유니콘 기업이 있으며, 이중 99개가 미국에 있다고 밝혔다.

투자 전문가들은 사물 인터넷 관련 상품과 기술을 활용한 유니콘들이 2015년을 지나면서 몇 년간 기하급수적으로 늘어났다고 주장한다.

빠르게 성장·발전한 스타트업들은 2008년에 금융 위기를 겪기도 했지만, 2011년에 미국 정부에서 스타트업을 육성, 활성화하기 위해 전개한 '스타트업 아메리카 이니시티브Startup America Initiative' 프로젝트의 도움 등으로 어려움을 극복하며 빅데이터 성공 시대를 열었다. 스타트업의 증가는 곧 일자리 증가로 이어졌고, 스타트업에서 대기업으로 성장한 기업들이 또 다시 스타트업을 인수·합병하면서 경제 성장이라는 흐름을 마련했다.

한편, 웹 2.0의 영향으로 빅데이터 관련 산업이 발전하면서 광고 및 마케팅 분야의 IT 기술 영역이 눈에 띄게 성장했다. 그 대표적인 사례가 '디지털 프로그래매틱 마케팅Digital Programmatic Marketing'이다. 이는 하둡 등 빅데이터 관련 기술이 2013년을 기점으로 시장에서 초기 기술 적용의 캐즘Chasm 현상을 극복하고 다수의 기업에게 성공적으로 적용·활용됐다는 것을 의미한다.

여기서 캐즘은 '균열', 캐즘 현상은 시장에 신기술이 적용된 상품·서비스가 나왔을 때 혁신성을 중시하는 소비자가 중심이 되는 초기 시장과 실용성을 중시하는 소비자가 중심이 되는 주류 시장 사이에서 일시적으로 수요가 정체되거나 후퇴하는 현상을 말한다. 자세한 내용은 다음 장에서 설명한다.

❺ 2010년~ : 사물 인터넷과 인공지능 기반의 4차 산업혁명

금융 위기를 겪으면서 일자리 창출의 필요성을 느낀 국가들은 많

은 일자리를 제공하는 전통 산업인 제조업에 관심을 갖게 됐다. 그리고 이 제조업 분야가 웹 3.0과 빅데이터 기술의 성숙이라는 환경에 영향을 받아 '제조 4.0 시대'를 열었다. 제조 4.0은 생산 공정, 조달·물류, 서비스를 통합·관리하는 '스마트 팩토리'를 달성하기 위해 사물 인터넷, 사이버 물리 시스템, 센서 등의 기반 기술 개발에 집중하는 산업 형태를 말한다. 특히 독일은 2011년에 정보 통신 기술의 융합을 이용한 제조업 혁신 전략인 제조 4.0을 주요 테마로 한 '하이테크비전 2020'을 발표하고, 이를 강도 높게 추진하고 있다.

사물 인터넷은 분산된 데이터들을 연결·통합·가공해 활용하면서 발전하는 것으로, 기업 내부의 한정된 제조 영역에서 자동화를 추구했던 제조 3.0과는 다르다. 다음 그림과 같이 하드웨어 디바이스와 여기에 적용된 소프트웨어, 사물을 연결하는 네트워크와 클라우드 기반의 플랫폼이라는 생태계가 새로운 혁명의 시대를 여는 데 촉매 역할을 하고 있는 것이다.

결국 빅데이터 기술이 안정적으로 현장에 접목되는 과정에서 만물

:: 사물 인터넷 기술의 핵심 요소

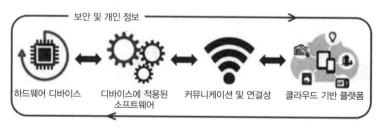

보안 및 개인 정보

하드웨어 디바이스 ↔ 디바이스에 적용된 소프트웨어 ↔ 커뮤니케이션 및 연결성 ↔ 클라우드 기반 플랫폼

인터넷으로 연결되고, 이것이 인공지능과 결합해 동반 성장하면서 제조 4.0의 기반이 된 것이다.

대표적인 예로 마케팅에 활용되는 인공지능을 들 수 있다. 인터넷을 통해 생산되는 대량의 데이터를 자동화하고, 이를 마케팅에 활용함으로써 다이내믹 가격 책정, 자동 광고 비딩Bidding, 챗봇Chatbot과 같은 고객 관리 시스템의 발전에 기여했다. 즉, 인공지능 기반의 통합 마케팅 시대를 열게 한 것이다.

다만 인공지능의 경우, 많은 기업에서 핵심 전략으로 채택하고 있지만, 아직까지 산업 현장에서 괄목할 만한 매출이나 순이익 증가로 연결되지는 않고 있다. 하지만 글로벌 기업들이 꾸준히 관심을 갖고 경쟁적으로 투자하고 있는 만큼 괄목하게 성장하는 영역이 될 것이다.

:: AI 마케팅 메트릭스

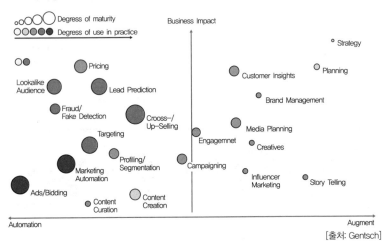

[출처: Gentsch]

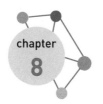

데이터 기반 사업 모델과
데이터 전략

∞ 데이터 중심의 비즈니스 전략은 항상 이긴다

데이터 중심의 비즈니스 전략은 정보 시스템의 진화에서 봤듯이 꾸준히 진화하면서 시장에서 이겨 왔고, 앞으로도 그럴 것이다.

앞서 언급했듯이 현재 우리나라는 미국이 거의 15여 년 전에 겪었던 산업의 성숙기를 지나 저성장 시대로 가고 있다. 그리고 이는 과거 산업 시대의 퇴진과 함께 시작된 데이터 경제 시대의 초기와 맞물려 있다. 이를 다음과 같은 기술의 S 곡선상으로 보면, 현재의 기업 환경 시스템에서 새로운 '기술'의 환경 시스템으로 넘어가야 하는 갈림길에 서 있는 것이다. 독일이나 미국처럼 새로운 시스템을 활용해 지속

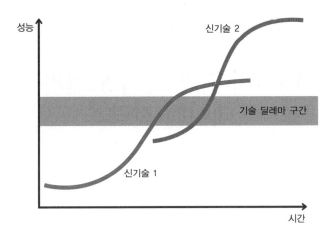

:: 기술의 S 곡선

성능

신기술 2

기술 딜레마 구간

신기술 1

시간

적인 성장의 길로 들어설 것인지, 남미 국가들처럼 죽음의 계곡을 넘지 못하고 경제 파탄의 길로 갈 것인지는 지금 우리의 선택과 결정에 달려 있다.

우리 기업들이 데이터 기반의 사업으로 성장해 나가는 데 있어서 주목해야 할 것은 '차세대 기술'들이다.

다음 그림과 같이 이 신기술들은 품질의 단계적 발전이나 시간의 경과에 따라 활용도가 '점진적'으로 높아지는 것이 아니라 단기간에 '갑자기' 수요가 증가하거나 성능이 높아지는 특성을 지닌다. 그만큼 기존 사업과 시장에는 항상 이러한 신기술에 따른 위험이 내포돼 있다.

또한 신기술은 발전하는 과정에서 다음 기술에 영향을 미치는 '진화적 연관 관계'를 갖는다는 점에도 주목할 필요가 있다. 즉, 인터넷

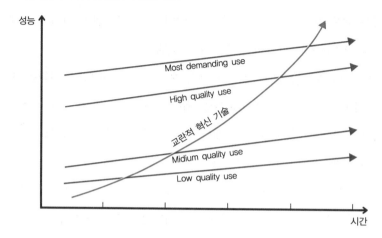

이 발전·성숙해야 소셜 네트워크의 성숙 시대가 오고, 소셜 네트워크의 성숙 시대가 지나야 모바일·클라우드 시대가 오고, 이는 다시 빅데이터 시대로 연결된다. 그리고 빅데이터 시대가 성숙하면 사물 인터넷, 블록체인, 인공지능으로 진화하게 된다.

기술의 S 곡선을 자세히 살펴보면, 새로운 기술이 도입되는 초기에는 효과나 성과가 기대에 못 미치는 '기술 딜레마'에 빠질 수도 있다는 사실을 알 수 있다. 이는 신기술이나 상품을 통해 좋은 성과가 날 것이라는 전망이 있더라도 실제 만족할 만한 성과가 측정될 때까지는 불확실성이 존재하고, 또 그런 성과가 언제 실현될지 모르는 상황을 말한다.

이러한 상황은 기업에게 엄청난 스트레스가 된다. 기업의 입장에서는 이런 상황에서 기존 시스템과 새로운 시스템을 동시에 지원해야 하기 때문이다. 더욱이 새로운 시스템이 기존 시스템의 이익이나 매출을 감소시키는 상황이 발생할 수도 있다.

이는 앞서 언급했던 '캐즘'과 같은 개념으로 볼 수 있다. 캐즘은 첨단 기술 분야의 마케팅 전문가인 제프리 무어Geoffrey Moore가 최초로 사용한 말로, 신기술이 처음 개발된 후 대중적으로 보급되기까지 수요가 정체되는 현상을 의미한다.

미국의 경제학자인 에버릿 로저스Everett Rogers는 시장에서 혁신기술을 수용하는 데 걸리는 시간에 따라 소비자를 혁신 수용자Innovators, 선각 수용자Early Adaptors, 전기 다수 수용자Early Majority, 후기 다수 수용자Late Majority, 지각 수용자Laggards로 나눈다. 이러한 혁신 확산 모델을 기준으로 보면, 혁신 기술 도입에 따른 캐즘 현상은 선각 수용자와 전기 다수 수용자 사이에서 발생한다. 그리고 캐즘 현상에서 벗어나 전기 다수 수용자 단계를 지나면서 혁신 기술이 기업의 매출과 이익으로 실현돼 가치가 상승하기 시작한다.

이 캐즘은 다음 그림과 같은 시장 전문 조사 기관인 가트너에서 발표한 하이프 곡선Hype Curve(과장 광고 곡선)에서 환멸의 도래 단계Trough of Disillusionment에 해당하기도 한다.

지금까지 설명한 내용을 정리해 보면, 기존 시스템인 산업 시대에서 새로운 시스템인 데이터 시대로 넘어가기 위해서는 몇 가지 조건이 필요하다는 사실을 알 수 있다.

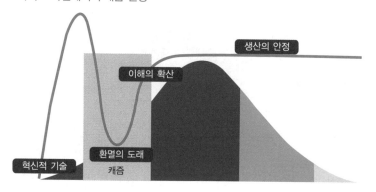

생산의 안정

이해의 확산

혁신적 기술

환멸의 도래

캐즘

[출처: 가트너]

먼저 IT를 기반으로 한 클라우드와 빅데이터 중심의 인프라·아키텍처에서 비즈니스 중심의 IT, 즉 셀프 서비스 데이터와 분석 그리고 매출 및 수익 위주, 즉 비즈니스 가치를 추구하는 사물 인터넷, 데이터 과학, 스마트 애플리케이션 시스템 등으로의 전환이 필요하다. 또한 기존 시스템과 새로운 시스템 사이에서 발생하는 죽음의 계곡인 캐즘 현상에서 벗어나기 위한 노력이 필요하다.

제프리 무어는 다음 그림과 같이 "캐즘 현상이 발생하는 때가 스타트업을 시작하기에 가장 적절한 시기"라고 말한 바 있다. 이 말처럼 실제로 캐즘 현상을 극복하기 위해 새로운 방법을 모색하는 과정에서 새로운 사업 모델과 스타트업들이 생긴다.

일반적으로 기업이나 정부는 잠재적인 미래 성장을 위해 가장 먼저 R&D 투자를 늘리는 방법을 고려한다. 하지만 글로벌 컨설팅 그룹

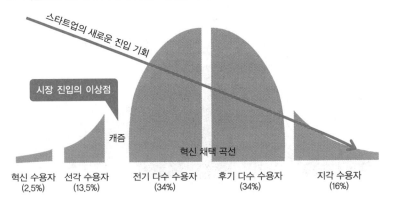

:: 캐즘은 스타트업 시작의 가장 적절한 시기

스타트업의 새로운 진입 기회

시장 진입의 이상점

캐즘

혁신 채택 곡선

혁신 수용자
(2.5%)

선각 수용자
(13.5%)

전기 다수 수용자
(34%)

후기 다수 수용자
(34%)

지각 수용자
(16%)

인 AT 커니AT Keaney의 조사 분석 보고서에 따르면, R&D 투자와 기업의 이윤·혁신과의 비례 관계가 항상 성립하지는 않는다고 한다. 셋째 마당에서는 개별 기업들이 데이터 기술 캐즘의 강을 건너기 위해서는 어느 분야에 어떤 노력과 투자를 집중해야 하는지 살펴본다.

데이터 기반의 기업 혁신은 결국 기업 운영의 체질을 바꾸는 것과 같다. 마치 마라톤을 완주하려면 우선 체력을 단계적으로 올리듯이 기업 운영의 체질을 개선할 때도 단계별로 개선하는 전략이 필요하다.

기업들은 데이터를 활용해 새로운 인사이트를 발견하거나 신규 시장을 개척하며 성공 사례를 만들어 낸다. 이러한 데이터 활용의 성공 사례는 일정한 비즈니스 모델로 발전한다. 비즈니스 모델을 알아보기에 앞서 데이터 활용 모델을 살펴보자.

데이터는 어떻게 자산이 되는가?

❧ 데이터 활용 모델 4가지

데이터 활용 모델은 데이터의 복잡성과 업무의 복잡성을 고려해 다음 그림과 같이 '효율성 모델', '효과성 모델', '전문성 모델', '혁신성 모델'로 분류할 수 있다. 보통 '효율'을 강조하면 '프로세스 자동화'로 진행되는 경향이 있고, '혁신'을 강조하면 원천 기술과 새로운 아이디어가 융합한 사업 모델 등 '창의적 혁신'이 강조되는 경향이 있다.

'데이터의 복잡성'이 커질수록 활용되는 데이터가 비정형이고, 데이터가 크고, 빠르게 변하며, '업무의 복잡성'이 커질수록 일이 불규칙적이고, 예측이 불가하며, 상황마다 판단해야 한다는 것을 의미한다.

:: 데이터 활용 모델의 구분

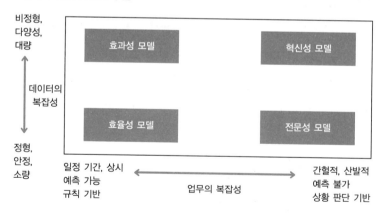

(1) 효율성 모델

지속적 저비용 기반의 수행 성과를 제공히는 모델로, 일상의 상시 업무를 주로 수행한다. 잘 정의되고 쉽게 이해되는 규칙이나 프로세스가 장점이다. 대표적인 예로는 자동 신용 결정, 드론의 물건 배달 등을 들 수 있다.

(2) 효과성 모델

유연한 통합과 협력을 지원하는 모델로, 다양한 영역을 상호 연결하는 업무를 주로 수행한다. 의사소통과 상호 협조에 의존하는 경향이 있다. 대표적인 예로는 소비자나 전사 고객 서비스 가상 에이전트, 협력적 업무 프로세스 관리 등을 들 수 있다.

(3) 전문성 모델

특정 전문 기술이나 영역 지식을 활용하는 모델로, 전문가의 상황 판단이 필요한 업무를 주로 수행한다. 전문적인 기술과 경험에 의존한다는 장점이 있다. 대표적인 예로는 의료 진단 시스템, 법률 또는 금융 리서치 등을 들 수 있다.

(4) 혁신성 모델

창의력과 새로운 아이디어를 실현하는 모델로, 원천 기술을 다루거나 혁신적인 업무를 주로 수행한다. 전문성, 실험, 탐구 그리고 창의

성에 의존하는 경향이 있다. 대표적인 예로는 바이오 메디컬 연구, 패션 디자인, 음악 창작 등을 들 수 있다.

🕸 데이터 기반 비즈니스 모델 – 빌 슈마르조 모델

대표적인 비즈니스 모델인 '빌 슈마르조 모델'은 미국의 스토리지 업체 델 EMC의 CTO(최고 기술 책임자)인 빌 슈마르조Bill Schmarzo가 구상했다. 기업 내부의 데이터 활용 혁신 과정을 고려해 만든 데이터 기반 비즈니스 모델이다. 이 모델을 살펴보면 성공적인 데이터 기반의 사업 모델은 프로젝트 방식으로 단번에 만들어지는 것이 아니라 점진적으로 이뤄진다는 사실을 알 수 있다.

(1) 모니터링 단계

모니터링Monitoring 단계에서는 비즈니스 인텔리전스BI를 활용해 현재 진행되는 비즈니스의 성과를 측정한다. 기본적인 분석으로 비즈니스 목표에 따른 성과를 달성 또는 미달로 표시하고, 해당 결과와 함께 그에 따른 조치·가이드를 담아 각 부서의 담당자에게 자동으로 경고 메시지를 보낸다. 이 단계에서는 이전 기간의 캠페인 또는 다른 산업을 벤치마킹해 브랜드 인지도나 고객 만족도, 상품 품질, 수익 등과 관련된 지수를 산정한다. 또한 비즈니스 의사결정 중에서 데이터 분

:: 빌 슈마르조 모델

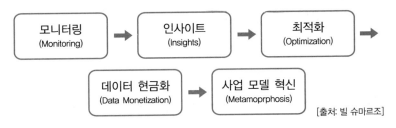

[출처: 빌 슈마르조]

석이 가능한 영역을 선정하고, 분석 환경Sandbox을 구성하며, 분석 지수에 대한 프로파일을 만든다. 이와 함께 기업의 데이터 사용자들을 대상으로 데이터 활용에 대한 내용을 교육한다.

(2) 인사이트 단계

인사이트Insights 단계에서는 통계, 예측 분석, 데이터 마이닝을 활용해 실현 가능한 비즈니스 인사이트를 찾아 내고, 이를 진행 중인 비즈니스에 접목한다. 예를 들어 마케팅 부문이라면 특정 캠페인이 더 효과적이라 추천하고, 구매 횟수가 평소보다 줄어든 우수 고객에게는 할인 쿠폰을 보내라고 추천한다. 또 제조 부문이라면 표준 범위를 벗어난 생산 라인의 기계를 예측해 알려 준다.

이 단계에서는 데이터의 활용이 부서별로 이뤄진다. 비즈니스 인사이트 단계가 성숙기에 접어들면 분석을 최적화하기 위해 데이터 레이크Data Lake와 같은 빅데이터 플랫폼을 구축해 데이터 중심의 의사결정과 운영에 대한 효과성을 측정한다.

(3) 최적화 단계

최적화Optimization 단계에서는 프로세스를 자동화하기 위해 고급 분석을 조직 내부에 내재화Embeded하는 애플리케이션을 사용한다. 이 단계에서는 데이터를 전사적으로 활용할 수 있게 된다. 따라서 각 지방의 날씨나 구매 이력 등을 기반으로 재고 및 자원 배분과 인력을 최적화하는 등 전사적인 효율화가 완성된다. 예를 들어 소셜 미디어 데이터에서 얻은 인사이트를 이용해 적정 재고를 관리하고 최적의 상품 가격을 책정하기도 한다.

내부의 데이터 활용이 성과를 내고 경험이 쌓이면 새로운 상품이나 서비스를 창출할 기회도 만들 수 있다. 예를 들면 소매 유통 분야에서 상품을 분석하고 분류하는 작업에 인공지능을 이용한 자동 분류 엔진을 사용할 수 있다. 이런 자동 분류 엔진은 제품화할 수도 있다. 즉, 내부 문제를 해결하기 위한 분석 인사이트를 개발해 기업 내 프로세스에 적용하고 최적화한다.

(4) 데이터 현금화 단계

데이터 현금화Data Monetization 단계에서는 기업 내부를 뛰어넘어 다른 기관이나 기업을 대상으로 한 외부 비즈니스에 주목한다. 이 단계에 진입한 기업은 분석 인사이트를 포함한 데이터를 패키지화해 다른 기관이나 기업에 판매한다.

예를 들어 맵마이런닷컴MapMyRun.com은 모바일 앱을 이용해 사람의 이동 장소와 활동 이력을 관리해 주는데, 이러한 데이터에서 찾아 낸 고객 취향과 관련한 데이터를 패키지화해 스포츠 의류 제조 기업 이나 스포츠 용품 소매상, 보험회사, 의료 관련 기관에 판매한다. 이 와 같이 데이터 현금화 단계에서는 데이터와 분석 인사이트를 활용 해 새로운 시장·상품·고객을 창출한다.

(5) 모델 혁신 단계

모델 혁신Metamorphosis 단계에서는 데이터를 바탕으로 새로운 시장 을 창출하기 위한 혁신적 비즈니스 모델을 구축한다. 대표적인 사례 는 다음과 같다.

- 가정용 기기 제조사가 예측 분석을 활용해 교체 시기를 추천하 거나 비용과 환경 등을 고려해 적절한 브랜드를 추천하는 서비 스 비즈니스 모델을 창출
- 항공사에서 고객의 여행 패턴, 선호도를 바탕으로 고객이 여행하 고 싶어하는 지역의 쇼핑 정보, 스포츠 이벤트, 렌터카, 호텔 등 을 찾아 추천하는 비즈니스 모델을 창출

비즈니스 모델을 가장 성공적으로 창출한 기업은 아마존과 넷플릭 스다. 온라인에서 도서만 판매했던 아마존Amazon이 데이터 및 클라우 드 기반의 IT 사업자로 변모한 것이나 비디오 대여 사업을 하던 넷플

릭스가 빅데이터 기반의 엔터테인먼트 스트리밍 사업자로 변모한 것을 예로 들 수 있다.

빌 슈마르조 모델은 데이터를 적극적으로 활용하는 기업들이 비즈니스 운영이나 수익 모델 차원에서 어느 단계에서 시작해 어느 단계까지 수행할 수 있는지 이해하는 데 도움이 된다. 위 내용을 표로 정리하면 다음과 같다.

:: 빌 슈마르조 모델

모니터링 (Monitoring)	인사이트 (Insights)	최적화 (Optimization)	데이터 현금화 (Monetization)	모델 혁신 (Metamorphosis)
비즈니스 인텔리전스(BI)를 활용해 비즈니스 성과를 선별. 결과와 함께 조치 및 가이드를 담당자에게 전송.	통계, 예측 분석, 데이터 마이닝으로 발견한 인사이트를 기존 비즈니스 프로세스에 접목.	내재된 고급 분석으로 운영 프로세스 최적화.	분석 인사이트를 포함한 데이터 판매. 지능 정보를 포함한 상품을 개발, 새로운 매출 창출 기회 마련. 고객 관리를 획기적으로 전환하는 계기 마련.	새로운 서비스와 시장을 창의적으로 만듦. 고객 · 상품 · 시장에 대한 혁신 인사이트를 기반으로 새로운 트렌드를 주도.

[출처: 빌 슈마르조]

❖ 딜로이트 컨설팅이 제시한 6가지 비즈니스 모델

앞서 설명한 빌 슈마르조 모델 외에 다른 비즈니스 모델로는 2014

년에 딜로이트 컨설팅에서 데이터와 활용 프로세스 그리고 이들 관계를 고려해 제시한 6가지 사업 모델을 들 수 있다. 각 모델은 다음과 같다.

(1) 상품 개발 혁신 모델

특정 제품의 판매 데이터를 분석해 제품에 기능을 추가하거나, 서비스를 개선하거나, 신제품을 추가로 개발하는 모델이다. 이를 위해서는 데이터 활용 프로세스에서 데이터 생성·저장·분석·활용할 수 있는 역량이 필요하다.

(2) 시스템 혁신 모델

제조업의 제품 개발 단계에서 기업과 고객을 유기적으로 연결함으로써 혁신을 이루는 모델이다. 이 모델의 목표는 하나의 제품을 넘어 더 스마트한 시스템을 제공하는 것이다. 예를 들면 소셜 미디어와 커뮤니티를 통합해 제품 판매 및 홍보를 위한 채널로 활용하는 식이다. 이를 위해서는 상품 개발 혁신 모델과 같은 역량과 타 부서의 협력이 필요하다.

(3) 데이터 제공 모델

기업의 핵심 활동은 아니지만, 기업에서 생성된 원시 데이터나 집계 데이터를 다른 고객에게 판매해 수수료를 받는 등의 수익을 창출하는 모델이다. 이 모델은 크게 원시 데이터를 판매하는 방식과 인사이트 및 주요 지표를 판매하는 방식으로 구분된다. 이를 위해서는 전체 데이터 활용 프로세스상에서 데이터를 수집·정제·가공하는 역량이 필요하다.

(4) 데이터 중개 모델

오픈 소스나 데이터 마이닝으로 핵심 파트너에게서 데이터를 수집·가공해 판매하는 모델이다. 데이터 중개 사업을 하는 기업에 필요한 역량은 데이터 분석 및 활용 역량에 중점을 두고, 데이터 생성과 활용은 다른 기업을 이용해 실행한다.

(5) 가치 사슬 통합 모델

기존 제품을 확장하거나 비용을 절감하기 위해 동일한 고객층을 대상으로 하는 유통업체 및 시스템 통합 업체의 파트너와 데이터를 교환하는 모델이다. 이 모델의 목표는 데이터 판매나 라이선스 아웃(라이선스 상품의 생산과 판매를 타사에 허락해 주는 것)이 아니다. 운영 결과를 최적화하기 위해 통합하고 협력한다.

(6) 물류 네트워크 모델

전통적인 가치 사슬에서 벗어나 물류 네트워크에 참여하는 여러 기업이 이익을 얻는 모델이다. 모든 이해 관계자들은 네트워크 안에서 거래를 유도하고, 광고를 활성화하고, 장터를 육성하기 위해 서로의 데이터를 공유한다.

이 모델의 대표적인 사례로는 자동차 렌트업을 하는 허츠Hertz를 들 수 있다. 이 기업은 새로운 고객과 광고 채널을 확보하기 위해 광고 대행사 및 KLM 항공사에게서 데이터를 공유받고 고객들이 자동차를 임대하기 위해 광고를 클릭할 때마다 이 기업들에 수수료를 지불한다.

지금까지 설명한 6가지 모델 중에서 데이터 제공 및 데이터 중개 모델의 핵심은 '데이터 공유 기술'이고, 가치 사슬 통합 및 물류 네트워크 모델의 핵심은 '기업 간 협력'이다.

🜲 데이터 활용 단계적 전략

데이터 기반 비즈니스 모델의 혁신은 단순히 IT 부서나 CRM 부서, 디지털 사업부 등 일부 영역에서만 진행해서는 안 된다. 즉, IT 부서에서 전사적 데이터 웨어하우스 또는 하둡 플랫폼을 구축하거나, CRM 부서에서 몇몇 화려한 알고리즘으로 분석하거나, 디지털 사업부에서 모바일 앱을 구축해 개인화된 추천을 한다고 해서 기업 전체가 디지털 기반의 혁신을 이룰 수는 없다.

최근 국내 대기업들은 인공지능 관련 스타트업을 경쟁적으로 인수하고, 인공지능과 관련된 기술을 개발하기 위한 투자를 아끼지 않고 있다. 하지만 데이터 기반의 비즈니스 성공 사례를 만들려면 이런 투자와 함께 반드시 '전사적 데이터 활용의 단계적 전략'이라는 전제 조건을 갖춰야 한다. 아울러 그러한 전략을 실천하려는 노력과 인내가 뒤따라야 한다. 단기 성과에 익숙한 기업들에게는 이 실천 과정도 쉽지 않다.

과거에는 데이터를 비즈니스나 IT 프로젝트의 부가 생성물By-Product로 인식했다면, 디지털 전환의 시대에는 비즈니스, 데이터, IT를 서로 동등한 비중으로 인식해야 한다. 이때 전략은 단순히 계획일 뿐 무엇보다 그것을 실천하고자 하는 진정성이 필요하다.

전략은 '우리가 이것을 왜 해야 하는가?'에 대한 답을 찾는 과정이다. 데이터 전략은 당연히 기업의 비즈니스 전략에 기여하는 것이어야 한다. 비즈니스 전략의 목표는 월마트처럼 '날마다 저가Everyday Low Price'가 될 수도 있고, 토요타의 '최고의 자동차 품질'이 될 수도 있다. 데이터 전략이 기업의 비즈니스 전략의 목표를 달성하기 위해 지원하는 방법은 다양하다. 기업의 매출 증대, 현금 흐름의 개선, 생산력 증대, 비용 효율성, 수요 관리, 사기 방지, 빠른 의사결정, 고객 관리, 조직 관리, 마케팅 효율성, 고객 서비스 등 기업의 각 영역에서 다양한 데이터 인사이트를 찾아 낼 수 있기 때문이다.

데이터 전략은 데이터가 '자산'이라는 인식에서 시작된다. 그런데 데이터 자산은 전통적 자산과는 다른 특징이 있다. 그것은 바로 데이터 자산은 수없이 사용해도 고갈되지 않고 재사용할 수 있다는 점이다. 데이터를 자산으로 인식하기 위해서는 '데이터 거버넌스적인Data Governance 접근'이 필요하다. 데이터 거버넌스는 데이터 활용을 중심으로 한 인력, 프로세스, 정책에 관련된 일련의 시스템적 접근을 말한다. 즉, 기업 스스로 어떤 데이터를 보유하고 있으며, 필요한 데이터가 어디에 있고, 데이터를 이용해 무엇을 하고 있으며, 접근성과 데이터 품질은 어떤지, 추가로 어떤 데이터를 새로 더 수집해야 하는지 등에 관한 전사 차원에서의 운영 가이드나 정책을 세우는 것을 말한다. 데이터 거버넌스는 데이터 관리 기능 중 중요한 영역이다. 데이터 자산과 데이터 거버넌스는 셋째마당에서 자세히 설명한다.

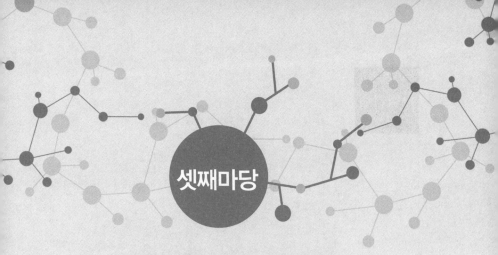

셋째마당

데이터를 자산화하라

09 데이터는 살아 있는 생물이다
10 데이터 연결, 통합, 융합
11 데이터 관리
12 데이터 거버넌스
13 데이터 서비스

데이터는 기업 활동의 부산물이 아니라 오랜 세월 동안 축적해 온 '기술적 자산'이자, 미래 가치를 포함하고 있는 '전략적 자산'이다. AT&T는 이미 2011년에 고객 명단과 고객 관계 데이터를 27억 달러의 가치를 지닌 자산으로 인정하고, 이를 회계 장부에 기입했다. 데이비드 라잔David Rajan(오라클 기술 이사)은 "자체 조사 결과, 조사 대상 기업 CIO(최고 정보 관리 책임자)의 77% 이상이 데이터를 주요 자산으로 간주하고, 이를 회계 장부에 기입해야 한다고 응답했다."라고 전했다.

우리는 이처럼 데이터를 기업의 비용이 아닌 자산으로 인정해야 하는 시대에 살고 있다. 첫째마당에서 데이터가 상품으로 유통되는 과정과 가치를 알아봤다. 하지만 데이터가 자산으로서 수익을 지속적으로 창출하려면 데이터를 어떻게 관리하고 활용해야 하는지를 살펴봐야 한다. 만약 기업 내부의 데이터를 인사이트나 가치의 추가 없이 외부로 내보내는 것은 데이터의 상품화가 아니라 데이터의 개방일 뿐이다.

우리가 눈으로 확인할 수 있는 데이터 기반 비즈니스 서비스의 영역은 빙산의 일각이다. 그렇기 때문에 우리 눈에 보이지 않는 '빅데이터'의 존재와 가치를 인지하고, 이를 최적으로 활용하기 위한 전략이 반드시 필요하다.

셋째 마당에서는 데이터가 진정한 기업 자산이 되는 데 필요한 각 영역별 데이터 처리 과정, 관리 체계, 데이터 거버넌스 그리고 데이터 서비스에 대해 알아본다.

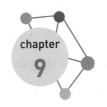

데이터는
살아 있는 생물이다

데이터를 효과적·효율적으로 활용하려면 다른 자산과 구분되는
데이터 자산의 특징을 이해해야 할 필요가 있다. 이를 위해 데이터의
생명 주기, 생성 및 수집에 관련된 내용을 살펴보자.

데이터의 생명 주기

생물은 태어나 성장하고 생명을 다하면 죽는다. 이와 마찬가지로
데이터에도 생명 주기가 있다. 즉, 생성, 수집, 저장, 가공, 활용, 재가
공되는 주기를 거쳐 보관 또는 폐기되면서 생을 마감한다.

:: 데이터 생명 주기

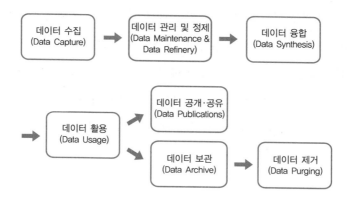

(1) 데이터 수집

데이터 수집Data Capture은 말 그대로 '데이터를 모으는 것'을 말한다. 기업에서 데이터를 생성·수집하는 방법은 다음과 같다.

방법 ❶ 데이터 취득(Data Acquisition): 기업의 외부에 이미 존재하는 데이터를 입수하는 방법

방법 ❷ 데이터 기입(Data Entry): 기업에 존재하지 않던 데이터를 새로 생성하는 방법

방법 ❸ 데이터 수신(Data Reception): 시스템이나 장치에서 생성된 신호 등과 같은 데이터를 수집하는 방법

데이터를 생성하는 방법은 데이터의 활용 측면에서 매우 중요하므

로 넷째마당의 '데이터 생태계'에서 자세히 설명한다.

기업에서 데이터를 생성·수집할 때는 여러 가지 문제에 부딪힐 수 있다. 예를 들어 '데이터 취득'을 활용한다면 외부에서 데이터를 어떻게 구매할 것인지, 누구에게 구매할 것인지 등과 같은 계약과 절차에 관한 문제가 생기고, '데이터 기입'을 활용한다면 누가, 어떤 자료를, 어떤 시스템에 적용하기 위해, 어떤 형태로 수집할 것인지에 관한 문제가 생긴다. 또 '데이터 수신'을 활용한다면 어떤 센서로, 어떤 신호를, 얼마 동안, 얼마나 자주 수집·저장할 것인지에 관한 문제가 생긴다.

따라서 자산이 될 만한 데이터를 수집하려면 위와 같은 문제들을 고려해야 한다.

(2) 데이터 관리 및 정제

앞 단계를 거쳐 생성·수집된 데이터를 잘 활용하려면 데이터를 관리하고 정제Data Maintenance & Data Refinery하는 과정을 거쳐야 한다. 데이터의 일관성을 유지하기 위해 표준화하거나 데이터의 가치를 높이기 위해 다른 데이터를 더 추가하는 방식 등을 이용해 데이터를 정제해야 한다. 이를 다른 말로 '추출-변형-적재Extract-Transform-Load, ETL' 과정이라고 한다.

이 단계에서는 다양한 영역에서의 데이터 관리 행위들이 수행된다. 특히 빅데이터와 관련해 발생하는 복잡성, 다양성, 대용량에 관련된 이슈들이 다뤄진다. 이 과정에서 데이터를 활용하기 위한 일련의 운영 정책에 관련된 업무인 '데이터 거버넌스'에 직면하게 된다(데이터 거버넌스는 12장에서 자세히 설명한다).

(3) 데이터 융합

데이터 융합Data Synthesis은 데이터를 융합하고 분석해 데이터의 가치를 찾아 내는 것을 말한다. 특히, 위험 관리 모델링, 보험 관리 모델링, 투자 결정 지수 모델링 등과 같은 분석 알고리즘으로 데이터를 모델링하는 과정이 이에 해당한다. 데이터에서 가치를 찾아 내려면 관련 분야의 전문적인 경험과 판단, 의견이 필요하다.

(4) 데이터 활용

데이터 활용Data Usage은 기업을 운영·관리할 때 데이터를 정보화해 활용하는 것을 말한다. 즉, 기업을 운영하면서 데이터를 실제로 적용하는 것을 의미한다.

다만, 데이터의 활용이 복잡해짐에 따라 데이터 거버넌스도 많은 도전을 받게돼 주의해야 한다. 특히 개인 정보 보호와 관련된 법적 이슈는 날이 갈수록 복잡하고 까다로워지고 있다.

(5) 데이터 공개·공유

데이터를 기업의 외부로 내보내 다른 기업이나 사람이 활용하게 하는 경우를 데이터 공개·공유Data Publications라고 한다. 그런데 데이터를 주기적으로 기업 외부로 내보내는 과정에서 여러 가지 문제가 발생할 수 있다. 일단 기업의 외부로 빠져나간 데이터는 통제할 수 없으므로 각별히 유의해야 한다. 또한 데이터를 공개·공유하는 과정에서 데이터 유출Data Breaches과 같은 대형 사고가 발생하기도 한다. 데이터 거버넌스가 이런 문제를 방지하는 데 도움을 주기는 하지만, 데이터를 공개·공유하려 한다면 사전에 데이터 보안에 관련된 전략과 단계별 로드맵을 반드시 세워 놓아야 한다.

(6) 데이터 보관

여러 번 사용되고 공개·공유된 데이터는 생명 주기를 마감하게 된다. 하지만 데이터를 완전히 제거하기 전에 어느 정도 보관하는 기간이 필요한데, 이를 '데이터 보관Data Archive'이라고 한다. 지금 당장은 아니더라도 나중에 사용해야 할 경우에 대비해 보관하는 것이다.

(7) 데이터 제거

데이터 제거Data Purging는 기업의 모든 데이터를 삭제해 없애는 것을 말한다. 데이터 거버넌스는 정보 보호의 법적 절차와 사내 규정에 따라 해당 데이터가 삭제·제거됐는지를 확인한다.

지금까지 설명한 데이터 생명 주기를 들여다보면 데이터 흐름Data Flow과는 차이가 있다는 사실을 알 수 있다. 즉, '데이터 흐름'은 말 그대로 '데이터 융합·활용 → 데이터 관리 → 데이터 융합·활용' 식으로 지속·반복적으로 데이터가 흘러가는 경로를 나타낸다면, '데이터 생명 주기'는 데이터 기획 및 생성부터 데이터 보관과 제거에 이르는 데이터 존재 자체에 대한 주기를 의미한다.

데이터가 모든 생명 주기를 거치지 않는 경우도 있다. 예를 들어 초창기 메인프레임 시스템Mainframe system과 소프트웨어의 애플리케이션시대에는 대부분 데이터의 생성과 활용만 이루어졌다. 하지만 최근에는 데이터가 오픈·공유를 포함한 전체 생명 주기를 거치는 경우가 흔해지면서 데이터의 가치가 더욱 높아지고 있다.

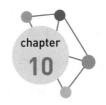

데이터 연결,
통합, 융합

⦿ 데이터 개발 기획 · 생성 · 수집 · 저장

데이터Data의 어원인 라틴어 'Datum'에는 '어떤 것이 주어진다'라는 의미를 지니고 있다. 즉, 데이터는 스스로 만들어지는 것이 아니라 '만들어진다'라는 것이다. 이런 의미에서, 데이터를 잘 활용하려면 데이터를 생성하기 위해 어떤 데이터를 어디에서 어떤 형태로 수집할지 정하는 데이터 기획Data Design에 관심을 가져야 한다. 유명한 통계학자인 에드워드 데밍Edward Demming이 '데이터를 생성·수집하지 않는 자는 사용하려 하지 말아야 한다'라고 했듯이, 데이터 생성·수집은 데이터 활용 과정에서 중요한 작업에 해당한다.

요즘은 데이터가 개인이 소셜 네트워크를 하는 과정, 기업의 운영 과정, 정부의 정책 운영 과정 등에서 자연스럽게 생성된다. 하지만 데이터가 거의 없던 데이터 활용 초창기에는 연구를 위해 데이터를 활용하려면 대부분 사람의 생각을 데이터로 기획(디자인)하는 과정을 먼저 거쳐야 했다.

데이터 기획은 데이터의 속성과 프로세스를 전체적으로 정의하고 찾아내는, 데이터 활용을 위한 첫 번째 작업이다. 이러한 작업을 통해 만들어진 정확한 데이터 구조와 프로세스는 지속적이고 단계적으로 진행된다. 또한, 잘 정의된 데이터 기획은 데이터에 쉽게 접근할 수 있게 해주고, 데이터를 잘 관리하게 해주며, 미래에 데이터 보강을 수월하게 해준다.

데이터 기획은 비즈니스 규칙을 적용한 저장 시스템 및 데이터 통합에도 관여한다. 초기 데이터 생성을 위한 주체는 주로 사물, 사람, 현상들을 시간상 또는 공간상의 패턴이나 흐름을 관찰한다. 관찰된 데이터 현상이나 경험은 주로 크게 시간, 공간, 대상의 변수들 조합으로 이뤄진다. 이는 데이터를 기획할 때 주체가 육하원칙에 따라 생성 가능하다는 의미다. 예를 들면 고객이 오늘 온라인으로 운동화를 샀다면 고객의 이름, 구매한 시간, 구매한 위치, 구매 상품 그리고 구매 여부가 변수들의 조합이다.

수집Captured된 데이터는 저장하는데, 이때 저장 형태와 주기는 데이터의 활용 주기와 수집 속도에 따라 정해진다. 즉, 자주 사용되거나 실시간 사용이 필요한 데이터는 고성능 저장소에 보관하고, 거의 사용하지 않는 데이터는 저비용의 오프라인 저장소에 저장·보관한다.

:: 데이터 저장 프로세스

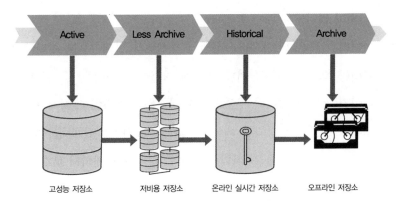

데이터는 활용 주기와 수집 속도에 따라 분석 정보 시스템의 아키텍처에 영향을 미친다. 데이터는 수집 속도에 따라 일반적으로 '핫Hot', '웜Warm', '콜드Cold'로 구분한다.

'핫 데이터'는 센서에서 '실시간'으로 수집하는 데이터를 말한다. 긴급한 위험이나 경고를 감지하는 모니터링, 실시간 고객 감지나 검색·인식 데이터가 여기에 해당한다.

'웜 데이터'는 실시간으로 수집할 필요는 없으나 정해진 제한 시간 안에 수집되어야 하는 데이터를 말한다. 성과 진단, A/B 테스트 등의 준 실시간 단위 데이터들이 여기에 해당한다.

'콜드 데이터'는 주로 오프라인 저장소에 저장된 데이터들로, 과거의 통계 분석 자료나 분석 리포트 등 대량의 레거시 데이터Legacy Data 들이 여기에 해당한다. 이러한 데이터들은 주로 데이터 레이크, 데이터 허브, 데이터 웨어하우스에 저장되어 있다.

위와 같이 데이터의 수집 속도를 반영한 아키텍처를 '람다 아키텍처Lambda Architecture'라고 한다. 이는 오래된 데이터를 보관하는 배치 Batch 테이블과 실시간 데이터를 가진 실시간 테이블을 서로 연결해 결괏값을 얻을 수 있도록 구성한 아키텍처이다.

:: 람다 아키텍처

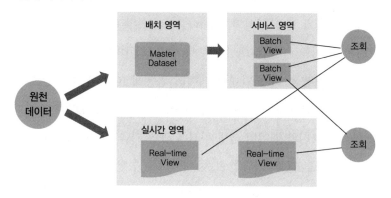

데이터 기획과 개발의 가장 좋은 사례로는 '데이터 파밍Data farming' 프로젝트이다. 데이터 파밍은 원천 데이터 수집과 함께 데이터의 활용 결과를 다양한 시나리오에 따라 시뮬레이션하는 프로세스이다. 이는 많은 변수를 수천에서 수만 번 시뮬레이션·실험하고, 다시 그 결과에서 패턴이나 이상치, 인사이트를 찾기 위한 분석 작업을 반복하는 지속적인 순환 루프Loop of Loop 프로세스이다.

대표적 데이터 파밍 사례로 미국 해병대United States Marine의 프로젝트 알버트Project Albert를 들 수 있다. 이 프로젝트는 1997년 시작해서 2008년까지 미국과 독일에서 진행되었다. 총 10개 팀이 참여했으며 전쟁 시나리오, 무인기의 효과적 사용, 물류 배분 등 다양한 주제들을 실험했다. 그 프로젝트에 관한 결과는 미국 해군 대학원nps.edu/web/seed에서 볼 수 있다.

시장 분석 기관인 IDC에 따르면, 2020년대의 기업에서는 10% 정도의 데이터가 새로 생성되고, 대략 30%는 기존 레거시 데이터로 관리되며, 나머지 60%는 데이터는 방치되거나 버려진다고 한다. 이런 사실을 고려했을 때 기업에서 데이터 활용에 따른 효과를 얻으려면 데이터 아키텍처, 요구 사항, 응용 분석 소프트웨어, 데이터 품질, 운영 성과를 고려한 데이터 생명 주기에 관한 기술적 관리가 필요하다.

당장 쓰지도 않을, 가능한 모든 데이터를 수집하는 것은 낭비일 수 있다. 그렇다고 지금 당장 필요한 데이터만 수집한다는 것은 전체적 또는 장기적 데이터 활용 측면에서 위험한 안목일 수 있다. 따라서 데이터를 수집할 때는 적절한 수준과 범위를 설정하는 지혜와 안목이 필요하다. 그리고 이러한 지혜와 안목은 오로지 축적된 경험으로만 만들 수 있다.

⊶ 데이터 연결

과거 산업화 시대에는 분업화된 구조가 기업 운영에 효율적이었다. 오랜 기간 발전하면서 구축되어온 분업화된 조직·인력·시설·정보 시스템에서 각 영역은 부문별 최적의 효과를 구현하기 위해 노력해 왔다. 하지만 이런 구조는 기업 전체적인 안목에서 보았을 때는 비효율적인 부분이 있기 마련이다.

대표적으로 앞서 설명한 '사일로 효과'를 들 수 있다. 데이터 활용 측면에서 보았을 때, 부분적으로 흩어져 있거나 부분 통합된 사일로 수준의 데이터를 전사적으로 통합했을 때 비로소 전사 차원에서 최적의 의사 결정을 하는 기반을 마련할 수 있다.

미국의 경우 1990년대 말부터 기업들의 데이터 통합 작업이 시작되어, 2010년대 초반까지 거의 10여 년간 데이터 활용 및 분석 경쟁력을 키워갔다. 그 결과 기업 내 사일로 효과를 없애고 전사적 기업 운영의 최적화를 위해 노력하는, 컨설팅 회사 가트너의 데이터 활용 성숙도 프레임워크의 데이터 활용의 발전 단계상 4단계에 이르렀다. 그리고 이제는 기업의 내부뿐만 아니라 외부와도 데이터를 공유·연결하는 5단계를 준비하고 있다.

데이터 활용 성숙도의 5단계에서는 4차 산업혁명의 핵심인 '데이터의 연결'에 가치를 부여하고 그 중요성을 인식하기 시작한다. 즉, 서로의 이익을 위해 협력의 가치를 인식하고 목표를 연합적으로 공유하며, 기업 차원을 넘어 인사이트와 정보를 공유하고 외부 데이터를 활용하는 단계이다. 따라서 진사적 데이터 통합을 이루는 4단계를 넘어서야 서비스 분야에서 빅데이터와 사물 인터넷의 데이터를 이용한 성공 사례를 만들어낼 수 있다.

:: 분산된 데이터 저장소

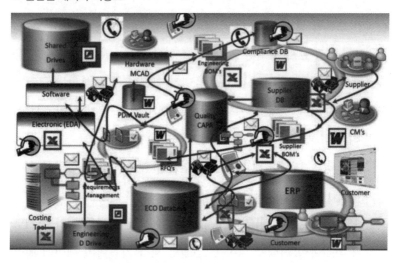

위에서 언급했듯 데이터 시대에서 기업을 성공적으로 이끌기 위한 최우선 과제는 모든 수단을 동원해 내·외부데이터를 연결·통합·융합할 수 있는 환경을 만드는 데 있다. 빅데이터 역시 그냥 그 자체로 존재하기도 하지만, 대부분은 분산된 데이터를 연결·통합함으로써 만들어진다.

기업의 데이터 사일로Silos 효과로 인해 데이터가 분산되어 있다는 것은 데이터가 존재하기는 하지만 정보로서의 연관성이 없거나, 필요 시점에 활용할 준비가 되어 있지 않은 상태임을 의미한다.

예를 들어 사람의 모양이나 특성을 알아야 한다고 가정해 보자. 그런데 팔이나 손에 관한 데이터는 A 저장소에 있고, 다리와 발에 관한 데이터는 B 저장소에 있는 등 신체 각 부위에 관한 정보가 각기 다른 곳에 있다면 어떻게 될까? 이런 경우 각 신체 부위별 정보는 알 수 있겠지만, 신체 전체의 모양이나 특성에 대한 정보는 알 수가 없다. 이처럼 데이터가 분산되어 있거나, 정제되어 있지 않아 데이터 활용을 어렵게 하는 '데이터의 병목 현상Bottleneck'이 생긴다.

:: 데이터 병목 현상

데이터의 병목 현상은 기업의 데이터를 활용함에 있는 많은 시간과 투자를 낭비하게 만드는 원인으로 데이터의 가치를 높이기 위해서는 반드시 데이터를 연결·통합·융합하는 작업이 필요하다.

특히, 데이터가 의미를 가지려면 '연결'이 중요하다. 그것도 아주 정교하고 합리적으로 연결해야 한다. 이와 관련해 미디어 연구소인 오가닉 미디어 랩Organic MediaLab에서 2014년에 발표한 자료를 살펴보자. '연결'의 의미를 육하원칙과 네트워크 유형에 따라 구분했다. 네트워크의 유형을 소셜 네트워크, 매개 네트워크, 컨텍스트 네트워크로 구분하고, 각 유형에서의 연결의 의미를 육하원칙에 따라 규정한다.

:: 연결의 육하원칙과 네트워크 유형

	소셜 네트워크 (Social Network)	매개 네트워크 (Mediation Network)	컨텍스트 네트워크 (Context Network)
누가 (Who)	인간	인간, 알고리즘	모든 것(인간/사물/ 환경/알고리즘 등)
언제 (When)	행위가 있을 때마다	이벤트가 생길 때마다	지속적으로
어디서 (Where)	온라인	온라인	온·오프라인
무엇을 (What)	고정된/명시적 관계	유동적/명시적 관계	다이내믹/맥락적
어떻게 (How)	의식적으로	의식적/무의식적으로	무의식적으로
왜 (Why)	(사회적) 의도	(구매) 의도	의도와 관계없이

* 네트워크 유형: 3개가 배타적이지 않으며 가장 두드러지는 속성을 중심으로 유형을 정의함.

[출처: 오가닉 미디어랩, 2014]

예를 들어 육하원칙의 주체, 즉 누구Who는 소셜 네트워크에서는 '인간', 매개 네트워크에서는 '인간 또는 알고리즘', 컨텍스트 네트워크에서는 '모든 것(인간, 사물, 알고리즘, 환경)'이 된다. 이런 기준으로 소셜 네트워크에서의 '연결'의 의미를 해석해 보면, 인간Who이 행위하는 시간When에 온라인상Where에서 공정된·명시적 관계What를 의식적How·의도적으로Why 맺는 것을 말한다. 다른 네트워크에서의 연결의 의미도 이런 식으로 해석하면 된다.

이번에는 소셜 네트워크를 기준으로 데이터 연결이 이뤄지는 실제 사례를 알아보자. 예를 들어 사람이(개인식별 ID) 오전 9시 10분Date에 휴대전화(010-XXXX-XXXX)로 네이버 앱(앱 ID)에서 여행동아리(동아리 ID) 멤버(멤버 ID)로 가입했다고 해보자. 이런 식으로 각 레코드들이 모여서 데이터 세트Data File을 이루고 같은 여행 동아리에 있는 사람들끼리 연결되어 있다는 것은 같은 데이터 세트에서 같은 동아리 ID을 사용한다는 사실을 의미한다. 즉, 결국 한 데이터 세트상에서의 '연결'은 같은 식별자Identifier(여기서는 여행 동아리 식별자)를 공유한다는 의미를 가진다.

또한 데이터 세트와 데이터 세트가 연결된다는 것은 2개의 데이터 세트의 개별 식별자(Who)들을 합쳐서 나머지 5WWhen, Where, What, How, Why의 내용을 공유한다는 의미를 가진다. 예를 들면 여행 동아리(데이터 세트)와 스포츠 동아리(데이터 세트)가 개별 멤버들의 식별자들을 합쳐서 멤버들의 정보를 공유하는 것을 말한다.

위와 같이 결국 소셜 네트워크에서의 데이터 연결은 식별자Identifier를 공유한다는 것을 의미한다. 연결의 방식을 보면, 멤버들은 온라인상에서 로그인(ID)해 연결하고, 온라인 사이트와 사이트는 네트워크 번호(ID)로 로그인해 연결함으로써 서로의 내용Context을 공유하게 된다.

이처럼 각 데이터 세트가 최소한의 연결이라도 되어 있어야 더 많은 정보를 확보할 가능성이 커지고 그만큼 데이터의 가치도 높일 수 있다. 그런 의미에서 적정한 데이터 식별자 공유는 데이터 연결의 필수조건이다.

그런 측면에서 보면 데이터를 비식별한다De-Identification는 것은 4차 산업혁명의 핵심인 데이터 연결을 못 한다는 의미이고, 이는 더 많은 정보를 추가하지 못 하거나 데이터 활용 과정에서 데이터의 의미를 파악(모니터링)할 수 없어 정보의 가치를 키우고 추가하지 못 한다는 의미이다. 그러므로 개인의 민감한 정보를 제외하고는 데이터의 비식별화는 데이터 활용을 목적으로 한다면 데이터 정책으로 접근할 필요가 있다.

❧ 데이터 통합 및 융합

위와 같은 데이터 세트와 데이터 세트 간의 연결은 연결의 최소 단위일 뿐이고, 기업의 운영이 복잡해질수록 정보 시스템의 데이터베이스 간의 연결이나 서로 다른 기종의 데이터베이스 간의 연결도 필요하다. 나아가 기업 내·외부의 서로 다른 플랫폼이나 채널 간의 데이터 연결도 필요해진다.

:: 데이터 통합 사례

플랫폼 간 데이터 통합

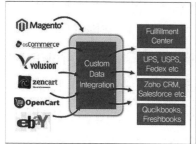

채널 간 데이터 통합

그런데 위와 같이 연결된 데이터는 분산된 데이터보다 낫기는 하지만, 필요한 정보를 뽑아내기 위해서는 여전히 더 많은 작업이 필요하다. 바로 '데이터 통합'이 그러한 작업 중 하나이다. 여러 개의 데이터 세트들을 식별자로 연결한 후 중복 식별자들을 걸러내서 단독 식별자들만으로 데이터 세트를 구성하고, 필요한 내용에 대해 중복 정보를 제거하거나 잘못된 포인트 값을 수정하거나 빠진 포인트 값을 채워 넣는 등의 정제 작업을 하는 것이다. 예를 들어 여러 날짜로 된 동일한 정보가 있으면 최근 날짜의 가장 정확한 내용으로 변환하거나, 잘못 기입된 포인트 값을 수정하는 작업이다.

리서치 기업인 누스타Neustar에서 조사한 바에 따르면, 원천 데이터는 2~3년 정도 지나면 20~30%의 가치만 남고 가치 대부분이 소멸한다고 한다. 예를 들어 어떤 기업이 나에 관한 데이터를 가지고 있다고 생각해 보자. 처음에는 그 기업이 내가 사는 곳, 직장 등 나에 관한 정확한 데이터를 가지고 있지만, 2년 뒤 내가 이사를 하고 직장을 옮긴 사실을 그 기업에 알려주지 않으면 그 기업에는 처음에 수집한 정확하지 않은 데이터만 남게 된다. 이는 결국 데이터를 다시 사용Data Reusable하려면 '정제Data Refinery'가 필요하다는 의미이다. 데이터 정제는 주소 업데이터와 같이 시간의 흐름에 따라 데이터를 업데이트도 하지만 데이터의 오류를 수정하는 것, 데이터의 단위를 일관성 있게 맞추는 것 등 다양한 데이터 품질에 관련된 일련의 업무들을 포함한다.

:: 데이터 정제

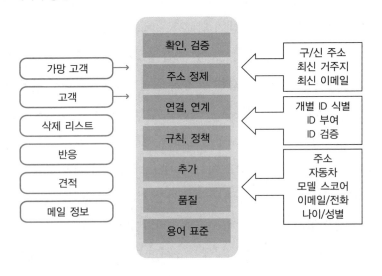

지금까지 설명했듯이 데이터 통합은 사용자 간 데이터 의미에 대한 표준화 작업을 통해 데이터의 일관성을 유지하게 하거나, 업데이

트하거나, 정제 작업을 함으로써 고품질의 데이터를 제공하는 역할을 한다. 하지만 통합 데이터 역시 일부는 그 자체로 사용할 수 있지만, 여전히 의사 결정에 사용되는 정보로서는 여전히 추가적인 가공 작업이 필요하다.

일반적으로 앞서 설명한 '연결'도 데이터 통합에 포함하기는 하지만, 최근에는 기업 간 또는 플랫폼 간에 분산된 데이터를 연결하여 데이터를 공유하는 작업이 중요해지는 추세에 있고 그 절차도 복잡해짐에 따라 이제는 데이터 연결과 통합을 함께 고려해서 관리할 필요가 있다.

데이터 통합은 데이터 분석 과정에서 '데이터 전처리Data Preprocess'라고도 하며, 주로 데이터 품질에 관여한다. 데이터 통합에서는 주로 데이터의 연결, 정확성, 주소 정제를 하고, 비즈니스 규칙을 데이터에 적용하며, 필요한 데이터를 추가하기도 한다. 또한 이 과정에서 데이터 품질에 관한 보고서를 만들기도 한다.

데이터 통합을 통해 데이터의 가치를 높인 다음에는 '데이터 융합' 단계로 넘어간다. 데이터 융합은 통합 데이터에 데이터 분석 기법을 적용해서 필요한 정보를 좀 더 정교하게 만드는 작업을 말한다. 데이터 분석 기법은 주로 통계나 기계학습 알고리즘을 사용해서 데이터를 가공한다.

예를 들어 한 학급 전체 학생들의 개별 키를 측정해서 다른 학교의 같은 학년 학생들과 비교하려면 각 학급의 평균 키를 계산해서 분석해야 한다. 또 추가로 최초 측정 학급 학생들의 3년 후 키를 예측하여 급식 예산 정책을 세우거나 사이즈별 교복 생산 재고량을 조절하려면 시계열 예측Time Series Forecasting이나 회귀분석Regression 같은 기계학습 알고리즘이 필요하기도 하다.

이때 후자처럼 학급 학생들의 3년 후 예상 키가 1개의 변수 속성이 아닌 여러 개의 변수 속성(시간 변수, 일일 섭취량, 학교가 속한 지역 등)을 사용해 예측하는 과정을 '데이터 분석'이라 한다. 그리고 여러 변수의 조합을 통해 필요한 정보를 만들어내는 것을 '데이터 융합'이라고 한다. 당연히 단순 변수를 통해 만든 정보보다는, 위와 같이 여러 변수를 조합해서 만들어낸 정보가 쓸만한 정보일 가능성이 훨씬 크다.

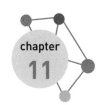

데이터 관리

대부분의 데이터 과학자는 필요한 정보를 얻기 위해 데이터 전처리에 많은 시간을 할애한다. 그중 일부 시간을 데이터의 품질을 증명하는 데 사용하기도 한다. 데이터 과학의 효율을 높이려면 기업에 필요한 데이터를 융합하거나 분석하는 데 시간을 할애해야 하지만, 현실은 데이터를 연결하거나 통합하는 데 더 많은 시간을 할애한다.

사람이 건강하려면 심장이 힘차게 뛰면서 정제된 건강한 피를 온몸으로 보내야 한다. 기업의 데이터도 이와 마찬가지다. 즉, 기업이 건강하려면 잘 정제된 데이터가 기업의 곳곳에 적시에, 원활하게 제공돼야 한다. 데이터가 만들어진 후에는 '데이터 관리Data Management'가 필요하다. 또한 이러한 데이터 관리를 수행하는 플랫폼을 '데이터 관리 플랫폼Data Management Platform, DMP'이라고 한다.

:: 데이터 관리 플랫폼

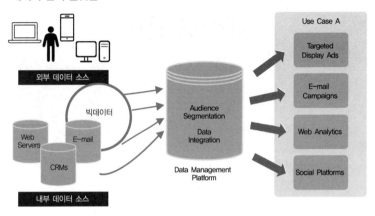

ᚼ 데이터 관리 플랫폼

데이터 관리 플랫폼은 전사적으로 통합된 데이터에 외부에서 구매한 데이터를 추가하는 방법으로 데이터를 수집하고, 이를 가공·신호 생성·분석·접근·조치하는 과정을 거쳐 기업에서 중요한 의사를 결정하는 데 필요한 정보를 제공한다. 최근 들어 이 과정이 더욱 중요해지면서 DMP가 데이터를 기반으로 비즈니스를 영위하는 기업의 필수 조건이 됐다.

DMP는 크게 개별 기업의 내·외부 데이터를 가공하는 '프라이빗 데이터 관리 플랫폼Private DMP'과 산업 간 또는 기업 간 데이터의 연결과 광고나 마케팅의 활용을 돕는 '퍼블릭 데이터 관리 플랫폼Public DMP'으로 구분한다. 하지만 셋째마당에서 주로 설명하는 DMP는 프라이빗 데이터 관리 플랫폼을 의미한다.

DMP는 1990년대의 고객 관리 시스템CRM에서 발전했다고 할 수 있다. 기업들은 1990년대 말부터 수집된 고객의 접촉 포인트를 내부 데이터의 고객 정보에 연결해 구매 정보, 캠페인 정보, 구매 가능성 지수를 만들었고, 필요할 경우 외부 데이터와 통합·가공해 사용해 왔다. 개별 기업의 DMP에는 CRM과 관련된 내부 데이터, 디지털 마케팅과 관련된 채널 데이터 등 외부 데이터를 통합하는 영역과 내부 운영 지원, 디지털 콘텐츠 관리, 이메일, 웹 검색 등을 가능하게 하는 데이터 서비스 영역이 있다.

결국 DMP는 데이터의 사일로를 없애고, 데이터를 표준화함으로써 다양한 디바이스에서 만나는 고객을 특정하거나, 온·오프라인 채널 간의 격차를 줄이거나, 빅데이터를 관리하거나, 전사적 차원에서 데이터의 보안을 강화하거나, 정보를 관리해야 한다.

ⴥ 데이터 식별 관리

DMP의 기능 중 데이터 식별 관리Data Identity Management는 시간이 흐

를수록 더욱 중요해졌다. 스마트폰, 태블릿 PC 등과 같은 기기의 사용이 늘어남에 따라 PC에서 특정 사이트에 접속한 A와 스마트폰에서 접속한 B가 동일인이라는 것을 식별하기가 더욱 어려워졌기 때문이다.

식별자Identifier는 '어떤 대상을 유일하게 식별·구별할 수 있는 이름'을 뜻한다. 식별자는 정보를 다루는 모든 체계의 내부에서 사용되는데, 이러한 식별자가 만들어진 이유는 정보를 처리하려면 해당 정보를 지칭할 방법이 필요했기 때문이다. 우리가 흔히 알고 있는 'ID'는 식별 과정Identification의 준말로, 식별자를 의미한다.

식별자는 단어, 숫자, 문자, 기호의 결합으로 만들 수 있다. 대표적인 식별자로는 URL, ISBN, IP 주소, 데이터베이스 키 등이 있다. 데이터베이스에서는 테이블에서 특정한 항목을 식별하기 위한 칼럼Column 중 하나(또는 그 이상)를 식별자로 지정한다. 데이터베이스의 식별자 유형으로는 '직접 식별'과 '간접 식별'이 있고, 이들을 제거하는 '비식별'도 있다.

기업의 데이터 활용은 고객의 개인 정보를 보호하는 정책에서 시작된다. 이를 위해 데이터 비식별, 시스템 접근 권한, 내부 교육 등과 같은 다양한 방법을 이용해 데이터 활용 방안을 마련해야 한다. 비식별화 방식에는 가명화, 익명화, 데이터 통합 방식 등이 있다.

그러나 살아 있는 나무를 자르면 죽는 것처럼 특정 목적을 위해 잘라 낸 비식별 데이터는 더 이상 살아 있는 데이터가 아니다. 비식별 데이터는 특정한 목적 이외에는 사용하기 어렵고, 데이터를 추가하거

:: 비식별화 방식 가이드

처리 기법	예시	세부 기술
가명 처리 (Pseudonymization)	홍길동, 35세, 서울 거주, 한국대 재학 → 임꺽정, 30대, 서울 거주, 국제대 재학	휴리스틱 가명화 암호화 교환 방법
총계 처리 (Aggregation)	임꺽정 180cm, 홍길동 170cm, 이콩쥐 160cm, 김팥쥐 150cm → 물리학과 학생 키 합: 660cm, 　평균 키 165cm	총계 처리 부분 총계 라운딩 재배열
데이터 삭제 (Data Reduction)	주민등록번호 901206-1234567 → 1990년대생, 남자 　개인과 관련된 날짜 정보(합격일 등)는 　연 단위로 처리	식별자 삭제 식별자 부분 삭제 레코드 삭제 식별 요소 전부 삭제
데이터 범주화 (Data Suppression)	홍길동, 35세 → 홍씨, 30~40세	감추기 랜덤 라운딩 범위 방법 제어 라운딩
데이터 마스킹 (Data Masking)	홍길동, 35세, 서울 거주, 한국대 재학 → 홍○○, 35세, 서울 거주, ○○대학 재학	임의 잡음 추가 공백과 대체

[출처:KISA, 한국인터넷진흥원]

나 변환하기도 어려우므로 기업에서 지속적으로 활용하는 데는 한계가 있다. 익명화됐거나 데이터가 통합된 후 통계화해 가공한 비식별 데이터는 더더욱 그러하다. 정보와 경험이 포함돼 있는 데이터는 과거, 현재 그리고 미래와 지속적으로 연결돼야 하고, 사람과 사람을 연결할 수 있어야 한다. 또한 지식이 성장하고 발전하기 위해서는 사람과 객체, 객체와 객체가 연결돼야 한다. 이는 마치 사람이 교육과 경험을 기반으로 성장하는 것과 같다.

식별자는 데이터 온보딩Data Onboarding 작업에 중요한 역할을 한다. 데이터 온보딩은 온라인 데이터와 오프라인을 연결하는 것을 말하는데, 이는 디지털 세계에서 고객과 기업 간의 양방향 의사 소통을 가능하게 하는 작업에 해당한다. 이러한 데이터 온보딩 과정에서도 유니크 식별자Unique ID를 사용하는데, 이는 꼭 각각의 사람을 일일이 식별한다는 의미의 개인 고유 식별자를 말하는 것은 아니다. 여기서의 식별은 그룹화된 소규모 단위일 수도 있고, 익명 또는 가명으로 된 개별 식별 단위일 수도 있다. 즉, 식별 단위는 비식별De-identified 단위와 식별Identified 단위로 나뉘는데, 비식별 단위로는 주로 쿠키Cookie, 디바이스 ID, 디지털 태깅Digital Tagging을 사용하고, 식별 단위로는 주로 이름, 주소, 전화, 기기, 설비 등과 같은 물리적 단위를 사용한다. 이 중 사람과 관련된 식별 단위를 '개인 식별 단위'라고 한다. 오프라인에서 수집된 고객 접촉 데이터는 허락된 개인 식별 단위를 사용할 가능성이 높은데, 이는 이미 1990년대부터 사용해 왔다.

ஃ 식별 ID 매칭

식별 단위는 기업이 사용하는 목적에 따라 달라진다. 오프라인의 식별 단위에는 지역, 위치와 같은 물리적 단위가 활용되고, 온라인의 식별 단위로는 이메일 ID, 로그인 ID 등이 활용된다. 이들은 사용하는 디바이스에 상관없이 동일하게 사용된다. 모바일, 데스크톱, 랩톱 등과 디바이스 위주의 식별 단위로는 디바이스 주소인 미디어 접근 통제(MAC) ID와 모바일의 식별 주소인 UDIDUnique Device IDentifier를 들 수 있다.

식별 ID를 매칭하는 데는 이미 알고 있는 ID를 사용하는 방법과 통계 알고리즘을 사용해 ID를 추정하는 방법이 있다. 특히, 후자의 경우 디바이스에서 로그 데이터를 수집·분석한 후 이들의 패턴이나 일관성을 이용해 찾은 것이므로 100% 정확하다고 말할 수는 없다.

다음은 DMP 기업들이 공개한, '마케팅을 위한 식별자 매칭률'이다. 신규 고객을 발굴하기 위한 마케팅에서 매칭률이 거의 50% 수준에

:: 식별자 매칭 사례

MATCH RATES

👤	INDIVIDUAL MATCH	**49%**	35,524,987 records
🏠	HOUSEHOLD MATCH	**51%**	41,254,156 records

COOKIE REACH

	INDIVIDUAL MATCH	HOUSEHOLD MATCH
bluekai	94,990,781	110,968,408
appnexus	90,994,768	107,010,454
	83,427,100	98,186,574
[x+1]	69,819,200	83,189,174
doubleclick bid manager	68,183,567	80,994,317
LOTAME	67,584,201	80,102,918

불과하다는 사실을 알 수 있다.

✦ 식별 엔진

식별 ID 관리와 ID 매칭 프로세스를 위해서는 전사적으로 실시간 업데이트가 가능한 '식별 엔진'이 필요하다. 식별 엔진은 모든 채널과 디바이스의 데이터를 연결해 주는 역할을 한다. 이렇게 연결된 데이터로 고객과 기업이 접하는 이벤트들Contact Events이 시간적으로 관리되면 고객 행동 및 반응 추적, 즉 고객의 브랜드 인지도 파악은 물론 고객 유지 및 성장까지 분석할 수 있다.

:: 액시엄의 데이터 식별 시스템

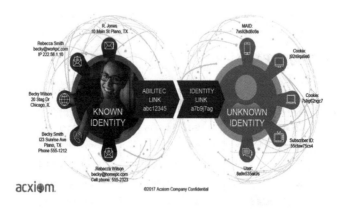

[출처: 액시엄]

마케팅 데이터 판매 기업인 액시엄Acxiom은 온·오프라인 ID를 결합해 개인 식별 없이 데이터의 유일성을 확인하고 있다.

오늘날과 같은 복잡한 디지털 생태계에서 모바일 기기, TV, 이메일 주소 또는 위치 ID를 매칭하는 것은 기본이다. 따라서 고유 식별 정보가 없는 개인 데이터를 식별하거나 관리하는 방법을 이해할 필요가 있다. 또한 사람과 연결된 다양한 개인 정보를 통합·활용하는 것은 시대적인 흐름이므로 이를 위해서는 개인 정보와 관련된 법을 정확히 이해해야 한다.

데이터 옵스

데이터 활용 과정에는 데이터를 통합·가공·관리하는 부분과 분석을 위해 개발된 분석 모델이나 인공지능을 비즈니스에 적용하는 부분이 있다. 분석을 위한 알고리즘을 개발한 후 기업의 비즈니스에 안정적으로 적용하려면 수없이 많은 형태의 데이터와 분석 모델을 테스트해야 한다.

그런데 데이터를 활용하기 위한 일련의 과정은 비즈니스 측면에서 속도가 너무 느린 경향이 있다. 이를 보완하기 위해 필요한 것이 '데이터 옵스Data Ops' 시스템이고, 그 일련의 프로세스를 '데이터 파이프라인Data Pipeline'이라고 한다.

:: 데이터 파이프라인

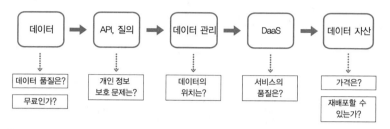

데이터 옵스는 업계에서 사용하는 데이터 운영 시스템을 일컫는 말이다. 데이터를 활용하는 과정에서 다음과 같은 현상이 빈번하게 나타난다면 데이터 옵스가 필요한 상황이라고 말할 수 있다.

- 데이터 운영 팀 전체가 작고 사소한 업무로 무척 바쁘다.
- 비즈니스 사용자가 데이터의 품질을 신뢰하지 않는다.
- 잦은 데이터 소스 시스템의 변화로 데이터 통합과 데이터 파이프라인에 문제가 생긴다.
- 특정 애플리케이션에서 요구하는 서비스 수준을 맞추기 어렵다.
- 새로운 예측 분석을 운영에 적용하는 데 오랜 시간이 걸린다.
- 사용자가 데이터 품질에 이슈를 제기해야만 문제를 발견한다.
- 데이터 파이프라인에 소소한 변화가 생겨도 데이터 분석가가 데이터를 다시 만들어야 한다.
- 데이터 과학자가 필요한 데이터나 컴퓨팅 소스를 얻는 데 오랜 시간이 걸린다.
- 데이터 환경이 너무 복잡해 클라우드에 업로드하기 어렵다.
- 수백 개의 다양한 원천 데이터 위치와 속성을 찾아야 한다.

데이터 옵스는 위와 같은 데이터 파이프라인에서 병목 현상을 일으키는 데이터 품질·가격·비용 문제, 개인 정보, 법 적용, 데이터 서비스 과정에서의 품질 문제, 분배 과정에서의 가격·비용 문제 등 데이터 운영 시스템을 현업에 적용하거나 운영하는 과정에서 발생하는 일련의 문제를 해결하는 역할을 한다. 또한 데이터 보안이나 정책 관련 업무를 현장에 적용하는 역할도 하며, 다양한 데이터 활용 기능 요소 간의 지속적인 협력을 원활하게 해 주는 역할을 하기도 한다.

데이터 옵스 프로세스는 크게 '데이터 엔지니어링', '데이터 품질', '데이터 보안 및 개인 정보', '데이터 통합'으로 구성돼 있다. 이러한 프로세스들은 현업의 개발 운영 시스템 영역을 연결하는 과정에서 다양한 기능이 원활히 구현되도록 하는 데 도움을 준다. 데이터 옵스를 성공적으로 운영하려면 전문 조직을 구성하는 것에서 시작해 경

:: 데이터 옵스 구성

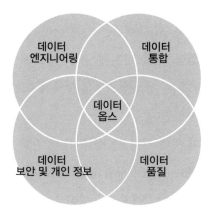

험이 쌓이면 전사적 차원으로 확대해야 한다. 대표적인 데이터 옵스 솔루션 전문 기업으로는 인포웍스Infoworks, 네이터키친Datakitchen, 스트림셋츠StreamSets 등이 있다.

᭝ AI 플랫폼

데이터 분석으로 데이터 모델을 개발한 후에는 이를 비즈니스 서비스(미디어나 채널)에 적용하기 위해 '의사결정 엔진Decision Engine'이 필요하다. 의사결정 엔진은 알고리즘 기반의 분석 모델이나 룰들을 보관하는 저장소와 이벤트가 생겼을 때 조건을 검색하는 엔진으로 구성되는데, e커머스에서 흔히 사용하는 추천 엔진이 이에 해당한다.

의사결정 엔진들은 추천이나 룰 기반의 엔진, 신경망 네트워크, 빅데이터와 강력해진 컴퓨팅 파워를 바탕으로 여러 기능을 조합해 AI를 플랫폼화하고 있다. AI 플랫폼은 인지 서비스Cognitive Services, 봇Bot 도구를 사용한 대화형 AI 등 사전에 구축된 API에서 머신러닝Machine Learning을 사용한 사용자 맞춤형 모델의 구축에 이르기까지 포괄적인 AI 서비스 세트를 제공한다.

예를 들어 고객의 구매 여정, 즉 상품 인지, 판단 그리고 구매에 이르기까지 각 단계별로 고객의 성향을 분석하거나 예측 모델 등과 같은 인공지능을 활용하는 AI 서비스를 세트로 제공한다.

:: AI 적용 프로세스

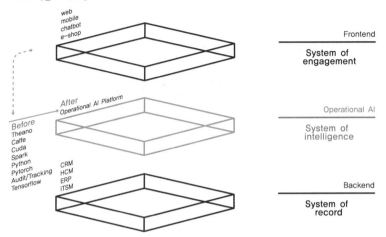

AI 플랫폼은 알고리즘 개발자 및 데이터 과학자가 AI 도구를 활용해 AI 솔루션을 쉽게 만드는 데 도움을 준다. 이를 이용하면 데이터 연결, 분석 모델 구축 및 학습, 모델 배포와 성과를 추적할 수 있다.

대표적인 상업용 AI 플랫폼으로는 구글의 클라우드 머신러닝 엔진Cloud Machine Learning Engine, 아마존의 세이지메이커SageMaker, 마이크로소프트의 애저 머신러닝 스튜디오Azure Machine Learning, 세일즈포스의 아인슈타인Einstein, IBM의 왓슨 스튜디오Watson Studio 등이 있다.

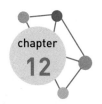

데이터 거버넌스

매킨지의 조사에 따르면, 2019년과 2020년 미국 기업의 50~60%가 데이터 활용에 실패했다고 한다. 데이터 활용에 실패한 이유에는 데이터 기술 인력 부족, 경영진의 지원 부족, 데이터 사일로 현상 등이 있겠지만, 거의 대부분 데이터 거버넌스와 관련된 이슈들 때문이다.

데이터를 다양한 업무에 활용하려면 누군가는 데이터를 정리해야 하고, 데이터를 가공하는 프로세스를 만들어야 하며, 새로운 데이터 룰을 정의해 동기화하고 데이터의 생명 주기를 관리해야 한다. 이와 같이 데이터 자산을 관리하는 일련의 업무를 '데이터 거버넌스Data Governance'라고 한다. 데이터 거버넌스에는 데이터를 관리하는 데 필요한 프로세스, 역할, 책임, 정책도 포함된다.

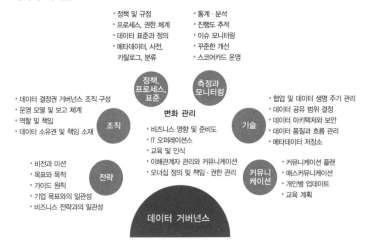

:: 데이터 거버넌스

- 정책 및 규정
- 프로세스, 권한 체계
- 데이터 표준과 정의
- 메타데이터, 사전, 카탈로그, 분류

- 통계 · 분석
- 진행도 추적
- 이슈 모니터링
- 꾸준한 개선
- 스코어카드 운영

- 데이터 결정권 거버넌스 조직 구성
- 운영 모델 및 보고 체계
- 역할 및 책임
- 데이터 소유권 및 책임 소재

정책, 프로세스, 표준

측정과 모니터링

- 협업 및 데이터 생명 주기 관리
- 데이터 공유 범위 결정
- 데이터 아키텍처와 보안
- 데이터 품질과 흐름 관리
- 메타데이터 저장소

조직

변화 관리
- 비즈니스 영향 및 준비도
- IT 오퍼레이션스
- 교육 및 인식
- 이해관계자 관리와 커뮤니케이션
- 오너십 정의 및 책임 · 권한 관리

기술

- 비전과 미션
- 목표와 목적
- 가이드 원칙
- 기업 목표와의 일관성
- 비즈니스 전략과의 일관성

전략

커뮤니케이션

- 커뮤니케이션 플랜
- 매스커뮤니케이션
- 개인별 업데이트
- 교육 계획

데이터 거버넌스

　데이터 거버넌스에 관련된 인식은 어느 한순간이 아니라 시대를 거치면서 발전했다. 미국의 경우, 데이터 거버넌스에 관한 논의가 처음 이뤄졌던 1980~1990년대에는 주로 단순 데이터 분석이 관심의 대상이었다면, CRM이 기업의 주요 관심사였던 1990년대 말부터는 데이터의 품질을 포함한 데이터 통합이 주요 관심의 대상이 됐다. 2000년대 후반으로 넘어오면서부터는 데이터 관리, 프로세스, 정책을 포함한 데이터 거버넌스에 중점을 두면서 현재와 같은 형태로 진화했다. 그리고 2010년대 이후 데이터 거버넌스 체계가 확립되면서 빅데이터 활용의 성공 가능성이 높아졌다.

:: 데이터 거버넌스의 인식 과정

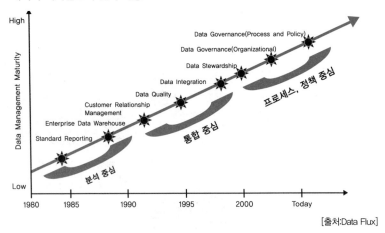

[출처:Data Flux]

✧ 데이터 거버넌스의 목적

미국 데이터관리협회Data Management Association에서 정의한 데이터 거버넌스의 목적은 '데이터 자산 관리에 관련된 의사결정을 공유·통제하고 의사결정된 바를 수행하는 것'이다. 데이터 거버넌스의 주요 부분은 다음과 같다.

- 데이터 통합·보안·안전에 관한 책임과 역할을 정의한다.
- 데이터의 활용 과정에서 생기는 변화와 변화를 둘러싼 모호함을 제거하고 가이드라인을 제공한다.
- 비즈니스의 목표를 확인한 후 우선순위를 제공한다.

- 데이터에 관련된 법이나 규제와 관련된 가이드라인을 제공한다.
- 위험 요소를 정의하고, 이에 대처하기 위한 계획을 세운다.
- 데이터가 기업의 자산이라는 개념을 홍보한다.

데이터 거버넌스에는 데이터 플랫폼의 백엔드Back-End에서 수행해야 할 9가지 영역, 즉 '데이터 아키텍처', '데이터 개발', '데이터 운영 관리', '데이터 보안 관리', '참조 및 마스터데이터 관리', '데이터 웨어하우스 및 비즈니스 인텔리전스 관리', '문서와 콘텐츠 관리', '메타데이터 관리', '품질 관리'가 있다. 이 9가지 영역 중에서도 '데이터의 내용적인 측면', '데이터 거버넌스의 실행과 통제적인 측면' 그리고 '데이터의 품질적인 측면'이라는 3가지 측면을 파악하고 수행해야 한다. 이들 3가지 측면의 세부적인 업무는 다음과 같다.

(1) 데이터의 내용적인 측면

'데이터의 내용적인 측면'에서는 비즈니스 용어, 데이터 사전, 핵심 데이터 요소, 참조 데이터, 데이터 매핑Data Mapping을 검토해야 한다. 특히 요즘과 같은 지능 정보 시대에는 B2B, IoT, EDI 등의 통합이 필요한데, 이러한 통합 과정에서 가장 먼저 필요한 작업이 '데이터 매핑'이다. 데이터 매핑은 소스 데이터와 목표 데이터를 연결하기 위해 필드 간의 관계를 정리하는 것을 말한다. 예를 들어 2개의 서로 다른 애플리케이션을 통합하려면 각 데이터가 어디에서 왔고, 어느 데이터

와 연결해야 하는지를 알아야 하는데, 이때 데이터 매핑을 보면 쉽게
찾을 수 있다.

최근에는 DX 매퍼DX Mapper와 같이 그래픽 인터페이스를 기반으로
데이터 매핑을 쉽게 해 주는 툴이 나와 있다. 이러한 데이터 매퍼Data
Mapper는 정형·비정형 데이터를 포함한 다양한 데이터 포맷을 다룰
수 있고, 복잡한 데이터를 통합하는 데도 도움을 준다.

(2) 데이터 거버넌스의 실행과 통제적인 측면

'데이터 거버넌스의 실행과 통제적인 측면'에서는 메타데이터, 정
책, 보안 승인, 통지, 절차 등을 확인해야 한다. 그 이유는 개인 정보와
관련된 법과 규제가 시장 환경에 따라 지속적으로 바뀌는 환경을 관
리해야 하기 때문이다.

이 중에서 메타데이터는 데이터의 잠정적인 가치를 높이는 것이므
로 반드시 관리해야 한다. 메타데이터는 데이터를 설명하는 데이터,
즉 데이터에 관련된 정보를 포함하고 있는 데이터다. 메타데이터는
데이터에 관련된 등급, 구조, 내용 정보를 제공함으로써 데이터를 쉽
게 관리하고 검색할 수 있다.

메타데이터 저장소Metadata Repository는 기업의 메타데이터를 저장하
는 장소로, 데이터를 자동으로 수집하기 위한 기능과 요청·승인·확
인 등의 데이터 관리 업무 프로세스를 효율적으로 수행하기 위한 워
크 플로 기능을 제공한다.

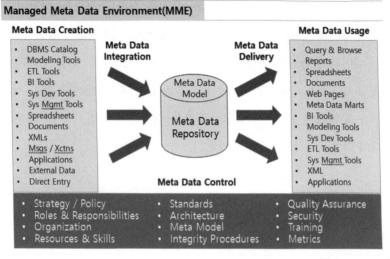

[출처: Ewsolutions]

특히 데이터의 보안 및 위험 관리를 위한 데이터 등급 체계도 메타데이터 시스템에서 관리된다. 데이터 등급 체계는 기업마다 달리 적용하지만, 데이터 거버넌스 차원에서 이를 관리하는 정책이나 프로세스가 필요하다. 특히 데이터를 공개해야 하는 공공 기관에서는 정보 공개의 안전성과 투명성을 확보하기 위해 반드시 데이터 등급 체계를 전사적으로 관리해야 한다.

(3) 데이터의 품질적인 측면

'데이터의 내용적인 측면'과 '데이터 거버넌스의 실행과 통제적인 측면'이 적절하게 관리돼야 비로소 전사적인 관점에서의 데이터 품질 관리가 가능해진다. 여기서 데이터 품질은 정확한 정보를, 적당한 시간과 장소에, 필요한 사람에게, 정확하게 전달되는 정도를 말한다.

'데이터의 품질 측면'을 관리하려면 비즈니스 규칙, 품질 모니터링, 품질 대시보드, 이슈 관리, 데이터 연계 등과 같은 데이터 관리 시스템을 확인해야 한다. 데이터의 품질은 데이터의 품질 수준은 다음과 같이 다양한 요소에 따라 결정된다.

- 완전성: 필요한 데이터를 얼마만큼 보유하고 있는가?
- 적시성: 적정한 시간에 데이터가 존재하는가?
- 유효성: 비즈니스에 가치가 있는가?
- 일관성: 시스템 간의 데이터가 일치하는가?
- 정확성: 데이터가 실제 현상을 정확히 반영하는가?
- 연관성: 데이터 객체(Entity) 간 내용의 관련성이 있는가?
- 최신성: 최근 데이터로 갱신됐는가?

❀ 데이터 거버넌스의 단계별 수위

데이터 거버넌스는 단계별로 수위를 달리해 적용해야 한다. 즉, 데이터 수집 단계에서는 주로 단순 메타데이터와 데이터의 생명 주기

정도만 관리하고, 데이터 통합 단계에서는 이와 더불어 데이터 품질을 관리하고 모니터링해야 한다. 마지막으로 전사 데이터 웨어하우스 단계에서는 거의 모든 데이터 거버넌스의 영역을 관리해야 한다.

데이터는 다양한 비즈니스 영역에서 다양한 애플리케이션과 공유하며 생성되고, 읽히고, 갱신되고, 삭제된다. 그런데 기업들은 데이터의 공유를 꺼리거나 결과만을 생각해 '분산된 데이터의 구조나 형태'를 생성한다. 이렇게 무분별하게 생성되는 데이터를 통제하지 않으면 데이터를 활용하기 어렵다. 데이터 거버넌스 기능 중에서 데이터의 생성과 관리를 통제하는 것이 중요한 이유는 바로 이 때문이다.

미국은 1970년대부터 메타데이터 관리의 필요성을 인식했고, 1980년대에는 데이터 사전 및 카탈로그를 생성했으며, 1990년대에는 메타데이터 저장소를 기반으로 데이터를 관리했다. 2000년대에 들어서는 데이터 웨어하우스의 메타데이터 저장소를 구성했고, 그 이

:: 미국 메타데이터의 시대별 진화

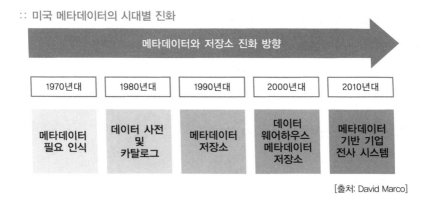

[출처: David Marco]

후에는 전사적 개념의 메타데이터 시스템을 도입했다.

1999년 미국의 데이터 웨어하우스 재단에서 조사한 자료에 따르면, '메타데이터에 관한 전략이 있느냐?'는 질문에 조사 대상 기업의 86% 이상이 메타데이터의 중요성을 인지하고 있다고 답했다고 한다. 이는 메타데이터에의 접근을 단순 데이터 카탈로그 생성 작업 정도로 생각해서는 안 되고, 메타데이터의 구축을 장기적이고 전사적이며 포괄적으로 접근해야 한다는 것을 시사하고 있다.

실제로 미국 국방성은 2007년부터 거의 5년에 걸쳐서 국가 전체의 병력과 군 장비 관련 데이터를 수집하고 그 데이터를 활용해 메타데이터를 완성했다. 이는 국방 자원과 병력 배치 관리의 효용성을 높이기 위해 육·해·공군의 전체 시스템의 메타데이터를 연결하고 통합하는 거대한 작업이었다.

대표적인 메타데이터 관리 시스템으로는 링크드인의 데이터 허브Data Hub, 우버의 데이터북Data Book, 에어비엔비의 데이터포털Data Portal, 넷플릭스의 메타캣MetaCat을 들 수 있으며, 각 기업은 데이터 관리와 데이터 인사이트를 찾기 위해 자체 시스템을 활용하고 있다.

❖ 데이터 거버넌스 구현의 3단계

데이터 거버넌스는 단기간에 완성되기 어려우므로 기업이나 기관에서는 다음과 같이 단계적으로 접근해야 한다.

1단계, 운영적 접근 단계에서는 여러 부서의 협력 없이 주로 IT 부서에서 데이터 정책·보안·보호를 담당한다. 이 단계에서는 데이터가 기업의 전략적 자산으로 취급되지 않으며, 조직 내에 데이터를 전적으로 담당하는 실무자나 관리자가 없다.

2단계, 전술적 접근 단계에서는 현재 직면하고 있는 이슈에 중점을 두고, 데이터 거버넌스를 수행한다. 주로 데이터 거버넌스에 관련된 책임, 역할, 정책에 신경쓰며, 데이터에 관련된 메타데이터, 비즈니스 용어를 표준화한다. 이 단계에서도 여전히 최고 의사결정자의 지원이나 관여는 없다.

3단계, 전략적 접근 단계에서는 데이터를 기업의 자산으로 인식하고, 기업 내 데이터의 성장에 도전이 되는 환경에 적극적으로 대처하면서 데이터 거버넌스를 장기적·미래지향적으로 바라본다. 기업은 이 단계에서 데이터 거버넌스 위원회와 데이터 최고 책임자Data Chief Officer, 데이터 위험 관리 최고 책임자Data Risk Officer를 두고, 데이터에서 최대의 가치를 뽑아 내기 위한 전사적 노력을 아끼지 않는다. 이 단계에서는 데이터 가치를 주기적으로 확인해 회계적으로도 적용한다. 또한 주로 프런트엔드Front-End 위주로 고객의 관점에 관심을 둔다. 그리고 전사적으로 비정형 데이터에 관련된 개념이나 기술에 관해 논의하거나 새로운 단어를 표준화하는 데도 적극적이다.

기업 내의 데이터 거버넌스는 다음 그림과 같이 무관심기, 인식기, 정립기. 도약기, 안정기를 거치면서 진화한다.

:: 데이터 거버넌스의 발전 단계

무관심기	인식기	정립기	도약기	안정기
·데이터 전략 부재, 데이터 관리 책임 부재, 비즈니스 규칙 부재, 지표 부족. ·중복되고 일관성 없는 데이터. ·데이터 관리에 관한 책임을 지지 않음.	·데이터를 여러 번 입력하는 비용이 높다는 것을 현업에서 인지. ·정보가 장황하게 구성돼 있음을 인지. ·기능적 시도들을 하기 시작.	·데이터와 비즈니스 프로세스가 나뉘어져 혁신이 둔화됨. ·비전과 데이터 전략이 정의됨. ·형식적인 데이터 관리 역할을 부여하기 시작. ·현업 부서와 IT 부서가 데이터 관리에 협업. ·데이터 품질 관리 지표와 기준을 사용하기 시작.	·데이터 관리 프로세스가 정형화됐지만 완전히 자동화되거나 통합되지는 않음. ·데이터 관리 역할이 확정되고 현업과 IT 조직이 합의한 기반을 마련. ·비즈니스 규칙이 체계화됨. ·데이터 관리 지표 사용. ·데이터 품질 기준을 보장하기 위한 교육 프로그램 도입.	·전략과 완전하게 일치되고 조직의 성과를 지원하는 전반적 데이터 관리. ·반복 가능하고 자동화된 프로세스. ·데이터 관리자, 데이터 책임자, 정보 제공자의 역할이 정리됨. ·비즈니스 규칙이 준수됨. ·데이터 품질을 지속적으로 개선하기 위한 지표와 감사 체계 수립.

데이터 거버넌스를 성공적으로 운영하기 위해서는 IT 부서뿐 아니라 기업 내의 전 영역에서 책임감을 갖고 협력해야 한다. 이를 위해서는 사람, 기술, 프로세스를 융합해 기업의 자산인 데이터를 좀 더 효율적으로 관리할 수 있도록 돕는 것이 비즈니스의 목적을 달성하기 위한 최우선 목표라는 인식이 필요하다.

데이터 서비스

데이터가 데이터 거버넌스를 이용해 잘 정리된 후에는 필요한 곳에 전달해야 한다. 데이터를 서비스하는 데는 데이터 서비스 플랫폼이 필요하다. 데이터 서비스 시스템을 구성하는 요소로는 서비스 제공자(개인, 민간 기업, 공공 기관), 서비스를 요구하는 고객(개인, 민간 기업, 공공 기관), 이들을 연결해 고객의 요구를 전달하는 프로토콜Protocol이 있다.

데이터 서비스 플랫폼을 이해하려면 가장 먼저 서비스를 수행하는 플랫폼의 서비스 아키텍처와 APIApplication Program Interface를 알아야 한다. 우선 서비스 아키텍처부터 살펴보자.

⊱ 서비스 아키텍처

서비스 아키텍처의 종류에는 모놀리식 아키텍처, 서비스지향 아키텍처, 마이크로 서비스 아키텍처가 있다. 다음 그림에서 알 수 있듯이 서비스 아키텍처는 시대별로 발전하면서 진화해 왔다.

(1) 모놀리식 아키텍처

과거 모놀리식 아키텍처Monoliths Architecture는 문제가 생겼을 때 원인을 추적해 수정하기가 어려웠을 뿐 아니라 유지 관리도 힘들었다. 즉, 공통된 라이브러리를 사용해 서로 연결돼 있으므로 데이터를 추가하거나 갱신할 때 시스템 전체를 부팅해야만 했고, 구조상 확장성이 제한적이었다. 물론 모놀리식 아키텍처가 나쁘다고 말할 수는 없

:: 서비스 아키텍처의 진화

Evolution of services orientation

1990s and earlier	2000s	2010s
Coupling		
Pre-SOA (monolithic)	Traditional SOA	Microservices
Tight coupling	Looser coupling	Decoupled

Exist in a "dumb" messaging environment

다. 애플리케이션이 간단하고 다른 애플리케이션 모듈과의 연결성이 부족할 때, 예를 들어 기업의 웹 서비스나 간단한 운영 모니터링 서비스는 여전히 모놀리식 아키텍처를 사용한다.

(2) 서비스지향 아키텍처

서비스지향 아키텍처Service-Oriented Architecture, SOA는 소프트웨어를 재사용할 수 있도록 서비스 단위나 구성 단위로 분리해 구축하는 방식의 아키텍처를 말한다. 데이터의 구조상 캐노니컬 데이터 모델Canonical Data Model을 따른다는 점에서 모놀리식 아키텍처와는 다르다.

캐노니컬 데이터 모델의 장점은 단일 구조의 데이터 모델이라는 것이지만, 구조상 하나의 변화만 생겨도 시스템 전체의 개발이나 운영에 문제를 일으킬 수도 있다는 단점이 있다. 그리고 신기술이나 추가 구조 확장을 적용하기 어렵다. 이 모델은 기업의 전체 데이터로 구성돼 있지 않고, 통합 데이터 단계에 필요한 여러 도메인의 데이터를 공유한다. 클라우드 시스템을 아직 도입하지 않은 대부분의 기업이 이 서비스지향 아키텍처를 사용한다.

(3) 마이크로 서비스 아키텍처

빠르고 지속적인 변화에 대응해야 한다면 마이크로 서비스 아키텍처를 고려해 볼 만하다. 마이크로 서비스 아키텍처는 시스템 간에 메시지를 주고받을 수 있도록 최소한으로만 연결되고, 나머지는 독립적

인 프로세스로 구성된 분산 아키텍처다. 따라서 새로운 환경에서 테스트하기 쉽고, 확장하거나 운영하기도 쉽다는 장점이 있다.

마이크로 서비스 아키텍처는 서로 독립된 여러 도메인으로 나뉘어 있기 때문에 시스템의 일부에 문제가 생겨도 전체 애플리케이션으로 확산되지 않는다는 장점이 있지만, 기술적으로 복잡하다는 단점이 있다.

마이크로 서비스 아키텍처를 사용하는 대표적인 기업으로는 '넷플릭스'를 들 수 있다. 넷플릭스는 데이터 서비스를 약 500개 이상의 마이크로 서비스 아키텍처를 활용해 지원하고 있다. 이로써 매일 100~1,000개의 새로운 서비스가 적용되거나, 바뀌거나, 없어진다고 하는데, 그런데도 거의 모든 서비스를 사용할 수 있다고 한다.

또 다른 기업 사례로는 '이베이eBay'를 들 수 있다. 이베이는 초기에 펄Perl 기반의 모놀리식 아키텍처를 활용하다가 이를 하나의 C++ 라이브러리로 바꿨고, 지금은 마이크로 서비스 아키텍처를 사용하고 있다. 트위터 역시 이와 비슷한 변화 과정을 거쳐왔다. 최근에는 정부,

은행, 병원, 대학, 글로벌 기업 등 거의 모든 조직이 마이크로 서비스 아키텍처 기반의 데이터 서비스로 전환하고 있는 추세다.

⠿ 시스템 연결: API

이번에는 데이터 서비스 플랫폼을 이해하기 위한 두 번째 개념인 API를 살펴보자. 여기서 애플리케이션은 앱 또는 프로그램을 말한다. API는 애플리케이션끼리 소통하게 해 주는 프로그램이라 생각하면 이해하기 쉬울 것이다. 예를 들어 A라는 기업이 서울시의 공공 데이터가 저장된 프로그램에서 데이터를 가져와 앱을 만들고자 한다면, API라는 매개가 있어야 한다. 데이터 서비스에서는 상호 운영성 Interoperability, 즉 외부 또는 사용자 간에 데이터를 원활하게 주고받을 수 있도록 의사 소통을 하는 것이 중요하다. 이 데이터의 상호 운영성을 위해 사용자 간의 협력·교환, 서로 다른 시스템이나 기업에 접근·연결하는 시스템이 필요한데, 이 기술이 바로 API다.

API는 사용자에 따라 기업 내부에서만 연결할 수 있는 프라이빗 API Private API와 외부와도 연결할 수 있는 오픈 API Open API로 구분된다. 또한 산업 분야에 따라 통신 API, 금융 API로 불리기도 한다. 마지막으로 API를 누가 사용하는지에 따라 내·외부 최종 사용자 API, 파트너 API, B2B/System API, Event API/IoT API로 구분하기도 한다. 이 중 Event API/IoT API는 자동 시스템이나 센서를 기반으로 한 API이므로 사물 인터넷의 발전에 힘입어 급속히 성장하고 있다.

:: API: IoT 서비스 사례

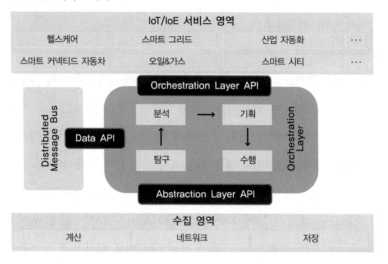

API는 다양한 시스템 간에 점점 늘어나는 데이터를 주고받는 개방형 플랫폼으로 발전하는 과정에서 시스템적인 접근만이 아닌 기업의 전략으로 접근해야 할 필요가 있다. 일반적으로 초기에는 내·외부 개발자에게 개발 문서 공유나 활용 성공 사례들을 제공하는 방식으로 지원하고, 더 경험이 쌓이면 비즈니스 파트너들과도 공유하면서 매출이나 기술 혁신을 함께 도모한다. 그리고 여기서 더 성숙되면 데이터를 실시간으로 공유·분석해 새로운 상품·서비스를 제공한다. 특히 다양한 형태의 클라우드를 사용해야 하는 기업의 입장에서는 시스템 간의 부드러운 연결을 위해 API를 반드시 검토해야 한다.

이미 많은 기업의 API 사용량이 증가하고 있다. 약간 오래된 자료이긴 하지만, 트위터, 넷플릭스, 아마존 NPR 방송국의 2010년 자료 중 API 사용 현황을 보더라도 엄청난 API 트래픽의 양을 확인할 수 있다.

- 트위터: 하루 150억 콜(Calls) 이상, 75%의 API 트래픽(2011년 7월 기준)
- 넷플릭스: 하루 10억 콜(Calls) 이상(2011년 10월 기준)
- 아마존: 2,600억 트래픽 저장(2011년 1월 기준)
- NPR(공공 라디오 방송국): 한 달 32억 뉴스 저장(2011년 10월 기준)

데이터의 공유가 늘어남에 따라 API 전략도 중요해졌다. API 아키텍처를 디자인하려면 보안 문제, 개발자의 경험, 활용 범위, 각 기능의 수행 능력, 시스템들의 통합·사용에 관한 모니터링, 오류에 관련된 대응 방안 등을 파악해야 한다.

이 중에서 API를 제공하기가 가장 어려운 영역이 보안인데, 이는 외부 접근, 사용자 확인, 외부 공격이나 침입 등과 같은 측면에서 고려해야 한다. 따라서 API 전략을 세울 때는 어떤 데이터를, 어떤 방법으로, 누구에게 제공하고, 운영·관리할 것인지를 데이터 거버넌스 차원에서 고려해야 한다.

데이터 서비스

이제 본격적으로 '데이터 서비스'에 관해 알아보자. 고객의 행동, 위치 정보, 동작을 감지하는 센서, 소셜 네트워크 등에서 생기는 원천 데이터를 DMP를 거쳐 통합·정제·가공 한다. 이렇게 준비된 데이터를 비즈니스에 이용할 수 있도록 제공하기 위해 전달하는 기능을 '데이터 서비스'라 한다. 데이터 서비스는 주로 다음과 같은 일을 한다.

내부적으로는 마케팅, 고객관리, 영업 및 기업운영 관리의 최적화를 통해 신시장 개척, 신상품 개발과 같은 새로운 수익모델의 비즈니스 혁신을 위한 비즈니스 서비스들을 지원하고, 외부적으로는 데이터의 교환, 개발자 커뮤니티, 협력사와의 공유 같은 업무를 수행한다.

- 서비스지향 아키텍처 또는 마이크로 서비스 아키텍처로 구성해 데이터를 준비하고 비즈니스 프로세스를 수행한다.
- BI · 사업부별 분석 또는 데이터 보고서를 작성하고, 데이터 마트(Data Mart)를 구성한다.
- 참조 데이터 관리(Reference Data Management)와 고객, 공급자, 내부 인력 관리를 위한 정보를 제공한다.
- 법 · 규제를 검토하고 적용한다.

이처럼 다양한 영역에 데이터를 제공하기 위해 서비스 플랫폼을 구성하기도 한다. 데이터 서비스 플랫폼은 활용 목적에 따라 구분되는데, 마케팅, 사물 인터넷 데이터 그리고 데이터 개방의 사례를 살펴보면 다음과 같다.

(1) 고객 데이터 플랫폼

고객 데이터 플랫폼Customer Data Platform, CDP은 고객 데이터들을 통합하고 활용할 수 있게 만든 플랫폼을 말한다. 즉, 고객 데이터 플랫폼은 다양한 디바이스와 채널의 데이터를 통합해 데이터의 흐름을 한눈에 확인할 수 있는 싱글 뷰Single View를 가능하게 해 준다. 예를 들어 한 고객이 언제, 어디에서, 어떤 제품을 구매했는지 파악할 수 있는 고객 싱글 뷰를 이용해 각 사업부에서 효율적으로 마케팅할 수 있게 된다. 또한 데이터 관리의 중복 업무를 줄여 운영의 효율성을 높여 주기도 한다.

고객 데이터 플랫폼의 핵심은 고객 경험을 싱글 뷰로 이해하기 위해 다양한 온·오프라인 채널을 통합한 옴니 채널이 필요하다는 데 있다. 이를 위해서는 O2O 서비스Online-to-Offline Service가 필요한데, 이는 이메일이나 인터넷 광고로 잠재 고객을 파악해 다양한 방법으로 고객들을 오프라인으로 끌어들이거나 오프라인 고객을 온라인으로 끌어들이는 통합 마케팅 방법을 말한다.

이러한 O2O 서비스를 위해 온라인과 오프라인의 데이터를 연결하는 것을 '데이터 온보딩Data Onboarding'이라고 한다. 데이터 온보딩은 오프라인 데이터, 예를 들어 고객 서비스 콜센터, 매출 등의 데이터를 세분화해 타깃팅한 고객을 온라인으로 끌어들이는 작업을 말한다. 쉽게 말해 온라인과 오프라인 사용자들의 정보를 매칭하는 것을 말한다. 전화번호, 이메일 주소, 이름 또는 실제 주소 등과 같은 식별자로 디지털 온라인에서 생성된 쿠키와 매칭한다. 데이터 온보딩이 원활해지면 기업은 비로소 완전한 옴니 채널Omni-Channel 마케팅을 실행할 수 있게 된다. 다만 옴니 채널 전략을 이용한 비즈니스 가치의 창출은 데이터 온보딩 기술을 구현했다고 해서 이뤄지는 것이 아니다. 이는 데이터와 기술, 기업 문화와 함께 점진적으로 발전한다.

옴니 채널 역시 단계별로 구축된다. 옴니 채널 1단계에서는 각 채널별Multi-Channel로 운영한다. 이 단계에서는 각 채널별 결과에 관한 측정 표준이 개별적으로 운영되고, 아직 데이터가 통합되지 않았기 때문에 수행 보고서나 대시보드가 각 채널 위주로 작성된다. 이러한 다중 채널Multi-Channel 상태에서는 채널 간의 상호 작용이 어렵다. 즉, 소매업체가 채널들을 통제할 수 없는 것이다. 따라서 다음 단계로 넘어가기 위해서는 싱글 뷰로 통합할 필요가 있다.

옴니 채널 2단계에서는 데이터가 통합돼 교차 채널Cross-Channel과 관련된 통합 센터가 운영된다. 소매업체는 교차 채널을 이용해 부분 채널을 통합할 수 있다. 이 단계에서는 마케팅 캠페인도 개별 채널과 협력해 진행되며, 고객 요구를 싱글 뷰로 이해하고 대응한다. 다음 단계로 발전하기 위해서는 고객 개인별 프로파일이 가능해야 하고, 일

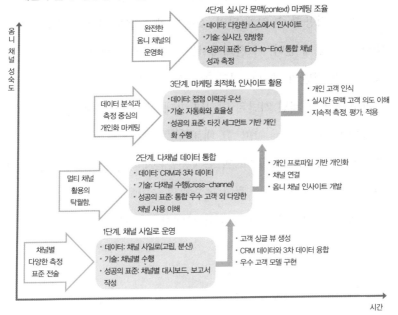

:: 개인화 옴니 채널 성숙 모델

옴니 채널 성숙도 (세로축)

시간 (가로축)

4단계. 실시간 문맥(context) 마케팅 조율
· 데이터: 다양한 소스에서 인사이트
· 기술: 실시간, 양방향
· 성공의 표준: End-to-End, 통합 채널 성과 측정

완전한 옴니 채널의 운영화

3단계. 마케팅 최적화, 인사이트 활용
· 데이터: 접점 이력과 우선
· 기술: 자동화와 효율성
· 성공의 표준: 타깃 세그먼트 기반 개인화 수행

데이터 분석과 측정 중심의 개인화 마케팅

· 개인 고객 인식
· 실시간 문맥 고객 의도 이해
· 지속적 측정, 평가, 적용

2단계. 다채널 데이터 통합
· 데이터: CRM과 3차 데이터
· 기술: 다채널 수행(cross-channel)
· 성공의 표준: 통합 우수 고객 외 다양한 채널 사용 이해

멀티 채널 활용의 탁월함.

· 개인 프로파일 기반 개인화
· 채널 연결
· 옴니 채널 인사이트 개발

1단계. 채널 사일로 운영
· 데이터: 채널 사일로(고립, 분산)
· 기술: 채널별 수행
· 성공의 표준: 채널별 대시보드, 보고서 작성

채널별 다양한 측정 표준 전술

· 고객 싱글 뷰 생성
· CRM 데이터와 3차 데이터 융합
· 우수 고객 모델 구현

부 연결 가능한 채널들이 자동으로 연결되는 등과 같은 전사적 옴니 채널 방안이 마련돼야 한다.

옴니 채널 3단계에서는 개인화 기반의 분석·측정을 이용해 인사이트 최적화 마케팅을 실행하게 된다. 이 단계에서는 고객의 선호도와 접촉에 관련된 데이터를 사용하고, 기술적으로 자동화가 가능해진다. 이를 이용하면 고객의 개인화 구매 여정과 세분화한 분석을 실행해 세부 고객별 타깃 마케팅을 진행할 수 있다.

옴니 채널 4단계에서는 완전한 옴니 채널 마케팅, 즉 모든 채널을 통한 상품·서비스 판매가 가능해진다. 이 단계에서 고객은 전체 채널과 상호 작용할 수 있게 되며, 소매 업체는 전체 채널을 통합하거나 통제할 수 있게 된다. 이 단계에서는 고객에게 실시간으로 대응할 수 있고, 고객 전반의 구매 여정도 측정할 수 있다.

이러한 옴니 채널 기반의 디지털 마케팅을 가능하게 하는 것이 '고객 데이터 플랫폼CDP'이며, 그 대표적인 사례가 델 EMCDell EMC의 고객통합관제센터다. 델 EMC의 고객통합관제센터는 마케팅 부문을 중심으로 고객 관리·영업·광고 부문에서 들어오는 데이터를 전방위로 수집해 옴니 채널 기반의 싱글 뷰 마케팅을 지원한다.

:: 델 EMC 고객통합관제센터의 구조

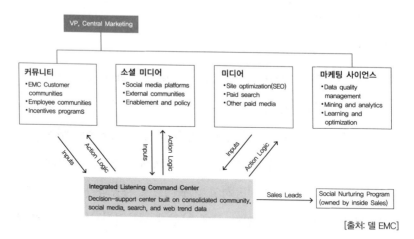

[출처: 델 EMC]

(2) IoT 플랫폼

IoT 플랫폼에서 데이터 서비스는 어떻게 이뤄질까? IoT 플랫폼은 주로 기기들의 센서 데이터를 수집, 저장하고 센서 데이터를 필요한 곳에 전달한다. 센서 데이터들의 저장소로는 클라우드 환경을 많이 활용하는데, 실시간 데이터를 수집·축적하기 편한 인터페이스API를 갖고 있다. 또한 여러 가지 분석 기반 또는 뷰어 기반 인터페이스와 연계해 데이터를 쉽게 가공하는 기능도 제공한다.

IoT 플랫폼 중에는 일시적으로 정보를 축적해 현장의 작업을 제어하거나 필요한 정보를 클라우드에 업로드하는 컨트롤 타워 역할을 하는 것도 있다. 제조 현장의 디바이스 사업자나 산업용 PC 사업자 등이 이에 해당한다.

:: IoT 플랫폼의 구성 기능들

IoT 플랫폼을 구축하는 데 필요한 최소한의 하드웨어로는 데이터를 취득할 센서 디바이스, 모은 데이터를 보낼 통신 기능, 보낸 데이터를 수집·저장하는 데이터 스토리지, 모은 데이터를 처리할 프로세서 등이 있다.

IoT 플랫폼에서 데이터 서비스의 가장 큰 이슈는 수집되는 데이터 속도에 맞게 처리하는 일이다. 센서에서 수집되는 데이터의 속도에 따라 크게 3가지 주기로 구분된다.

- 일일 또는 시간 단위의 배치(Batch Process)
- 분 또는 초 단위의 마이크로 배치(Micro Batch)
- 마이크로 초 단위(Millisecond)의 실시간 이벤트 프로세스(Event Process)

마이크로 초 단위의 실시간 이벤트는 전기 공급 서비스나 공장의 생산 라인 셧다운Shutdown과 같은 산업 재해를 막기 위해 필요한데, 이 경우에는 클라우드 시스템만으로는 너무 늦고 수천, 수백 개의 디바이스에서 모은 수십 테라바이트TB의 데이터를 전송하기도 어렵다.

이때 포그Fog 또는 엣지 컴퓨팅Edge Computing 기술을 사용한다. 이들은 데이터의 저장 및 전송 지점을 데이터를 생성하는 디바이스에서 처리할 수 있게 도와준다. 즉, 생산 공장의 라인, 전봇대의 꼭대기, 기찻길, 자동차 등에서 바로 데이터를 저장 및 전송하는 것을 말한다. 이로써 데이터 전송이 지연Latency되는 것을 줄일 수 있다. 엣지 컴퓨팅이 물리적 디바이스에서 데이터를 수집·분석·프로세스하는 통제 시스템이라면, 포그 컴퓨팅은 데이터가 발생하는 지점의 로컬 네트워크Local Area Network, LAN 안에서 데이터를 처리하는 시스템을 말한다. 이렇게 데이터를 감지하는 디바이스에서 데이터를 빠르게 처리해 IoT 플랫폼에 센서 데이터를 전송하는 것이다.

(3) CKAN 기반 개방 플랫폼

우리나라, 해외의 공공 기관에서 운영하는 데이터 서비스 플랫폼 중 가장 유명한 것이 'CKANComprehensive Knowledge Archive Network'이다. CKAN은 비영리 단체인 OKFOpen Knowledge Foundation에서 개발한 공공 데이터 개방 플랫폼으로, 영국의 공개 데이터 포털인 data.gov.uk, EU의 공공 정보 기반 데이터 포털인 publicdata.eu, 브라질의 dados 등 국가 및 국제 정부 포털 및 다양한 데이터 포털에서 사용하는 데이터 연계 플랫폼이다.

CKAN의 주요 기능은 데이터의 배포, 저장, 시각화, 연계, 검색·활용, 기능 확장, 보안·인증, 이력·사용 통계 등이다. CKAN은 메타데이터를 관리하기 편리하고, 상호 연관되는 테이블, 그래프, 맵을 이용해 사용자에게 익숙한 형태의 미리 보기를 제공한다는 장점이 있다. 또한 CKAN 사용자 간의 연합이 가능해 사용자가 참여하기 쉽고, 커뮤니티를 통한 의견 공유 기능도 제공한다는 장점이 있다.

지식을 세계와 공유해 유익하게 사용하게 하는 것이 목적인 OKF는 CKAN에도 이와 똑같은 목적을 담았다. CKAN은 공공 서비스의 투명성 개선을 목적으로 했던 공공 기관과 정부의 후원을 받아 개발됐다. 그러므로 만일 정부 차원에서 데이터 카탈로그(목록)를 만들거나 세계 여러 나라의 정부에서 도입해 사용하고 있는 무료 및 오픈소스 기반 개방 플랫폼(CKAN 등)을 활용한다면 초기 인프라에 관련된 투자를 줄일 수 있을 것이다.

넷째마당

데이터 생태계를 구축하라

14 데이터 생태계
15 데이터 과학과 인사이트

디지털 시대로 넘어오면서 데이터의 양이 급격히 증가했다. 특히 웹 2.0 시대를 지나면서는 데이터의 양뿐 아니라 다양성과 속도 측면에서도 많은 변화가 일어났다.

2015년 데이터마케팅협회DMA에서 데이터 가치에 관해 조사한 결과에 따르면, 미국의 데이터 기반 마케팅 경제의 규모가 2012년 1,050억 달러에서 2015년 2,020억 달러로 거의 2배 성장했고, 일자리 창출 규모도 2012년 65만 5,000개에서 96만 6,000개로 49% 증가했다. 특히 고임금 일자리는 주로 사물 인터넷 기반의 e커머스나 디지털 마케팅 분야에서 만들어졌다고 한다. 이처럼 '데이터'는 기업의 규모를 확장하고 고임금 일자리 및 데이터 기반의 스타트업을 창출하고 있다.

넷째마당에서는 데이터 생태계가 형성되는 과정을 살펴보고, 개인 관련 데이터와 콘텐츠 그리고 센서 데이터와 관련된 산업별 데이터

:: 4차 산업혁명: 데이터 혁명

전통 기업의 데이터 혁명	농업 혁명	제조 혁명	의료 혁명
	MONSANTO	GE ZARA mi	Myriad Google
	물류 혁명	유통 혁명	금융 혁명
	UPS FedEx	coupang optoro	WISE SoFi

스타트업 기업의 데이터 혁명	DNA 데이터 분석	이상 감지/데이터 분석	데이터 가공/유통
	23andMe	Palantir	acxiom
	O2O	개인 자산 관리	트위터 뉴스
	UBER	PERSONAL CAPITAL	Dataminr

의 특징을 살펴본다. 또한 지능 정보 시대에서도 여전히 중요한 역할
을 하는 데이터 과학, 연결성, 데이터 인사이트를 도출하는 방법도 살
펴본다.

chapter
14

데이터 생태계

우리는 한 기업의 데이터 자산화 과정에서 비즈니스 서비스, 데이터, IT 인프라(플랫폼)가 하나의 생태계처럼 서로 영향을 미치면서 기업의 성장을 위한 최적의 데이터 기반 환경을 조성한다는 사실을 살펴봤다. 이번에는 각 산업 영역별로 데이터 생태계가 활성화되는 과정을 좀 더 자세히 살펴본다.

🔗 데이터 생태계의 정의

기업의 혁신 시스템은 내부 IT 시스템에서 디지털 비즈니스 시스템으로 전환되고, 지식 기반 비즈니스로 성장하는 단계를 거쳐 혁신 기반 비즈니스와 클라우드 기반의 시스템으로 발전한다.

이와 같은 발전 과정 중 데이터 생태계는 디지털 비즈니스 시스템 단계와 그 이후에 지식 기반 비즈니스로 성장하는 과정에서 생성된다.

데이터 생태계는 데이터 생성자, 데이터 비즈니스 활용자, 데이터 제공 및 관리자 그리고 데이터의 최종 사용자인 고객이 서로 상호 작용하며 지속적으로 성장한다. 데이터가 살아 있는 생물이라 할 수 있는 것은 바로 이 때문이다.

데이터 생태계의 각 주체들이 맡은 업무에 충실하면서 상호 의존하는 관계가 지속되면 산업 생태계도 지속적으로 성장할 수 있다. 다음은 데이터 생태계를 활성화하기 위해 데이터 생태계의 각 주체들이 수행해야 할 내용들이다.

데이터 생태계의 거버넌스 측면에서도 성숙도를 살펴봐야 한다. 데이터 생태계의 성숙도는 각 주체의 참여 정도, 사용자와 제공자 간의 지속적인 협력 관계와 의사 소통, 데이터 공유와 사용 동기 그리고 데이터 사용자 간의 협력 정도에 따라 알 수 있다.

✣ 데이터 생태계를 구성하는 데이터의 종류

데이터의 종류는 기록 형태에 따라 정형 데이터와 비정형 데이터

:: 데이터 생태계의 참여자가 수행해야 할 요소

수행 영역	내용
데이터 제공자의 역할	
데이터의 구조	사용하기 쉬운 데이터 포맷인가?
데이터의 접근성	데이터 개방과 공유 정도, 데이터 실시간 원천 데이터의 접근 정도, 데이터 수정, 업데이터, 결과 접근 정도는 어떠한가?
데이터 제공자와 관리자가 데이터 품질과 관련해 확인해야 할 요소	
적시성	언제 데이터가 만들어지고 갱신됐는가?, 얼마나 오랫동안 데이터가 유효한가?
정확성	데이터 내용이 독립된 다른 소스와 맞는가? 지속성을 갖고 있는가?
신뢰성	데이터를 신뢰할 수 있고, 신뢰할 만한 데이터 이력이 있는가?
관리 및 포함 범위 수준	데이터 활용의 등급이나 수준은 어떠한가?
내용성	데이터의 주제(인구 통계, 경제, 사회와 환경 등)는 무엇인가?
데이터 제공자와 사용자의 인프라 구성에서 확인해야 할 요소	
인프라의 종류	인프라의 종류(데이터 보유자, 데이터 저장, 카달로그, 데이터 저장소, 멀티 저장소 또는 가상 저장소)는 무엇인가?
IT 아키텍처	플랫폼과 인프라가 어떤 애플리케이션을 사용하는가? 데이터와 기술 관련 프로세스가 잘 관리되고 있는가?
기능	업로드, 다운로드, 양방향 피드백, 분석 기능이 있는가?
사용의 용이성	기능들이 쉽게 활용할 수 있게 구현됐는가?
적용성	사용자 수, 데이터 세트 업로드, 다운로드 횟수를 적용할 수 있는가?
데이터 사용자가 데이터를 활용하기 위해 확인해야 할 요소	
연구 · 정책 문제	데이터 자체에 어떤 문제가 있가?
사용 결과	정책 관여, 예측과 경고, 계획, 모니터링, 데이터 기반 혁신, 데이터 과학 등 원하던 영역에서 원하는 결과를 얻었는가?
목적 일치성	데이터 수집 목적에 맞게 사용되고 있는가?

로 구분된다. 정형 데이터는 일련의 측정된 경험을 기록한 신호들을 말하는데, 길이, 높이, 크기, 시간, 비용, 나이 등과 같이 주로 숫자로 표현되는 데이터들이 이에 해당한다.

정형 데이터는 기업이 고객, 고객의 행동 패턴, 트렌드 등을 이해하는 데 도움을 준다. 이는 기업의 고객 관리CRM 시스템이나 기업 운영 ERP 시스템에서 쉽게 찾아볼 수 있다. 예를 들어 은행이라면 재정, 경제, 거래, 고객 활동 이력, 위험 관리 데이터 등이 이에 해당한다. 관계형 정형 데이터는 비교적 빠르게 조작·검색할 수 있도록 수집·저장된다.

:: 정형 데이터의 사례

사용자

UserID	User	Address	Phone	Email	Alternate
1	Alice	123 Foo St.	12345678	alice@example.org	alice@neo4j.org
2	Bob	456 Bar Ave.		bob@example.org	
...	...	...	...	...	...
99	Zach	99 South St.		zach@example.org	

주문장

OrderID	UserID
1234	1
5678	1
...	...
5588	99

품목명

OrderID	ProductID	Quantity
1234	765	2
1234	987	1
...	...	...
5588	765	1

반면, 비정형 데이터는 기존의 방식으로는 분석하기 어렵다는 특징

이 있다. 최근에는 소셜 미디어 활동, 센서, 인공위성 이미지 등과 같이 다양한 형태의 비정형 데이터들이 생성되고 있다. 실제로 최근에 생성된 데이터의 80% 이상이 비정형 데이터이고, 인터넷의 영향으로 비정형 데이터가 지속적으로 증가하는 추세다. 비정형 데이터로 구성되는 디지털 콘텐츠의 종류는 비싸고 복잡한 전자책e-book, 인포그래픽, 동영상, 논문, 케이스 스터디Case Study, 고객 리뷰 등으로 나뉜다. 따라서 비정형 데이터는 기업의 지식 관리Knowledge Management 차원에서 다양한 형태의 콘텐츠로 확장·관리할 수 있다.

디지털 미디어로 생성된 비정형 데이터의 콘텐츠는 주로 고객을

:: 비정형 데이터의 종류, 효과, 비용

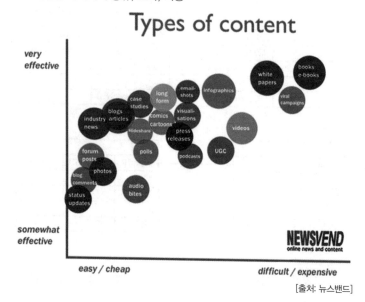

[출처: 뉴스밴드]

교육하거나, 재미를 선사하거나, 제품·서비스를 구매하도록 설득하는 데 활용된다. 비정형 데이터는 주로 기업이 고객과의 관계를 유지하는 과정의 '프런트엔드Front-End', 정형 데이터는 주로 기업 운영 과정의 '백엔드Back-End'에서 많이 생성된다. 정형 데이터와 비정형 데이터에 관련된 분석은 모두 백엔드에서 이뤄지고, 이러한 분석을 이용해 고객을 이해하고 고객의 요구를 파악하게 된다.

⠕ 신규 데이터의 기획과 생성

기업에 필요한 데이터가 존재하지 않으면 데이터를 기획·디자인해 새로 생성·수집해야 한다. 그런데 이와 같이 데이터를 직접 생성·수집하려면 비용이 들고 절차도 까다롭기 때문에 최근에는 외부에서 전문적으로 생성된 데이터를 구매·공유해 사용하는 경우가 많다.

이처럼 기업 입장에서의 데이터 생성은 매우 어려운 문제가 될 수 있는 만큼, 여기서는 데이터 생성 주체를 기반으로 데이터를 생성하는 구체적 사례들을 살펴보면서 데이터 획득 방식에 관한 아이디어를 얻어 보자.

데이터의 생성을 종류별로 정리해 보면 전문가 지식, 대중 행동, 질문과 조사, 기업 운영, 기계 신호 인식, 정부 행정에서 얻는 데이터들을 들 수 있다. 이 중 몇 가지만 살펴보자.

(1) 전문 지식 기반의 데이터

전문 지식 기반의 데이터는 각 분야의 전문가, 예를 들면 음악가, 생물 과학자 등이 자신의 전문 지식과 경험을 바탕으로 관련 분야의 정보를 정의하는 방식으로 생성된다. 이와 관련해 음악 전문 기업인 판도라 라디오Pandora Radio에서는 음악 전문가들이 한 곡당 20분 이상 (하루에 24곡 분량) 직접 들으면서 해당 곡의 400여 가지 특징Feature에 관한 점수를 매기고, 태그를 붙이는 음악적 게놈 프로젝트를 이용해 데이터를 생성한다.

생명 과학 전문가 집단인 바이오베이스BioBase에서는 생명 과학 분야의 다양한 논문 관련 데이터를 리뷰해 세포 내에서의 유전자 발현과 관련된 데이터를 생성함으로써 바이오 데이터베이스라는 지식 라이브러리를 지속적으로 갱신하고 있다.

(2) 대중 행동 기반의 데이터

대중 행동 기반의 데이터는 대중들의 소셜 네트워크 활동으로 자연스럽게 생성되며, 대부분의 비정형 데이터가 이에 속한다. 이러한 데이터는 주로 네이버·구글 등과 같은 웹 검색 기업들과 트위터·페이스북 등과 같은 기업에서 생성하며, 소셜 네트워크에서 사용자가 남긴 글Text, 글에 관련된 반응, 사람들 간의 관계 속에서 생성되는 그래프 구조의 '관계형 데이터Relationship Data' 등으로 이뤄져 있다.

(3) 질문과 조사 기반의 데이터

질문과 조사 기반의 데이터는 주로 연구소나 실험 기관에서 생성 된다. 과거에는 이러한 데이터를 생성하기 위해 직접 면접 조사법, 전화 조사법, 우편 조사법, 배포 조사법 등과 같은 전통적인 자료 수 집 방법을 활용했지만, 최근에는 컴퓨터를 이용한 자료 수집 방법인 CAPIComputer Assisted Personal Interview를 활용하고 있다.

예를 들어 한국인 유전체에 관한 역학 조사를 한다고 가정했을 때, 과거에는 영양 조사를 위해 설문지를 이용한 식품 섭취 빈도 조사법, 24시간 회상법을 주로 활용했다면 최근에는 컴퓨터를 이용한 CAPI 조사를 활용한다.

또 다른 사례로는 메디데이터Medidata와 같은 제약회사에서 임상 실 험한 데이터를 수집하는 것을 들 수 있다. 이처럼 데이터는 기업의 목 적에 맞게 생성된다.

(4) 데이터 생성 방법과 사례

다음은 데이터가 생성되는 방법과 사례를 조사한 것이다.

:: 데이터 생성 방법 및 사례

생성 방법	생성 주체	생성 사례와 데이터	
전문가 지식	전문가 집단	판도라	훈련된 음악가 팀이 직접 노래를 듣고 분류해 400여 가지 특징에 관련된 점수를 매기고 태그를 붙여 곡의 음악적 DNA를 생성함.

생성 방법	생성 주체		생성 사례와 데이터
전문가 지식	전문가 집단	IBM (왓슨)	뉴욕 MSKCC 암 센터의 의사들이 실제 폐암 치료 사례와 치료 사례 시나리오, 진료 기록, 검진 결과 등 '자연어'로 돼 있는 학습용 데이터를 생성해 학습시킴.
대중 행동	일반 대중	구글	음성 검색을 위해 소비자들이 음성 데이터와 실제 문자를 직접 입력함.
		페이스북	서비스 내에서 글·댓글 작성, '좋아요', 콘텐츠 클릭 등 사용자들의 활동이 기록됨.
센서 기계	기계 및 센서	하림	닭들의 움직임을 추적하는 적외선 CCTV, 닭이 물을 마실 때마다 10분의 1초 간격으로 무게를 재는 센서, 온도·습도·벤젠·먼지 등을 측정하는 센서 등을 활용함.
		볼보	자동차에 내장된 센서와 CPU 이용, 운전 과정에서 발생하는 데이터를 수집함.
		센트리카	스마트 미터로 하루 48회(30분에 1회)씩 에너지 소비 데이터를 수집함.
		동에너지 (덴마크)	배전 선로에 일정 간격으로 센서를 설치해 전기의 품질 및 부하를 측정함.
질문, 조사	설문 조사자 및 응답자	통계청	조사원 약 3만 4,000명이 대한민국 전 가구를 대상으로 인터넷 조사나 대면 면접 조사를 진행함.
		한국갤럽	전국 유권자의 대표성을 확보하기 위해 무작위로 발생한 휴대 전화번호를 표본으로 조사원이 직접 전화로 묻는 인터뷰 방식으로 진행함.
기업 활동	각 기업 ERP, 시스템, 종사자	상장 법인 기업	회계 팀에서 매 회계년도 기수당 발생하는 회계 정보를 입력해 전자 공시 시스템(DART)에 업로드함.
		롯데제과	2,000여 명의 영업 사원이 ERP를 이용해 실시간으로 매출을 비롯한 영업 정보를 기록함.

생성 방법	생성 주체		생성 사례와 데이터
정부 행정 활동	정부 행정 시스템, 행정 담당자	국토 교통부	부동산 거래 시 거래량, 거래가 등을 의무적으로 신고하도록 함으로써 실제 거래에 관한 데이터를 축적함.
		서울시	민원 창구인 '서울 120 콜센터' 운영으로 음성 및 텍스트 자료를 생성함.

기업 운영 기반의 데이터는 주로 기업의 경영 활동 과정에서 다양한 형태로 생성·수집된다. 예를 들면 인터넷 망을 이용해 시스템 로그 데이터, 기업 마스터 정보 데이터, 거래 데이터 등 기업의 ERP·회계·경영 관련 내·외부 데이터가 생성·수집된다. 이외에 센서 기술을 기반으로 인사HR 및 영업 사원의 경로 데이터나 고객 민원 관련 녹음 데이터, 계약과 관련된 복사 이미지 등과 같은 비정형 데이터들이 생성되기도 한다. 정부에서는 행정 시스템이나 대국민 서비스에 따라 다양한 행정 데이터가 생성된다.

✛ 산업별 데이터의 종류

이번에는 주제별 영역 데이터를 유통, 광고, 금융, 부동산, 의료, 행정 및 공공 기관, 농업, IoT(제조, 설비, 자동차) 데이터로 구분해 각각의 특성을 살펴본다. 참고로 IoT 데이터는 제조, 설비, 자동차 등의 다양한 영역에서 활용하고 있지만, 대부분 센서 기반 데이터라는 점에서 하나의 영역으로 정리했다. 지금부터 설명할 내용을 이용하면 외부에서 어떤 데이터를 구매해 내부 데이터와 융합할 것인지를 결정하는 데 도움을 얻을 수 있을 것이다.

(1) 광고 데이터

광고 산업에서는 주로 광고주들이 원하는 데이터가 생성된다. 대표적인 예로는 포커스 그룹 조사나 설문 조사를 이용한 고객 반응 데이터, 디지털 미디어의 로그(기록) 데이터, 셋톱 박스(IP TV, 스마트 TV) 등과 같은 디지털 장치로 얻는 실시간 데이터들을 들 수 있다.

과거에는 주로 오프라인 광고가 많아 ROI(투자 수익률)를 측정하기 어려웠지만, 최근에는 온라인 광고가 많아져서 광고주들이 고객 행동 데이터를 수집해 ROI를 쉽게 측정할 수 있다. 다음은 국내에서 온라인 광고의 효과를 측정하는 기관과 데이터의 사례들이다.

❶ KOBAnet

KOBAnet 시스템은 광고 기업이 온라인에서 청약서를 작성해 방송 광고 구매 신청을 하면, 한국방송광고진흥공사KOBACO의 판매 확정을 거쳐 각 방송사에서 방송이 되도록 지원하는 방송 광고 전자 상거래 시스템이다.

❷ KODEX

KODEX는 고객 서비스를 제고하고 방송 광고 산업의 업무 효율을 높이기 위해 광고 소개cm의 전달 방식을 방송 환경의 디지털화에 맞춰 온라인으로 전달하는 방송 광고 업계의 공용 시스템이다. 이때는 다음과 같은 방송 관련 광고 데이터들이 수집된다.

❸ 광고량 데이터

광고량ADEX은 광고 관련 업무의 가장 기본적인 데이터다. 어떤 광고주가 방송, 인쇄, 인터넷 등의 매체에 광고를 집행하면 제3의 기관에서 해당 광고물이 어떻게 집행됐는지 모니터링할 수 있다. 모니터링의 세부 항목은 다음과 같다.

- 방송 매체: 광고물의 광고주, 제품명, 소재명, 대·중·소 업종명, 광고 회사, 방송사, 프로그램명, 광고 유형, 방송 일자, 방송 권역, 방송 요일, 방송 예정 시간, 방송 실제 시간, 시급, CM 길이, 광고 단가, 전후 CM 구분, 블록 내 CM 회차 등
- 인쇄 매체: 광고물의 광고주, 제품명, 대·중·소 업종명, 광고 회사, 게재 일자, 매체명, 게재면, 게재 면적, 색도, 광고 단가, 요일, 영업 구분 등

우리나라에서는 닐슨과 TNMS에서 광고량 자료를 생산해 광고주, 광고 회사, 미디어랩, 매체사 등에 공급한다.

❹ 시청률 데이터

시청률은 여전히 중요한 데이터다. 단순 설문 조사, 패널에 따른 일기식 조사Diary Method, 세트 미터Set Meter에 따른 기계식 가구 시청률 조사, 피플 미터People Meter에 따른 개인별 시청률 조사 등으로 발전해 왔다. 최근 우리나라에서는 닐슨과 TNMS에서 각 가구의 개인별 시청 행위를 24시간 조사하고 있다.

❺ 청취율 데이터

청취율 데이터는 주로 라디오에 쓰이며, 특정 채널과 프로그램을 5분 이상 청취한 사람의 비율을 말한다. 라디오는 매체의 한계로 한국방송광고진흥공사KOBACO의 내부에서 조사하는 광고량·시청률 자료에 비해 활용도가 현저히 떨어진다.

(2) 유통 데이터

유통 데이터는 상품, 서비스, 브랜드, 가격, 수량, 판매 등에 따라 생성된다. 예를 들어 판매 관리 시스템Point of Sales, POS에 바코드나 태그를 스캔해 얻은 가격 정보를 계산하면서 상품 정보가 기록되고, 판매 상품 정보와 매출 데이터가 대량으로 생성된다. 실제 기업 사례를 보면, 아마존, 자라ZARA 등과 같은 소매 유통 기업들의 전 세계 매장에서는 판매·재고 관련 물류 데이터가 생성되고, 월마트·GS홈쇼핑·쿠팡에서는 고객 관련 소셜 데이터, 실시간 재고 데이터, 방문자 수,

체류 시간, 재방문율, 구매 전환율 등과 같은 판매 기반의 데이터가 생성된다. 이러한 유통 데이터는 제조사의 상품 기획 및 마케팅 전략에 자주 사용된다.

(3) 금융 데이터

금융 데이터는 신용 등급 산정, 마케팅 등에 활용된다. 금융업은 타 산업에 비해 데이터 축적의 역사가 길고, 데이터 보유량의 증가 속도도 빠르다는 특징이 있다. 은행의 입출금 내역, 현금 거래 내역, 보험 가입 여부, 대출 정보, 증권사의 투자 정보, 리스크 관리 정보, 카드사의 구매 활동 정보 등과 같은 다양한 금융 분야에서 생성된 빅데이터가 활용되고 있으며, 마스터카드 등과 같은 일부 금융 기업에서는 축적된 데이터 분석 결과를 외부에 제공해 수익 창출의 기회로도 활용하고 있다.

(4) 부동산 데이터

부동산 데이터에는 부동산 실거래를 기반으로 생성되는 '민간 데이터'와 공공 기관 등에서 생성되는 '행정 데이터'가 있다. 예를 들어 다방, 직방, 부동산114 등과 같은 민간 기업의 기업 운영으로 부동산 관련 활동 이력 데이터들이 생성된다. 우리나라의 부동산 행정 데이터의 경우, 2개 부처, 4개 정보 시스템, 18개 공적 장부로 관리되다 보니 정보의 중복과 동일 물건에 관련된 대장 정보 불일치로 활용하기 어렵다는 문제가 있다. 부동산 데이터의 경우, 부동산의 속성에 관련된 데이터뿐 아니라 각 부동산 주변의 교육 시설, 유해 환경, 가 볼 만한 곳, 교통 여건 등의 다양한 데이터도 함께 활용할 수 있다.

(5) 의료 데이터

빅데이터는 여러 분야에서 활용되지만, 특히 보건 의료 분야에서 주목받고 있다. 보건 의료 분야에서는 인구 고령화에 따른 만성병 및 퇴행성 질환의 증가라는 환경에 대응해 빅데이터를 의료비 절감, 전염병 예방, 의료 서비스의 질 향상에 활용하기 위한 다양한 연구가 시도되고 있으며, 이를 이용해 효율적인 진단·처치 방법 탐색, 예후 예측 등에 관련된 효과적인 대안을 제시하고 있다.

현재 의료 기관들은 의료 기록 전자화에 따라 축적되는 방대한 데이터를 효율적으로 저장·분석하고 있으며 바이오 및 제약 업체에서는 빅데이터 기술을 도입해 실험 전에 기존에 축적된 분자 정보를 기반으로 다양한 바이오 데이터를 확보하고, 이를 바탕으로 머신러닝 알고리즘을 활용해 신약 및 치료·진단 기술을 개발하고 있다.

보건 의료 분야에서 생성되는 데이터에는 대부분 개인 정보가 포함돼 있으므로 기밀 유지가 필수다. 특히 개인 진료 관련 데이터를 무분별하게 공개하면 개인 정보가 유출되거나 범죄에 악용될 위험이 있다는 점이 분야에서 빅데이터를 활용하는 데 장벽으로 작용하고 있다.

현재 규모가 큰 의료 기관에서는 의료 기록 전자화가 많이 진행됐으며, 이로써 생성된 X-ray, CT 사진, 의료 영상, 검체 시료 등의 많은 비정형 데이터를 보유하고 있다. 다만 아직까지는 정부 및 의료 기관별 진료·연구 데이터가 분산돼 있어 공유가 이뤄지지 않고 있다.

현재 우리나라에서는 정부 차원에서 여러 가지 방식으로 보건 의료 관련 공공 데이터를 제공하고 있다. 국민건강보험공단은 건강 보험 및 장기 요양 보험 관련 자료를 학술·정책 연구에 활용할 수 있도록 인터넷을 이용해 제공하고 있다.

(6) IoT 데이터(제조, 환경, 자동차, 에너지)

IT 기술의 고도화에 따라 제조 공정에서 생성되는 데이터의 양도 기하급수적으로 늘어나고 있다. 제조 공정에서 생성되는 센서 기반 데이터는 양과 복잡도 측면에서 기존 기법만으로는 처리·분석하기 어려우며, 분산 처리 등의 빅데이터 관리 기법이 필요하다.

사람의 오감을 닮은 센서 기반 데이터는 주로 제품·생산 라인의 제조 과정 중 센서로 생성되는 기계 결함이나 생산 라인과 관련된 신호다. GE 항공은 운항 기록, 제트 엔진의 데이터, 엔진 마모 패턴, 운항 지역 대기 패턴(공기 질, 기상 조건), 조종사의 운항 습관 등과 같은 센서 데이터를 수집해 활용한다. 볼보는 자동차에 내장된 센서와 CPU를 이용해 운전 과정에서 발생하는 데이터를 수집해 제조 과정에서 알기 힘든 결함을 파악함으로써 50만 대가 팔린 후에야 발견했을 결함을 1,000대 판매 시점에서 발견했다고 한다.

에너지 공급 기업인 센트리카Centrica에서는 2012년까지 약 350만 대의 스마트미터를 설치해 연간 1.2테라바이트의 데이터를 축적했다. 이 기업은 스마트미터로 30분마다 수집되는 데이터를 인메모리 DB로 처리하고, 패턴 분석 프로그램을 이용해 에너지 소비 패턴을 찾는다. 이와 같이 전력 회사에서 수집된 전력 센서 데이터에서 찾은 인사이트는 건물, 주택, 공장, 농장 등은 물론, 환경 전체의 에너지 사용량을 줄일 수 있다. 예를 들어 데이터 설계 도구를 사용해 에너지를 덜 사용하는 건물을 설계할 수 있으며, 다량의 센서 데이터를 분석기 및 액추에이터Actuator와 결합한 지능적 시스템과 통합해 에너지를 효율적으로 운용할 수 있다.

(7) 공공 데이터

공공 데이터 개방이 세계적인 화두다. 미국, 영국, 일본 등 각 나라는 공공 데이터 서비스를 실행하고 있다. 우리나라도 2015년 공공 데이터를 적극적으로 개방·공유해 부처 간 칸막이를 없애고, 서로 소통해 국민 맞춤형 서비스를 제공하는 한편, 일자리를 창출하겠다는 취지의 정부 운영 패러다임인 '정부 3.0'을 발표하기도 했다.

공공 데이터는 중앙 부처, 지방자치단체, 공공 기관이 생산·보유·관리하고 있는 교통, 기상, 의료, 경제, 환경 등의 모든 데이터를 의미한다. 우리 주변에서 흔히 볼 수 있는 버스 도착 정보 서비스가 이에 해당하며, 기상청 애플리케이션이나 전국 주유소 가격을 쉽게 확인할 수 있는 한국석유공사의 전국 주유소 유가 정보도 이러한 공공 데이터에서 비롯됐다.

문재인 정부에서도 데이터 경제 활성화를 위해 모든 공공 데이터를 원시 데이터로 확보하고, 개인 정보 보호 법령 등 데이터와 관련된 법령을 보완하고 있으며, 2021년 안에 민간 수요가 높은 국세·보건·교육 분야의 공공 데이터가 개방될 예정이다.

(8) 농업 데이터

농업 데이터는 더 맛있고 영양가 높은 식량을 대량으로 생산하는 데 도움을 준다. 정밀 농업Precision Agriculture, PA 또는 SSCMSite Specific Crop Management, 스마트 팜Smart Farm, 스마트 파밍Smart Farming은 농작물의 가변성과 관련된 관찰·측정·반응에 기반을 둔 농업 관리 개념이다. 이러한 정밀 농업 개념 덕분에 묘종, 인공위성, 센서, 트랙터, 무인정찰기 등에서 수집한 데이터를 사용해 수확량을 늘리고 비용은 줄일 수 있었다.

2012년에는 '글로벌 식량 안정과 영양을 위한 모임'에서 농업 데이터를 서로 공유하기로 결의했다. 이러한 국제적 의견 공유를 이용해 2013년 GODANGlobal Open Data for Agriculture and Nutrition이라는 농업 데이터 공유 플랫폼이 만들어져 국제적 협력이 지속적으로 이뤄지고 있다.

정부의 농업 정책, 법률, 농업 연구 관련 데이터도 있으며, 이외의 농업 데이터로는 물, 농지 및 주변 자연 환경 관련 데이터, 농지 사용 및 생산량, 농업 인프라, 농산물 시장 관련 사회·경제 데이터, 종자, 병충해 관련 데이터 등이 있다.

(9) 교육 데이터

교육 관련 데이터는 일반적으로 다음과 같이 4가지 유형으로 구분되며, 개별 학생의 학업 성취도를 향상시키는 데 활용되거나 교육 시스템을 개선하는 데 사용된다.

❶ 학생들의 교육 평가 관련 데이터인 각종 시험 점수 관련 데이터
❷ 인구 통계적 데이터인 성별·종교·경제 상태·학교 위치 등과 같은 학교나 학생 관련 데이터
❸ 학생들의 학교 생활 행동이나 참여 관련 데이터, 교육 커리큘럼 등의 데이터인 출석, 생활기록부 등과 같이 실제 수업 평가가 아닌 데이터
❹ 학생, 교사, 부모 또는 다른 교육 관련자들의 인터뷰, 조사 자료 또는 관찰을 거쳐 수집한 데이터

🝔 기업에서 중요하게 인식하는 데이터의 종류

조사 전문 업체인 인터베리 그룹의 조사에 따르면, 미국 기업들은 비즈니스 전략상 내부 데이터를 중요하게 생각한다고 한다. 기업들이

중요하다고 생각하는 데이터를 순서대로 살펴보면, 재정 기획 예측 데이터, 기업 운영 데이터, 고객 데이터, 고객 운영 이력 데이터, 사내 개인 저장 데이터, 내부 비정형 데이터, 상품 데이터, 기업 운영 시스템의 로그 데이터 순이다. 외부 데이터인 3차 데이터나 소셜 미디어의 데이터, 모바일 기기의 센서 데이터, 오픈 웹 로그 데이터, 고객 모바일 기기 데이터, 외부 비정형 데이터는 그다음으로 나타났다.

2013년에 윈터베리 그룹에서 조사한 결과에서도 기업들이 마케팅에 있어 내부 행동 데이터, 외부 행동 데이터, 오프라인 데이터를 가장 중요하게 생각하는 것으로 나타났고, 온라인 데이터, 소셜 미디어 데이터, 검색 데이터 등은 그다음으로 나타났다. 이러한 조사 결과들을 보면, 우리나라의 기업들이 지금 어떤 데이터에 우선순위를 두고

:: 기업에서 사용하는 데이터의 종류

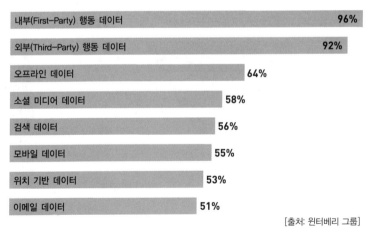

내부(First-Party) 행동 데이터	96%
외부(Third-Party) 행동 데이터	92%
오프라인 데이터	64%
소셜 미디어 데이터	58%
검색 데이터	56%
모바일 데이터	55%
위치 기반 데이터	53%
이메일 데이터	51%

[출처: 윈터베리 그룹]

활용해야 하는지 알 수 있다.

일반적으로 기업의 내부 데이터는 '1차 데이터', 기업의 자회사나 협력사가 생성하는 데이터는 '2차 데이터', 기업 외부에서 생성된 외부 데이터는 '3차 데이터'라고 부른다.

1차 데이터에는 기업이나 기관에서 자체 생성해 활용하는 내부 데이터와 ERP 관련 회계·인력·고객 관리·생산 관련 데이터 등이 있으며, 이러한 데이터를 정제·가공한 통계 데이터 등도 1차 데이터에 속한다.

2차 데이터는 자회사, 협력사 등이 생성하는 데이터를 말하며, 소셜 네트워크(페이스북, 네이버, 구글, 트위터 등)를 이용해 생성되는 개별 기업 관련 데이터들도 이에 해당한다.

3차 데이터는 개별 기업과 관련 없는 서드파티 기업이나 기관이 유통·판매를 목적으로 수집·가공한 데이터를 말하며, 공공 기관 등에

:: 마케팅 퍼널(Marketing Funnel)에서의 1~3차 데이터 활용 사례

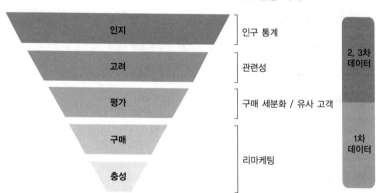

서 생성·수집한 공개 데이터도 이에 해당한다.

예를 들어 기업의 마케팅 활동 중 고객을 대상으로 상품을 인지·고려·평가하는 단계에서는 2, 3차 데이터인 인구 통계 데이터와 기존 상품 구매 고객을 분석한 유사 고객 관련 데이터가 많이 활용되고, 실제 구매와 충성 고객 관리에는 1차 데이터가 많이 활용된다.

✧ 산업 데이터 생태계

산업에서의 데이터 생태계는 다음과 같은 흐름을 보인다. 사람과 사물이 데이터를 생성하면, 각 산업마다 개별 기업들이 데이터를 수집하고 저장해 내부에서 활용하고, 일부는 외부로 판매하거나 개방한다. 이렇게 외부로 내보낸 데이터는 데이터 가공 또는 중개 기업들이 수집, 통합, 융합해 데이터 시장에 유통한다. 데이터 시장에 유통중인 데이터를 다시 각 산업의 개발 기업이나 기관들이 필요에 따라 구매하고 활용한다. 이러한 프로세스가 지속되면 데이터의 질이 향상되고, 질 좋은 데이터는 기업의 혁신과 성장에 기여한다.

데이터 생태계를 수요·공급 측면에서 살펴보면, 수요 측면에는 데이터를 활용하는 기업과 개인들이 있고, 공급 측면에는 데이터를 제공하는 기업과 개인들이 있는데, 이들의 수요와 공급이 적절한 균형을 이뤄야 시장이 형성된다.

:: 산업 데이터의 생태계 구성

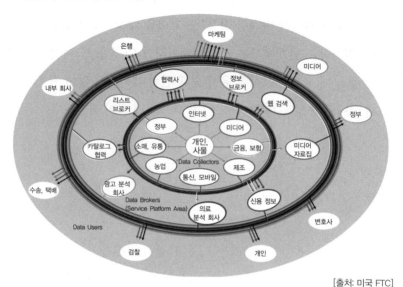

[출처: 미국 FTC]

데이터 기업들과 B2B 관계를 맺고 공급 측면에서 해당 기업들의
데이터 활용에 도움을 주는 IT 관련 기업들은 다음과 같다.

- 데이터 생성에 필요한 스마트 센서 생산 기업
- ERP, SCM, PRM, CRM, BI 관련 소프트웨어 기업
- 데이터 플랫폼 관련 기업(클라우드, 빅데이터 플랫폼, API 등)
- 데이터 처리를 위한 컴퓨팅 파워 관련 기업
- 데이터 분석 소프트웨어 및 분석 컨설팅 기업
- 데이터 활용 산업별 전문 서비스 기업
- 데이터 통합 · 가공 · 유통 · 중개 기업

❖ 데이터 가공 및 중개

데이터 가공 및 중개 기업들은 1차 데이터를 수집·공유하거나 외부에서 판매하는 데이터를 수집·가공해 다시 판매한다. 이러한 기업들이 상품화해 판매하는 것이 3차 데이터다. 이렇게 가공된 3차 데이터는 다시 1차 데이터를 수집·활용하는 기업이나 기관들이 구매해 경제 활동에 활용한다. 데이터 가공 기업들 사이에서도 거래가 이뤄진다.

데이터 생태계에서 데이터 가공 및 중개 기업들은 기업과 기관들 사이에서 공개 데이터를 수집·가공해 거래, 판매하는 중요한 매개자 역할을 수행한다. 데이터 브로커, 미디어 저장 기관, 신용 기관, 의료 분석 기업, 광고 네트워크 기업, 리스트 브로커, 기업의 데이터 협력 기관들이 이에 해당한다.

이러한 기업들이 2, 3차 데이터를 가져다 쓰는 것을 '데이터 유통'이라 하고, 이 과정에서 IT 기술이나 전문 지식, 편리를 제공하는 산업을 '데이터 유통 산업'이라 한다. 현재 미국에서만 3,500~4,000개 기업이 데이터 유통 사업을 운영하고 있다. 글로벌 규모의 기업부터 개인 사업자에 이르기까지 다양한 형태로 존재하는 이러한 기업들은 주로 데이터 중개, 데이터 분석, 고객 관리, API, 멀티 채널, 메일링 준비, 마케팅 캠페인, 데이터 클린징과 같은 다양한 온·오프라인 사업을 운영한다.

소매 유통업을 기준으로 했을 때 데이터 수집가인 소매업자가 고객과의 관계를 이용해 생성된 데이터를 수집하는 과정에서 통합 데이터 브로커, 미디어, 분석가, 네트워크 사업자, 지불 처리자 등과 같은 다양한 중간 매개자가 상호 작용하게 된다는 사실을 알 수 있다.

⤙ 마이 데이터

데이터 생태계에는 다양한 유형의 데이터가 존재하는데, 개인적인 측면에서는 사람의 게놈 데이터, 의료 레코드, 세금 관련 데이터 등과 같은 개인 관련 정보나 활동을 주로 수집한 데이터가 있다. 최근에는 이와 같은 개인 데이터에 마이 데이터Mydata 개념, 즉 각 개인이 자신에 관련된 데이터를 직접 관리하고, 활용·유통 목적으로 거래하는 방식을 도입하려는 시도가 늘고 있다. 그러나 현실화되기에는 아직 시간이 필요해 보인다.

다음 그림은 개인 데이터의 가치 사슬을 정리한 것이다. 그림과 같이 다양한 채널로 개인이 자발적으로 제공하거나 관찰·추정에 따라 생성된 데이터가 수집 기업이나 기관에 모이게 된다.

위와 같은 개인 데이터 중 기업 내에서 많이 활용하는 고객 관련 데이터로는 인구 통계 데이터, 기업 운영 및 이력 데이터, 채널 이력 데이터, 고객 행동 데이터가 있다.

개인 데이터	수집/접근	저장/집계	분석/분포	이용
자발적 데이터 제공자 · 취미, 관심사, 선호도, 전문 지식 등을 선언 **관측 데이터** · 위치 정보, 브라우저 기록, 쇼핑 습관 등 **추론 데이터** · 신용 등급, 온라인 활동으로 만든 프로필 등	· 휴대전화 · 블로그 및 토론 목록 · 사회적, 전문적 및 특수 관심 네트워크 · 사용자 생성 콘텐츠 · 소매업체가 운영하는 충성도 제도 · 스마트 기기 · 응용 프로그램 · 센서 · 기타	· ISP 및 전화 제공 업체 · 정부 기관(세무서, 재산 등록부 등) · 온라인 소셜 네트워크 · 금융 기관 · 의료 종사자 · 유틸리티 서비스 제공 업체 · 소매점 · 기타	· 소매 업체 및 서비스 제공 업체 · 공공 행정 · 금융 기관 · 의료 서비스 제공자 · 온라인 광고 및 시장 조사 · 데이터 분석가, 공급 업체 · 기타	· 사업 · 정부 및 공공 기관 · 최종 사용자

[출처: OECD]

이를 세부적으로 살펴보면, 인구 통계 데이터로는 성향, 나이, 성별, 주소 등이 있고, 기업 운영 및 이력 데이터로는 상품 판매 액수, 구매 이력, 지불 이력, 구매 단계가 있다. 또한 채널 이력 데이터로는 웹, 콜 센터, 이메일, 챗봇과 같은 고객 접점 채널로 생성된 데이터가 있고, 고객 행동 데이터로는 상품에 관련된 필요, 요구, 선호, 의견 등과 같은 데이터가 있다. 이러한 고객 관련 데이터들은 기업들에게 고객을 다양한 각도에서 바라볼 수 있는 안목을 제공한다.

✚ 공개 데이터

데이터 유통의 접근성 측면에서 데이터의 종류를 구분하면 비공개 데이터, 공유 데이터, 공개 데이터가 있다. 공유 데이터는 조건이 맞을 때 상호 합의에 따라 사용하는 데이터를 말하고, 비공개 데이터는 기업의 영업 비밀이나 고급 기술 정보 관련 데이터들을 말한다. 또한 공개 데이터는 외부에 공개해도 법이나 기업 운영상 문제가 없는 데이터를 말한다. 개인 정보의 공개 데이터는 민감한 개인 정보를 보호하기 위해 통계, 가명, 익명으로 사용한다.

공개 데이터는 개방 생태계Open Ecosystem의 일부다. 메켄지에서 발표한 자료에 따르면, 공개 데이터의 경제 가치가 미국에서만 3조 2,000억 ~5조 4,000억 달러에 이르며, 경제 가치가 교육, 운송, 교통, 소비, 에너지 순으로 크다고 한다. 공개 데이터는 개인, 기업, 정부가 상호 영향을 미치며 점진적으로 발전한다. 즉, 개인은 기업에 데이터를 제공하고, 기업과 개인은 정부에 데이터를 제공하며, 정부는 수집된 데이터를 다시 개인과 기업에 제공하는 순환 관계를 이루며 발전한다.

공개 데이터도 점진적인 성숙 단계를 거치는데, 1단계에서는 정해진 규칙 없이 데이터를 산발적으로 공유하고, 2, 3단계에서는 수동으로 데이터를 공개하는 방법을 사용하며, 4단계에서는 이것이 자동으로 수행되면서 웹과 모바일 앱에 공유되는 개방 플랫폼 형태로 발전한다. 최고 단계인 5단계에서는 데이터를 실시간으로 주고받으며 내부적으로 협력할 수 있는 허브가 구성된다. 5단계에서는 이러한 데이터가 기업 운영 프로세스에 반영된다. 이처럼 데이터 개방도 단계적으로 진화한다.

개방 생태계는 국가 데이터 생태계를 활성화시킨다. 국가 데이터 생태계는 행정 데이터, 공공 데이터, 기업 데이터, 시민 데이터로 구성되는데, 이들이 국가 표준에 따라 서로 연결·융합돼야 지능 정보 시대의 국가 자산으로 활용할 수 있다.

마지막으로 정부는 국가 데이터 생태계를 활성화하기 위해 개별 민간 기업이 할 수 없는 산업 데이터의 표준 체계를 정하거나 민간에서 공통적으로 필요로 하는 데이터 거버넌스 체계를 수립하기 위해 단계적인 로드맵을 구축해 꾸준히 실행해 나갈 필요가 있다.

:: 국가 데이터 생태계

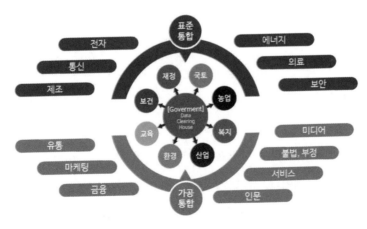

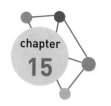

데이터 과학과
인사이트

기업이 지속적으로 성장하려면 고객에게 가치를 끊임없이 전달하고, 이 과정을 분석하고 피드백하는 시스템을 구축해야 한다. 또한 이 시스템을 플랫폼화한 후 데이터 자산을 분석하고 활용해야 한다.

⊶ 데이터 과학과 연결성

데이터 자산은 정보 자산으로서 정보 가치 사슬을 갖고 있다. 정보 가치 사슬은 데이터, 정보, 지식을 기반으로 의사결정을 하고, 그 성과로 가치가 구현되는 과정을 말한다. '데이터'에는 서술적, 질적, 양적 데이터가 있고, '정보'에는 사실Facts, 메트릭스Metrics, 인사이트In-sight가 있다. '지식'에는 경험, 본능, 신념 또는 믿음 기반의 지식이 있는데, 이 지식이 기업의 중요한 문제에 관련된 의사결정을 돕고, 혁신을 가져온다. 데이터 관리는 경험을 기억하게 하고, 정보 관리는 상황이나 문제를 이해하게 하고, 지식 관리는 지속적인 배움을 가능하게 하고, 이러한 배움은 시스템을 지능적으로 성숙하게 만든다. 그리고 지능적으로 성숙한 기업은 지속적으로 성장하고, 고객에게 의미 있는 가치를 계속 전달한다.

그러나 기업의 정보 가치 사슬은 기업 내 구조의 사일로 효과에 따라 쉽게 연결되지 못하기도 한다. 특히 IT 기반의 기업 인프라와 비즈니스 기반의 운영 프로세스 사이에 갭Gap이 있는 경우가 많다. 데이터를 수집·가공하고 애플리케이션을 운용하는 역할은 주로 IT 사업 본부에서 담당하고, 비즈니스 전략 및 비즈니스 서비스 전략은 비즈니스 사업부에서 담당한다. 이에 따라 데이터 인사이트와 콘텐츠가 연결되지 않고, 콘텐츠와 비즈니스 채널의 최적화가 어려워진다. 데이터를 수집하고 분석해 보고했지만, 이를 이용해 비즈니스 서비스 전략을 수행하지 않는 현상이 대부분 이런 갭에 따라 발생한다. 이러한 현상은 기업 내부뿐 아니라 산업 간 데이터 활용의 연결에서도 나타난다.

데이터 과학은 다양한 비즈니스 영역에서 위와 같은 데이터 인사이트와 비즈니스 서비스 간의 갭을 연결해 기업의 문제 해결을 돕는 역할을 한다.

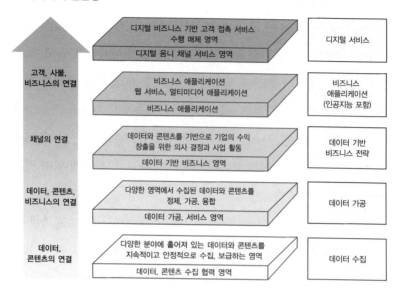

𝒫 데이터 과학

　인류가 데이터를 활용하기 시작한 역사는 중세까지 거슬러 올라간다. 이에 비해 기업이 데이터 과학이라는 주제에 관심을 갖게 된 역사는 2000년 초쯤부터다. 데이터 분석 기술이 눈에 띄게 진화해 데이터 과학이라는 영역으로 발전한 시기는 비교적 최근이다. 데이터 과학이라는 용어는 2003년에 통계학자인 윌리엄 클리브랜드 교수가 〈데이터 과학: 통계 분야의 기술 영역 확대를 위한 실천 방안Data Science: An

Action Plan for Expanding the Technical Areas of the Field of Statistics〉이라는 논문에서 통계를 실제 기업이나 연구 현장에서 활용하기 위한 방법으로 소개하면서 처음 알려졌다. 그는 이 논문에서 통계가 실제 비즈니스에 어떻게 적용해야 하는지를 설명했다.

앞서 살펴봤듯이 글로벌 기업들은 수십 년 동안 그 시대에 맞는 기업의 핵심 역량을 강화하고 위기를 극복하기 위해 데이터를 생성·수집·분석해 비즈니스에 적극적으로 활용해 왔다. 초기 제품의 품질과 다양성 시대에는 주로 데이터 생성에 관심을 갖게 됐고, 유통·가격 시대에는 데이터 분석·통합에 관심을 갖게 됐으며, 광고·마케팅 시대에 접어들어서는 많은 정형 데이터를 분석·확장해 활용하게 됐다.

이로 인해 웹 2.0 시대 이전까지는 주로 경제학·통계학·수학 전공자들처럼 숫자나 통계에 익숙한 인력을 고용해 실무자들에게 각 비즈니스 영역에 맞는 분석 방법을 가르쳤다. 예를 들면 마케팅 분석가에게는 마케팅 믹스 모델이나 가격 결정 모델을 가르치고, 금융·재정 분석가에게는 신용 위험 관리 분석이나 사기 감지 모델을 가르치는 식이었다. 이러한 인력들은 주로 데이터 분석가, 비즈니스 분석가, 비즈니스 인텔리전스BI 또는 리포트 분석가라 부르기도 했다. 그리고 이러한 분석가들이 지속적으로 경험을 쌓으며, 기업의 일정 영역이 아닌 고객, IT, 신사업, 신상품 등과 같은 다양한 영역으로 확장해 나갔다.

웹 2.0 시대 이후에는 비즈니스 환경이 더욱 복잡해지고 업계Domain 지식의 중요성이 강조됨에 따라 기업에서 단순 분석가보다는 업계에 관한 깊은 지식과 경험을 보유한 고급 분석가, 즉 데이터 과학자를 선호하게 됐다. 이에 따라 기업들은 데이터를 활용하기 위해 단순 분야별 데이터 분석가뿐 아니라 심리학, 물리학, 경영학, 엔지니어 영역의 전문가들까지 영입하기 시작했다.

2010년대로 넘어오면서 실시간 웹 3.0으로 데이터 과학이라는 영역이 더 유명해지면서 전통 비즈니스 분석 분야보다 훨씬 성장 발전했다. 이로 인해 데이터 과학 영역이 소셜 네트워크에서 발생하는 비정형 데이터의 분석까지 확장됐고, 최근에는 각 영역별 기업 내부 데이터를 다른 산업 영역으로 연결해 활용하는 단계로 발전하게 됐다.

이러한 과정을 분석 정보 시스템 측면에서 살펴보면, 초기에는 ERP를 통해 데이터를 생성·수집하는 데 집중하다가 이후에는 데이터 마이닝으로 발전했다. 그리고 비즈니스 인텔리전시BI와 관련된 소프트웨어 개발 시대에 접어들어 분야별 분석가들의 역량이 점차 성장하고, 영업·마케팅·인사 등의 운영 부서와 IT 부서 간 협력 과정에서 현업의 경험을 기반으로 인문적 요소, IT 기술, 공학적 지식을 결합해 성과를 거두는 단계로 성장했다.

데이터 과학은 꾸준히 발전하면서 분야별 데이터 분석 방법론과 알고리즘, 데이터 운영 기술인 데이터 엔지니어링 그리고 각 비즈니스 영역의 현장 경험들을 결합해 날로 어려워지는 기업 운영의 최적화를 전사적·산업적 차원에서 추구해 왔다. 기업들은 이를 바탕으로 앞서 설명한 가트너의 기업 데이터 활용 발전 단계의 최고 단계인 5

단계를 넘어 산업 간 데이터 연결 및 융합을 시도해 새로운 영역으로 확장하고 있다.

ꙮ 데이터 과학과 인공지능

빅데이터를 활용한 머신러닝의 일부인 딥러닝Deep Learning 알고리즘의 발전은 지능 정보 서비스 분야에서의 데이터 과학 영역을 빠르게 성장시키고 있다. 지능 정보는 ICT 기반의 빅데이터를 정제·가공해 통계와 머신러닝, 즉 분석 알고리즘을 사용해 기계나 제조 과정 또는 사람을 대상으로 한 고객 서비스에 활용한다.

지능 정보 서비스 역시 데이터 과학자가 빅데이터에서 발견한 지식과 인사이트를 기반으로 분석 알고리즘을 활용하는 프로세스를 거친다.

지능 정보 중 특별히 사람의 지능적인 행동을 모방하는 기계나 서비스에 활용한 것을 '인공지능'이라고 한다. 즉, 사람의 학습 능력이나 추론 능력 등을 모방하기 위해 인공지능에 사용하는 빅데이터는 정형, 시계열 데이터와 이미지·비디오·텍스트·오디오 등은 비정형으로, 어느 특정 데이터만을 사용하지 않는다. 매켄지의 분석에 따르면, 실제 인공지능에서는 정형이나 시계열 데이터를 더 많이 사용한다고 한다.

:: AI가 사용하는 데이터 종류 순위

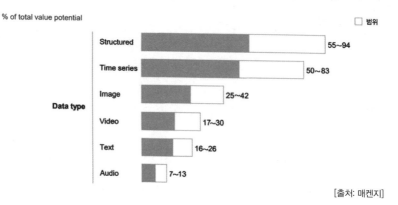

% of total value potential ☐ 범위

Data type	
Structured	55~94
Time series	50~83
Image	25~42
Video	17~30
Text	16~26
Audio	7~13

[출처: 매켄지]

　최근에는 인공지능 알고리즘 중 딥러닝이 로보틱스, 사건 처리, 자연어 처리, 예측 분석, 이미지 처리, 음성 처리 영역에서 두각을 나타내고 있는데, 주로 단순 자동 응답기, 번역기, 챗봇, 이미지 자동 판별, 얼굴 인식, 응급·사고 사전 경고 시스템 등의 비즈니스 서비스 영역에서 사용되고 있다.

　참고로 현재 인공지능이 가장 활발하게 활용되고 있는 산업 분야는 기존에 주로 데이터 분석을 많이 했던 광고나 마케팅이고, 그다음은 물류나 제조다.

　데이터 과학은 인문적인 방법과 과학적인 방법을 모두 활용한다. 즉, 문제를 해결하기 위한 하나의 포괄적 방법이 존재하지 않으며, 통계, 선형 수학, 비선형 수학, 인공지능, 머신러닝, 앙상블, 협업적 방법, 자연어 처리 등과 같은 다양한 기술과 방법을 적용해 문제를 끊임없이 해결하려고 한다. 그 이유는 시장이든, 고객 행동이든, 경쟁자든, 데이터 품질이든 문제의 종류와 상황은 늘 시간 또는 상황에 따라 변하기 때문이다. 몇 달 전에 구축한 시스템이 잘 작동하더라도 효과가 없는 경우가 발생할 수도 있지 않은가?

✤ 데이터 과학과 인사이트

데이터 기반 인사이트는 기업이나 기관이 데이터를 분석해 새로운 문제나 이슈 또는 지식을 발견하거나 문제를 해결하기 위한 방법을 찾는 것을 말한다. 데이터를 성공적으로 활용하려면 다음과 같은 5가지 과정을 거쳐야 한다.

❶ 가치 있는 데이터 보유
❷ 내·외부 데이터 통합 및 서비스
❸ 통합 데이터에서 인사이트 발견
❹ 발견한 인사이트를 현업에 적용
❺ 현업 적용에 필요한 변화 관리와 지속적 모니터링

그런데 현실에서는 많은 데이터 기반 사업이 분석만 하거나 인사이트 보고서로 마무리하는 경우가 많다. 이는 분석 관련 프로젝트를 진

:: 빅데이터 활용의 성공을 위한 핵심

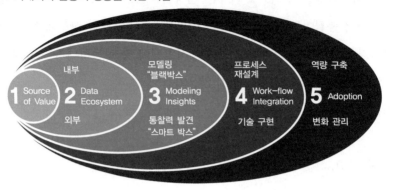

[출처: Richard Clarke and Ari Libarikian]

행하다가 중간에 멈춘 것이나 다름없다. 분석을 거쳐 인사이트를 발견했다면, 이에 따른 조치Actions 계획, 수행, 평가가 뒤따라야 한다.

또한 위의 5가지 과정을 거치면서 데이터 활용을 실패하게 만드는 요소들이 있는데, 그중에서 특히 중요한 항목은 다음과 같다.

❶ 데이터에 관련된 사용자의 이해(Data Literacy)와 접근의 어려움: 데이터의 사일로, 보안, 개인 정보 관련

❷ 데이터로부터 충분하지 않은 패턴이나 신호의 생성 또는 생성 전문 기술 부족

❸ 비즈니스 목표에 충분히 부합하지 않는 분석 인사이트: 시장 트렌드, 고객 서비스, 상품의 경쟁력 부족

❹ 개발된 분석 모델이 운영상(Production) 전체 데이터에 관련된 확장성 부족

❺ 현업 사용자에 관련된 교육 부족이나 불편함에 따른 미사용

❻ 사업을 진행하기 위한 적절한 예산이나 인력 부족

데이터는 어떻게 자산이 되는가?

데이터 과학자는 이러한 데이터 사업 진행 과정에서 생기는 많은 문제점과 가능성을 감안해 업무를 추진해야 한다.

:: 데이터 활용상의 문제들

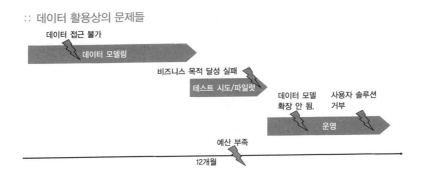

⚯ 데이터 인사이트 도출 방법 ❶ – 연역법과 귀납법

데이터 과학을 이용해 데이터 인사이트를 발견하는 일은 기업 운영에 필요한 문제 해결 방안이나 새로운 시장·상품의 창출, 비용의 최적화 등과 같은 실행 방법을 찾아 비즈니스의 가치를 높이는 것을 말한다. 이러한 인사이트를 찾으려면 심도 있는 데이터 분석이 필요한데, 이때 분석 주제를 선정하는 방법에는 논리학에서 사용하는 연역법Deduction 귀납법Induction과 이 있다.

'연역법'은 일반적 원리나 가설을 전제로 개별적인 사실이나 구체적인 결론을 이끌어 내는 연구 방법을 말한다. 반면 '귀납법'은 개별적인 사실이나 현상을 바탕으로 결론을 이끌어 내는 연구 방법을 말하는 것으로, 특히 인과 관계를 확정하는 데 사용된다.

먼저 연역법을 사용하는 예를 살펴보자. 먼저 문제를 살펴본 후에 가설을 세워야 한다. 심각하게 확산되는 바이러스 사태를 생각해 보자. 초기 대응에 실패해 사망자가 속출하고, 바이러스가 확산됐다면 우리는 국가 방역 체계망에서 데이터 수집 문제로 의사결정 과정에서 문제가 생겼다는 가설을 세울 수 있다. 그리고 이 가설이 맞는지 확인하기 위해 실제 데이터 수집·입수 과정을 조사하고, 각 관계 기관들의 데이터 연결 및 정보 수집 과정상의 문제를 확인할 수 있다.

그런 다음 가설이 사실이라는 전제하에 방역 관리상의 중요한 데이터를 연결·확보하는 방안을 마련하고, 전염병에 관련된 다양한 데이터를 최적의 방법으로 획득해 그중 올바른 의사결정을 돕는 데이터를 개발하고, 이를 정보망 시스템에 탑재하고 모니터링한다. 이와 같은 과정을 거쳐 가설이 사실로 확인되면 분석 주제가 선정되고, 범위가 확정된다.

또한 농산물의 수급 불균형에 따른 농산물 가격 파동이나 물 공급 부족에 따른 정부의 가격 정책을 위한 주제들이 이미 제기된 문제를 해결하기 위해 분석하는 연역법이 적용되는 사례에 해당한다.

이에 반해 귀납법은 데이터의 특이점을 발견하고, 원인과 관계를 규명해 결과를 도출하는 방법이다. 즉, 데이터에서 시작해 인사이트를 찾아 수행할 수 있는 조치를 취하게 하는 방법으로, 데이터 마이닝

:: 데이터 시각화 예시

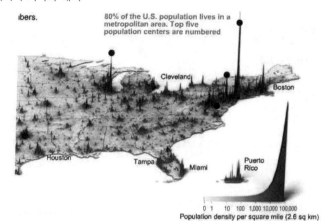

[출처: TIME]

이나 데이터 발견Data Discovery이 이에 해당한다.

　최근에는 귀납법이 데이터 시각화Data Visualization와 빅데이터 기술의 발전을 바탕으로 우리가 미처 알지 못했던 미지의 인사이트를 찾아 내 기업의 혁신, 신사업 모델 개발, 신시장 개척의 길을 열어 주고 있다.

　위의 데이터 시각화는 미국의 인구 통계를 시각화한 것으로, 검은색 점의 일부 도시가 다른 도시보다 많다는 것을 알 수 있다. 이것이 바로 이들 도시의 증가 원인을 이해하고, 그로 인한 문제를 발견하며, 그 문제를 해결하는 귀납법적 데이터 인사이트 발견 방식의 사례다.

　다음 그림은 유전체라는 대상을 기준으로 연역법과 귀납법에 따른 분석 방식에 어떤 차이가 있는지를 보여 주고 있다. 즉, 기존 지식을

:: 데이터 인사이트 접근 사례

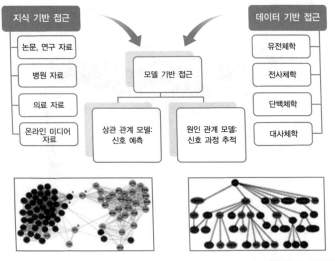

[출처: The EPMA]

중심으로 접근하는 연역법은 일단 논문, 의료 자료, 온라인 미디어 자료, 병원 기록을 바탕으로 분석 모델을 구성하는 반면, 데이터에서 시작하는 귀납법은 유전체, 단백질, 생물적 데이터를 실험·관찰·조사해 분석 모델을 구성한다.

위와 같은 차이가 있는 만큼 인사이트를 찾기 위해 어떤 분석 방법을 활용할 것인지는 데이터·자료의 종류 및 존재 여부에 따라 상황에 맞게 적용하는 것이 바람직하다.

ᐕ 데이터 인사이트 도출 방법 ❷ - A/B 테스트

연역법에 해당하는 방법 중 현장에서 가장 많이 쓰이는 효과적인
분석 방법으로는 'A/B 테스트'가 있다. 이 방법은 최근 소매 유통이나
마케팅 영역에서 시장과 고객의 요구를 테스트하는 데 매우 중요한
역할을 하고 있다. 넷플릭스의 경우, A/B 테스트를 위한 자체 플랫폼
까지 운영하고 있다.

A/B 테스트는 A나 B 중 하나를 선택하는 방식 외에 A, B, C 등 여
러 안 중에서 하나를 선택하는 멀티 테스트 방식으로도 운영된다. 실
제 마케팅에서는 이렇게 여러 안을 제시하고, 고객이 하나를 선택하
는 방식을 많이 활용한다.

:: 넷플릭스의 A/B 서버

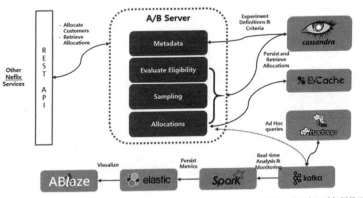

[출처: 넷플릭스 기술 블로그]

기업들이 신상품을 출시해 전체 고객에 적용하기 전에 일부 고객의 반응을 부분적으로 확인해 위험 요소를 줄이기 위해 A/B 테스트를 활용하는 경우가 많다. 대표적인 예로 웹 페이지의 UIUser Interface 디자인 시안을 여러 개 만들어 고객들에게 선택하게 하는 것을 들 수 있다.

A/B 테스트는 산업에 따라 다양한 방식으로 진행된다. 예를 들어 미디어 기업은 웹 사이트 구독을 높이기 위해 고객을 대상으로 여러 가지 이메일 콘텐츠나 공유하기 버튼의 종류를 테스트해 최적의 선택을 한다. 여행사의 경우, 웹이나 앱에서의 예약률을 높이기 위한 검색 페이지, 상품 배열 등을 테스트하기도 한다.

실제로 다큐 채널을 운영하는 디스커버리Discovery는 TV 쇼 열성 팬

:: 넷플릭스의 API

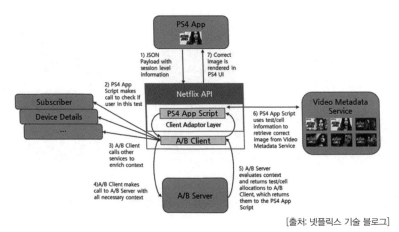

[출처: 넷플릭스 기술 블로그]

들을 대상으로 선호하는 비디오 유형에 관련된 A/B 테스트를 이용해 시청률을 6% 높일 수 있었다. 소니Sony는 홈페이지 체크아웃 페이지의 틀에 대한 A/B 테스트를 이용해 20%의 추가 구매 효과를 얻었고, 컴스코어ComScore는 로고 및 상품의 랜딩 이미지에 관련된 테스트를 이용해 구매 가능성을 69% 높이는 성과를 거뒀다.

이처럼 A/B 테스트는 목소리가 큰 어느 한 사람의 의견이나 직감으로 의사결정이 이뤄지는 상황을 배제하고, 실제 고객의 경험을 의사결정에 반영한다는 데 큰 의의가 있다.

❀ 데이터 측정과 평가

인사이트를 찾을 때 모든 데이터 또는 빅데이터가 유용하지는 않으므로 데이터 중 적합한 정보를 제공할 가능성이 높은 데이터를 선정해야 한다. 또한 새로운 인사이트를 찾아 현장에 적용한 이후에는 결과를 평가하는 과정을 거쳐야 한다.

위와 같은 과정을 실행하는 데 있어 이해해야 하는 개념이 디멘전Dimension, 메트릭스Metrics, 핵심 수행 지표Key Performance Indicator, KPI, 택사노미Taxonomy 등이다. 또한 이들을 좀 더 깊이 있게 분석하려면, 데이터 클러스터링Clustering과 데이터 세그먼테이션Segmentation도 알아야 한다.

(1) 디멘전과 메트릭스

먼저 '디멘전Dimension'은 분석 대상이 되는 주체나 객체를 의미한다. 예를 들어 판촉을 위해 어떤 이벤트를 진행했는데, 응모 수가 얼마나 발생했는지 알고 싶다고 가정해 보자. 이 경우, '이벤트'가 바로 분석 대상인 '디멘전', 측정한 '응모 수'는 메트릭스Metrics에 해당한다. 또 새로 런칭한 앱이 스마트폰의 종류와 상관없이 잘 동작하는지 알고 싶다고 가정했을 때, '스마트폰의 종류'가 분석 대상인 디멘전, 되돌아온 '반송 수' 등이 메트릭스가 된다.

:: 데이터 생성 메트릭스

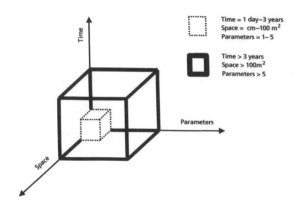

위와 같이 메트릭스는 주로 상품, 프로세스, 품질, 성과 또는 효과를 표준화해 측정한 결과를 의미한다. 여기서 '표준화'는 각각의 디멘전을 일관성 있는 단위와 방법을 사용해 측정했는지를 의미하며, 또

한 이렇게 측정된 메트릭스여야 비교나 예측이 가능하다는 사실을 의미한다. 즉, 다양한 디멘전에 많은 데이터가 임의로 저장될 수 있지만, 핵심은 의미 있는 내용을 측정해 저장하고 선택해 사용했느냐에 있다.

번스타인과 골드팝Bernstein and Goldfarb은 1995년에 주로 생물학에서 특정 대상을 측정하는 데 사용하는 6가지 메트릭스를 정리했는데, 이런 메트릭스는 보편적으로 비슷하게 적용된다.

❶ 원인이나 결과의 종류(관계, 피드백)
❷ 구성 요소나 구조, 습관 형태(습관, 인구, 생태계, 주위 환경)
❸ 운영 방법(경쟁, 단독)
❹ 공간의 크기
❺ 증거나 구별 단계(설문 조사, 실험)
❻ 시간 구간

(2) 핵심 수행 지표

앞서 메트릭스의 사례로 이벤트의 응모 수를 들었지만, 만일 그것이 상품을 판매하는 사례였다면 응모 수보다 집계된 판매 수가 더 중요한 메트릭스가 된다. 다시 말해 응모 수와 판매 수 모두 메트릭스에 해당하지만, '핵심 수행 지표'는 판매 수가 된다는 것이다. 다양한 메트릭스 지표 중 기업 운영에 중요한 성과 지표들을 '수행 지표'라고 하며, 특히 이들 중 지속적인 모니터링이 필요한 지표들을 '핵심 수행 지표'라고 한다.

이처럼 '핵심 수행 지표'는 기업 운영의 결정적 성과가 되는 메트릭스들을 종합한 숫자들이다. 핵심 수행 지표들은 메트릭스 지표를 직접 사용하기도 하지만, 주로 증가율, 단순 비율, 지수, 통합 평균, 통계치 등으로 표현한다. 핵심 수행 지표가 중점적으로 보는 영역은 시간 흐름의 차이, 구간 지수의 변화, 종류별·뷰별·레벨별·목적별 비교 등을 수치화한 것이다.

좋은 메트릭스는 데이터를 수집하는 데 많은 비용과 시간이 들지 말아야 하고, 일관성이 있어야 한다. 데이터를 수집하기로 결정한 메트릭스에 시간과 비용이 많이 들어가면 문제가 될 수 있다. 따라서 많은 데이터가 필요하기는 하지만, 그 데이터들이 중요한 의미를 갖고 있는지도 고려해야 한다.

다음 표는 기업 내 각 영역에서 자주 사용하는 주요 디멘전과 메트릭스 사례를 나타낸 것이다.

:: 주요 디멘전과 메트릭스 사례

사업부	주요 디멘전	주요 메트릭스
마케팅	캠페인, 리드 생성, 온라인 행동, 소셜 웹	• 웹 트래픽: 참고, 검색 유입량 • 직접 판매 증가(캠페인): 검색 광고, 이메일, 배너, 소셜, 키워드 순위, 검색 트래픽의 양
판매	판매	캠페인별, 지역별, 본부별, 시간대별 판매량

사업부	주요 디멘전	주요 메트릭스
재정	이익, 구매 가치	순이익, 자본
소셜 미디어	페이지, 팔로워	전달, 클릭, 좋아요 수

다음 그림은 기업들이 자주 보는 메트릭스의 사례들이다.

:: 메트릭스 사례

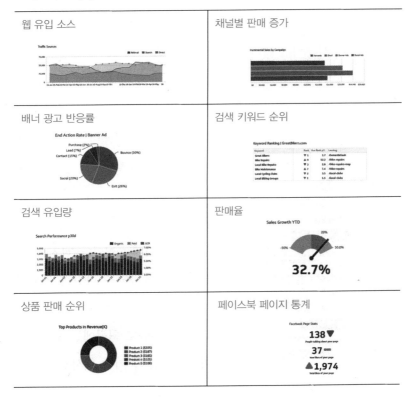

웹 유입 소스	채널별 판매 증가
배너 광고 반응률	검색 키워드 순위
검색 유입량	판매율
상품 판매 순위	페이스북 페이지 통계

(3) 택사노미

택사노미Taxonomy는 데이터를 활용하기 위한 인사이트를 찾는 데 유용한 툴이다. 택사노미는 교육, 비즈니스, 과학 등과 같은 다양한 분야에서 사용하는 일종의 데이터 분류 시스템으로, 최근에는 대량의 디지털 비정형 데이터를 관리하는 데 널리 사용되고 있다.

택사노미는 데이터들의 내용상 유사성이나 관계를 고려해 그룹을 분류하고 체계를 만든다. 기업은 비즈니스의 목적과 사업 전략에 따라 다양한 택사노미를 구성하고, 지속적으로 관리·업데이트해야 한다. 최근에는 광고나 마케팅의 DMP 데이터 서비스 영역에서도 택사노미를 많이 사용하고 있다.

다음 그림은 자동차 생산 업체의 택사노미 사례로, 차의 종류와 생산 연도, 트랜스미션 등 자동차의 특성에 따라 택사노미 구조가 구성돼 있다는 것을 알 수 있다.

:: 자동차 업체의 택사노미 사례

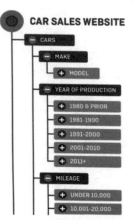

다만 택사노미는 톱다운Top-down 및 중앙 집권 방식으로 구성돼 있어서 생성의 정확성은 보장하지만, 시시때때로 변화하는 다양한 지식과 경험을 반영하지 못하는 단점이 있다. 이런 이유로 최근에는 포크소노미Folksonmy, 즉 기존 택사노미에 사

용자 누구나 자유롭게 분류 키워드를 선택하고, 구성원이 함께 정보를 체계화해 나가는 시스템을 결합한 하이브리드 택사노미 모델을 제시했다.

대표적인 하이브리드 택사노미인 포크소노미는 분류 체계를 중앙에서 관리하기는 하지만, 사용자가 정보를 지속적으로 제공함으로써 현장의 정보와 경험을 반영할 수 있다는 것과 사용자가 익숙한 용어를 사용할 수 있다는 장점이 있다.

(4) 데이터 클러스터링과 세그먼테이션

때로는 일부 메트릭스를 결합해 핵심 수행 지표를 만들기도 하는데, 이렇게 만들어진 지표들은 비즈니스 인텔리전스 분석 도구로 분석 보고서, 시각화 자료를 만들어 웹, 모바일 등으로 내보내거나 예측·추천·자동화 프로세스에서 활용한다.

분석가들은 메트릭스가 만들어지면 이를 시각화해 인사이트를 찾기도 하지만, 데이터를 클러스터링Clustering하거나 세그먼테이션Segmentation하기도 한다. 여기서 클러스터링은 데이터 간의 비슷한 성향을 새롭게 찾아 내는 프로세스, 세그먼테이션은 데이터를 사용 목적에 따라 비슷한 성향의 그룹으로 나누는 프로세스를 말한다.

클러스터링은 세그먼테이션 이전에 데이터들의 특징이 어떻게 분포돼 있는지 알아보는 프로세스로, 이러한 프로세스를 이용해 이미 알고 있는 데이터의 특징이 아닌 새로운 특징을 발견하기도 한다.

세그먼테이션은 광고 캠페인, 영업과 같은 목적이나 가치, 인구 통계, 비슷한 행동, 지리, 환경 등에 따라 그룹을 만드는 것을 말한다. 예를 들면 초콜릿을 팔기 위해 20대 여자 그룹 등을 선정하는 것을 말한다.

데이터 기반 '인사이트'는 때로는 원천 데이터를 다른 데이터와 융합해 원천 데이터가 제공하는 것과 완전히 다른 내용이나 지식을 도출하기도 한다. 또한 인사이트를 찾기 위해서는 데이터 관련 기술과 더불어 해당 업계에 관한 이해와 전문성이 필요하다.

✨ 데이터 관련 직무들

성공적인 데이터를 활용하기 위해 데이터 기획부터 생성·수집·저장·정제·융합·분석·활용하는 과정에서 다양한 전문 인력이 협업하도록 해야 한다. 미국의 경우에는 다음과 같이 데이터 활용 프로세스에 따라 데이터 관련 직무가 다양하게 구성돼 있다.

(1) 데이터 큐레이터

데이터 큐레이터Data Curator는 문제 해결, 일의 효율성과 속도 관련 이슈를 해결하기 위해 어떤 데이터가 필요한지를 기획하는 직무를 수행한다.

(2) 데이터 수집 코디네이터 및 관리자

데이터 수집 코디네이터 및 관리자Data Collection Coordinator/Collections Manager는 시스템의 내·외부에서 업무와 과거 자료를 추적해 필요한 데이터를 수집한다.

(3) 데이터 엔지니어

데이터 엔지니어Data Engineer는 모바일 빅뱅 이후 데이터의 양이 기하급수적으로 증가하면서 더욱 중요해진 직군이다. 데이터 엔지니어들은 데이터를 효과적으로 분석하기 위해 막대한 데이터를 안전하고 효과적으로 저장하고, 필요할 때마다 빠르게 처리하는 과정에 관여하며, 데이터 플랫폼의 안정적인 운영과 데이터 품질 관리에도 관여한다.

(4) 빅데이터 엔지니어

빅데이터 엔지니어Bigdata Engineer는 디지털 전환 시대를 맞아 기업 내·외부의 데이터가 기하급수적으로 연결되면서 기업 데이터가 실시간으로 흐르도록 지원하는 통합 정보 관리가 더욱 중요해졌다. 이로 인해 대용량의 데이터 관리, 데이터 처리 속도 및 전달 등 빅데이터를 처리하는 빅데이터 엔지니어 등의 직무가 각광받고 있다.

(5) 데이터 아키텍트·개발자

데이터 아키텍트·개발자Data Architect·Developer는 데이터를 기반으로

IT 정책, 표준화, 구조 설계 및 이행하는 직무를 수행한다. 이와 함께 개념적·논리적·물리적 데이터를 설계하는 직무를 수행한다. 데이터의 종류가 늘어날수록 이러한 직무가 더욱 중요해진다.

(6) 데이터베이스 관리자

데이터베이스 관리자Database Administrator는 데이터베이스의 현황 보고서 작성과 개발 영역에서의 문제를 해결하고, 주기적인 보수뿐 아니라 다양한 데이터 사용자의 긴급 요청을 돕는 역할을 한다.

(7) 데이터 웨어하우징 전문가

데이터 웨어하우징 전문가Data Warehousing Specialist는 여러 관리 시스템에서 데이터 정확성과 일관성을 유지하고, 데이터의 효율적인 분석과 보고를 위해 거대한 데이터를 한곳으로 통합시키는 직무를 수행한다. 또한 최적화된 데이터 처리와 데이터 정확성 및 일관성을 유지하기 위해 데이터 처리 체계를 개발한다.

(8) 비즈니스 인텔리전스 아키텍트

비즈니스 인텔리전스 아키텍트Business Intelligence Architect는 비즈니스 성과 지표, 데이터 품질, 데이터 서비스의 효과적인 운영을 위한 시스템의 현황 보고와 검증·개선 등에 책임을 진다. 또한 개발자와 시스템 아키텍처 간의 의사 소통으로 비즈니스 인텔리전스와 분석 솔루선을 관리한다.

(9) 비즈니스 분석가

비즈니스 분석가Business Analyst는 고객과 데이터 관련 직군을 이어주는 다리 역할을 한다. 주된 직무 책임은 데이터 분석 결과를 고객의 시각에서 바라보고 설명하는 데 있다. 주로 비즈니스 문제를 정의하는 데 관여하며, 비즈니스 문제를 발견하고 해결하기 위한 방안을 제시하기 위해 이해 관계자들과 소통한다. 기술적으로는 데이터 과학자나 데이터 엔지니어의 도움을 받는 위치에 있다.

(10) 데이터 과학자

데이터 과학자Data Scientist는 고도화된 데이터 분석 전문 기술과 수학·통계학·사회학 등의 다양한 전문 지식을 바탕으로 수많은 데이터 속에 숨어 있는 가치를 발견하고, 비즈니스 인사이트을 제시하며, 의사결정을 지원하는 전문가다. 주로 전사적 차원에서 데이터 기획·수집에서 데이터 서비스·활용에 이르는 전 과정에 관여한다.

(11) 데이터 마이닝 분석가

데이터 마이닝 분석가Data Mining Analyst는 다양한 소스에서 데이터를 추출·정제·모델링해 비즈니스에 필요한 유용한 정보를 제공한다. 업무 대부분을 의사결정권자를 설득·이해시키기 위해 시각적인 자료를 만드는 데 할애한다. 비즈니스 애널리스트와 같은 분석적 사고 능력이 필요하지만, 이들에 비해 데이터 마이팅 애널리스트의 역할은 기술적인 측면이 강하다는 차이가 있다.

(12) 고급 분석가

고급 분석가도 데이터 과학자의 범주 안에 있지만, 산업별 특성에 따른 업계의 지식을 갖고 고도화된 데이터 분석 업무를 수행한다. 예를 들면 생물 통계학자가 유전자에 표현된 데이터를 분석·해석하는데 도움이 되도록 DNA 정보를 분석하는 등과 같은 고급 분석을 한다. 다양한 산업별 특성에 맞게 경험이 쌓이면 마케팅 분석 매니저나 최고 분석 관리자로서 조직 내 데이터 분석에 책임을 지는 직무를 수행한다. 더 나아가 데이터 분석 전략을 이끌고, 데이터 분석에 따른 의사결정을 하기 위해 변화를 주도하는 역할을 하기도 한다.

미국 채용 전문 사이트인 글래스도어닷컴의 조사에 따르면, 데이터 엔지니어와 데이터 과학자가 향후 5년간 가장 성장률이 높은 직종으로 꼽힌다고 한다.

데이터 과학자는 기본적으로 통계, 머신러닝, 데이터 엔지니어링, 시스템 엔지니어링, 비즈니스 전문성을 갖춘 전문가들로, 현재 업무의 출발점에 따라 다양한 데이터 과학자가 활동하고 있다. 예를 들면 비즈니스 전문성에 좀 더 집중하는 데이터 과학자, 통계·머신러닝에 좀 더 집중하는 데이터 과학자, 빅데이터 가공·관리 또는 컴퓨터 프로그램에 좀 더 집중하는 데이터 과학자, 전문 분야의 연구, 논문에 좀 더 집중하는 데이터 과학자가 있다.

다만 데이터 과학이 비즈니스 서비스부터 데이터 수집, 데이터 활용에 이르는 전 단계에 관여하는 영역인 만큼 한 사람의 데이터 과학자가 모든 영역에서 직무를 잘 수행하기는 어렵다. 이런 점을 감안해 기업에서는 시스템 엔지니어, 소프트웨어 엔지니어, 데이터 엔지니어, 데이터 과학자, 비즈니스 도메인 전문가 또는 비즈니스 분석가로 데이터 과학 팀을 구성해 전사적 업무를 진행하는 것이 바람직하다.

최근 정부나 교육계 차원에서 데이터 분석에 관련된 교육 프로그램을 확대함에 따라 초급 단계의 비즈니스 분석가나 데이터 과학자는 필요 이상으로 늘어나고 있는 반면, 전 세계적으로 중급·고급 단계의 실전 전문 데이터 과학자는 많이 부족한 상황이다. 또한 데이터를 통해 기업이 혁신적인 결과를 이뤄내려면 데이터 과학자나 분석가들이 데이터를 잘 활용하는 것만으로는 충분하지 않으며, 기업 내부의 구성원들이 반드시 데이터 활용에 관련된 이해력Data Literacy을 갖춰야 한다. 기업에 아무리 좋은 시스템이 있더라도 정작 구성원들이 분석 결과를 실제 현장에서 활용하지 않으면 아무런 소용이 없기 때문이다.

여기서 '데이터 이해력을 갖춘 사람'은 의사결정을 할 때 데이터를 이해하기 쉽게 시각화하고, 발견된 정보를 잘 해석해 전달하는 사람을 말한다. 데이터 이해력을 높이려면 가장 먼저 비즈니스 영역에 어떤 데이터가 존재하고, 어떤 데이터가 중요하며, 이 데이터들이 어떻게 사용되는지 알아야 한다. 더 나아가 기초적인 통계 지식을 익혀 데이터 간의 연관 관계와 정량적·정성적 데이터의 의미를 이해할 필요가 있다.

기업의 측면에서는 구성원들의 데이터 이해력을 높이기 위한 일련의 교육을 시행할 필요가 있다. 이러한 교육을 이용해 구성원들이 필요한 데이터의 위치를 검색하는 능력, 좋은 데이터를 구별하는 능력, 데이터를 해석하는 능력, 데이터를 의사결정에 활용하는 능력을 배울 수 있도록 해야 한다.

기업이 분석 경쟁력을 높이려면 데이터 과학자, 데이터 사용자, 분석가가 있어야 하지만, 데이터 리더와 함께 데이터 기반의 의사결정

:: 데이터 이해력

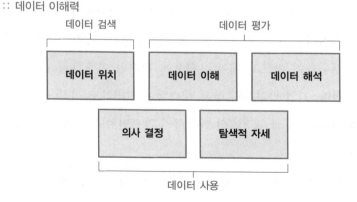

이 기업 성장의 핵심이라는 점을 이해하고, 이를 조직 내에 전파하는 사람도 있어야 한다. 데이터 리더는 데이터 분석과 데이터 기반의 비즈니스를 전사적·전략적으로 이끄는 사람을 의미하며, 그와 함께하는 동료들은 데이터의 힘을 믿고 지원하는 역할을 담당해야 한다.

데이터 경제 활성화는 정부나 기업의 데이터 개방 정책을 바탕으로 데이터 민주화를 빠른 속도로 촉진시키고, 그 결과 산업의 지속적인 성장을 가능하게 한다. 데이터 민주화는 보통의 사람들이 데이터와 정보에 쉽게 접근할 수 있는 환경을 말한다. 즉, 데이터 민주화는 비전문가도 다른 사람의 특별한 도움 없이 데이터를 수집·분석, 활용하게 하는 데 있다. 이러한 사람들을 시민 데이터 과학자Citizen Data Scientist라고 한다. 데이터 전문가는 아니지만, 현장의 경험을 바탕으로 실제로 비즈니스에 필요한 분석 결과가 무엇인지, 그 결과를 얻는 데 필요한 데이터는 무엇인지 파악할 수 있는 사람, 즉 데이터 이해력이 높은 사람을 말한다.

데이터 민주화는 기업뿐 아니라 국민이 국가 행정이나 정치에 대해 정확한 정보를 기반으로 적절한 의사결정을 도와 국민의 올바른 참정권 행사를 가능하게 하고, 이는 정치 민주화 발전과도 직결된다. 반면, 부정확하거나 왜곡된 데이터와 정보는 데이터를 기반으로 한 합리적인 행정과 정치의 최악의 적이다.

마지막으로 데이터를 단계적으로 기업 비즈니스에 활용해 기업을 성공적으로 혁신하고 성장시킨 사례로 캐피털 원Capital One과 베스트 바이BestBuy를 소개하고자 한다.

⠿ 데이터 기반의 디지털 전환 성공 사례 ❶ - 캐피털 원

기업들은 클라우드, 빅데이터, 소셜, 모바일, 사물 인터넷 등을 기반으로 '디지털 전환Digital Transformation'을 시도해 빠르게 변화하는 시장 환경에 발맞추고 있다. 여기서 잊지 말아야 할 것은 바로 '데이터 기반의 디지털 전략'이다.

데이터를 기반으로 한 디지털 전략을 세울 때는 운영이나 관리도 중요하지만, 가장 밑바탕에 '기업 문화와 생각의 전환'이 있어야 한다. 즉, 개별 주권보다 협력, 통제보다 자율, 보호보다 공유와 가능성,

:: 빅데이터를 활용한 디지털 전환에 성공한 캐피털 원의 보고서

worldwide. It is not hard to see why Capital One is investing heavily in digital technologies. It conducts over 80,000 big data experiments a year[3]. Currently, 75% of customer interactions with Capital One are digital, and this number is only expected to grow[3]. In Q4 2013, Capital One was one of the most visited websites, with 40 million unique online visitors[4].

Capital One conducts over 80,000 big data experiments a year.

only with our customers, but also how we operate the company[7]."

Digital is who we are and how we do business.

- Richard Fairbank, CEO

This unrelenting focus on digital has underpinned Capital One's strong performance. Despite the global recession, Capital One has maintained sector-leading growth and steady profits. For instance, from 2005 to 2013, Capital One achieved a CAGR in profit-before-tax of 10.78%, significantly

digital service culture is supported by rapid prototyping capability, which helps deliver new tech-based features faster, as well as real-time analytical tools. These digital capabilities are the deliberate result of a long-term strategy that Capital One has had in play over a number of years, and which we look at in the following section.

I think it's a bit of a fool's errand... to chase digital for the sake of cost reduction.

- Richard Fairbank, CEO

[출처: 캐피털 원 CEO 보고서]

규제보다 윤리를 강조하는 생각과 문화가 필요하다. 또한 데이터를 생산의 부산물이 아닌 상품이나 자산으로, 신용과 믿음으로, 내부보다는 외부지향적, 가치적으로 접근해야 한다.

1988년 미국 버지니아에서 설립된 캐피털 원은 데이터를 기반으로 한 디지털 전환의 성공 사례로 자주 등장하는 기업이다. 미국에서 4번째로 큰 자동차 대출 금융 기업(2016년 기준)으로, 2005~2013년간 연평균 10.78%의 이익률을 지속적으로 달성했다.

캐피털 원은 오래전부터 막대한 예산을 디지털 전환에 투자했다. 1997년 한해에만 1만 3,000번 이상의 데이터 분석을 수행했고, 2014년에는 8만 번 이상을 수행했다. 국내 기업이 한 번의 데이터 분석에

:: 캐피털 원의 데이터 플랫폼

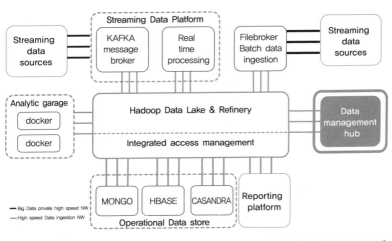

[출처: 캐피털 원 개발자 블로그]

최소 한 달에서 수개월까지 걸린다는 것을 감안하면 엄청난 데이터 분석 횟수다. 캐피털 원이 연간 8만 번 이상의 데이터 분석을 수행할 수 있었던 데는 시스템과 인력, 데이터 프로세스, 전폭적인 경영진의 지원이라는 기업 문화가 밑바탕에 깔려 있었다.

캐피털 원의 데이터를 기반으로 한 디지털 전략은 IT 기술의 내재화, 빅데이터 및 분석 활용, 디지털 인재 양성에 중점을 두고 있다. 캐피털 원과 우리나라의 기업들 간에는 데이터와 관련된 모든 자산의 내재화와 내재화된 데이터 자산을 지속적으로 분석·활용하는 프로세스 측면에서 큰 차이가 있는 것이다.

여기서는 '기술의 내재화'라는 측면에 주목할 필요가 있다. 이는 디

:: 캐피털 원의 데이터 관리 허브 구성 요소들

영역	데이터 관리 내용
이벤트와 사용 이력	• 데이터 발견, 데이터 사전 • 이벤트와 이력 • 과거 패턴과 트렌드
하부 구조의 데이터	• 데이터 오너십, 권한 • 데이터 연결, 피드백 순환 • 데이터 수집 방식과 과정 • 데이터 품질
데이터 거버넌스 (인력과 정책)	• 데이터 수집의 목적과 적극적인 활용 • 데이터 거버넌스, 데이터 접근 규칙 • 데이터의 사용 제한 • 데이터 지연, 지속적인 정보 제공 정책 등

지털과 데이터의 활용에서 배운 경험을 지속적으로 내부에 축적해 자산화하겠다는 의지이자, 기업의 지속적인 성장을 위한 비즈니스 운영 전략이기도 하다.

한편, 캐피털 원이 디지털 전환에 성공한 데는 데이터와 콘텐츠를 활용하기 위한 전체 에코 시스템과 이러한 시스템을 관리하기 위한 데이터 거버넌스 및 운영 가이드, 내부 컨설팅과 지원이라는 핵심 동력이 있었다. 우리나라 빅데이터 플랫폼의 대부분이 설비나 애플리케이션 구축 위주로 구성된 데 반해, 캐피털 원은 데이터 관리와 거버넌스, 협력을 위한 프로세스 위주로 구성됐다.

특히, 캐피털 원의 하둡 플랫폼 아키텍처에서 데이터 관리 허브 시스템을 눈여겨봐야 한다. 이는 데이터 거버넌스, 품질, 보안, 보호, 프로세스를 중점적으로 관리하는 허브 시스템으로, 이 시스템을 통한 지속적인 피드백과 성과 관리가 지속적으로 성장할 수 있는 데이터 기반 비즈니스 모델의 근간이 되기 때문이다.

✧ 데이터 기반의 디지털 전환 성공 사례 ❷ – 베스트 바이

베스트 바이Best Buy는 주로 컴퓨터, 가전, 모바일 기기 등 전자 제품을 소매로 유통하는 회사다. 2018년에는 미국 포천 500 회사 중 매출로 27위를 차지했고, 전 세계에 1,600여 개의 스토어를 성공적으로 운

:: Destiny 표지에 실린 베스트 바이

영하고 있는 회사다. 베스트 바이는 50여 년의 세월 동안 2번의 큰 전환 시기를 거치면서 성장해 왔다.

그 첫 번째 전환 시기는 1996년경이다. 회사 규모는 날로 커지는데, 사일로적 기업 운영 때문에 매출이 늘어날수록 적자 폭은 점점 더 커졌다. 그리고 이듬해인 1997년에는 수익률이 거의 제로(0%)로, 경쟁 업체이자 2008년에 파산한 서큐시티CurcuitCity의 수익률인 2.6%에도 못 미치고 있었다. 회사는 살아남기 위해 스토어 운영과 관리에 '과학적 소매 유통'이라는 변화를 시도했다. 이 시도를 SOPStandard Operating Procedures라 명명하고, 수백, 수천 가지의 프로세스에 새로운 운영 방식을 적용했다. 이 변화는 모든 스토어 프로세스에서 가장 기본적인 것부터 과학적 방법으로 측정한 후 체크리스트를 만들어 적용했다.

이러한 변화 관리는 경영진의 전폭적 지지, 사내 의사 소통, 교육의 영향이 컸다. 그 결과 1998년 5월 데스티니 잡지는 베스트 바이가 '최고의 고객 경험'을 제공한다는 문구를 표지에 게재했다.

두 번째 전환 시기는 SOP 이후 10여 년이 지난 2008년 전후다. 웹

2.0의 영향을 받은 온라인 시장의 확대로 치열한 가격 경쟁과 고객 구매 패턴이 갑자기 변화하던 시기였기 때문에 2013년까지 수익률이 지속적으로 줄어들었다. 심지어 2010년에는 직원 감원까지 단행했다.

이러한 위기에 베스트 바이가 가장 먼저 시도한 것이 일의 측정 방식, 즉 데이터를 수집해 분석하고 그 결과를 다시 운영에 적용하는 방식이었다.

2017년 베스트 바이는 빠르게 변화하는 시장 경쟁 환경에 대응하기 위해 새로운 비즈니스 성장 전략 "Best Buy 2020: Building The New Blue' Growth Strategy"을 선포했다. 기존 고객 성향과 활동 등을 분석해 베스트 바이의 기존 데이터 자산과 시너지를 낼 수 있는 새로운 영역의 시니어, 유아, 피트니스, 가족 건강에 관심을 가지게 되었고 이러한 비즈니스의 빠른 전환을 위해 시니어 관리를 위한 그레이트 콜GreatCall, CST 보험회사 그리고 분석 회사인 바이오센스BioSensics등 관련 스타트업들을 인수하기 시작했다.

베스트 바이의 시대별 분석 과정의 획기적 전환을 살펴보면 다음과 같다.

:: 베스트 바이의 분석 과정과 내용

분석 단계	분석 내용	계기
1997년 이전	・특별한 데이터 분석에 관련된 증거 자료 없음.	

분석 단계	분석 내용	계기
분석 1.0 (1997 ~2006년)	• 과학적 소매 유통, 고객 경험 중심 데이터 수집, 분석 • 사업부나 영역별 위주의 데이터 분석 • 고객 패턴과 트렌드, 운영 모니터링 위주	사일로적 비즈니스 운영의 비효율로 수익률 제로 위기
분석 2.0 (2006 ~2009년)	• 경영진 지지의 전사적 데이터 분석 접근 방식 • 데이터 기반 비즈니스와 기술 전문가 팀 구성 • 주요 KPI 위주의 측정과 분석 메트릭스 발굴 • 전사적인 데이터 접근과 분석을 위한 툴 • 중앙 분석 그룹인 Centralized Group(RASC), 특수한 분석이나 고급 분석을 위한 스토어 매니저 지원 그룹 구성 • 각 기능별(마케팅, 인사, 물류, 파트너사 관리) 분석 팀 구성 • 2008년 다이내믹 가격 정책 적용, 수익률 개선	지속적인 성장 발판 마련
분석 3.0 (2009 ~2017년)	• 분석 시스템 문제로 10일치 웹 데이터와 판매 데이터 소실(2009년), 온라인 분석 회사 컨설팅 의뢰 • 온라인 위주의 웹 2.0, 소셜, 실시간 데이터 분석 시작 • 사물 인터넷 센서 기반 분석 시작 • 감소하는 운영 수익률과 가격 경쟁력을 회복하기 위해 2012년 11월 "Renew Blue transformation strategy" 시작	공룡 온라인 경쟁자 출현과 저가 경쟁 심화 및 고객 행동 변화
분석 4.0 (2017년 이후)	• "2020: Building the New Blue growth strategy" 시작 • 고객 니즈 중심의 기업 혁신과 새로운 기회 활용 • 스마트 홈 시장 진입, 홈 자동 보안이나 기기 등 센서 기반 데이터 분석 확장 • 실버 고객 대상 건강과 안전 비즈니스 모델 확장 • 언제, 어디서나 가능한 기술 지원 서비스인 'Total Tech Support' 시작	데이터 기반 비즈니스 전환 및 시장의 확장

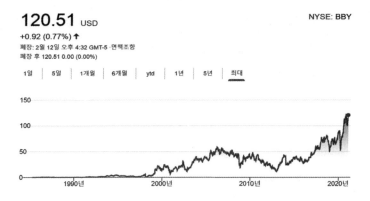

120.51 USD

NYSE: BBY

+0.92 (0.77%) ↑
폐장: 2월 12일 오후 4:32 GMT-5 ·면책조항
폐장 후 120.51 0.00 (0.00%)

| 1일 | 5일 | 1개월 | 6개월 | ytd | 1년 | 5년 | 최대 |

1997년에 시작된 베스트 바이의 기업 변화는 기업 문화, 즉 일하는 방식 자체를 바꾸는 것으로, 모든 운영 활동의 변화 방식에 깊게 Deeply, 전사 차원의 대규모Massively로, 지속적Consistently으로 요구해 왔던 것이다. 그리고 이렇게 노력한 결과는 주식의 가치가 입증한다. 1997년 2달러에도 못 미치던 주식 가격이 2021년 2월에는 무려 60배가 넘는 120달러가 됐다.

지금까지 데이터 상품의 유통, 데이터 자산화 과정 그리고 데이터 산업에서의 데이터 생태계를 살펴보고 데이터 기반의 혁신과 성장을 이뤄낸 기업의 사례까지 살펴보았다. 지금껏 살펴보았듯이 데이터 기반의 디지털 전환은 당장의 매출 성과나 비용 축소를 위한 단기 사업 전략에도 필요하지만, 무엇보다도 지속적 성장을 위한 시장의 경쟁력을 키우고 기업의 체질 개선을 위한 중장기 사업 전략이다.

시대의 문제를 분석해 목소리를 내는 작가이자《지금, 경계선에서 (The Watchman's Rattle)》의 저자인 레베카 코스타는 사회나 조직이 위기에 봉착하는 이유가 아래 5가지의 오래된 관습이나 믿음이라고 말했다.

- 특별한 이유 없이 반대하는 불합리한 반대
- 진짜 해결책을 찾지 못하고 개인에게 책임을 묻는 책임의 개인화
- 문제의 원인을 정확하게 파악하기가 힘들어 상관관계를 인과관계로 착각
- 복잡한 문제를 해결하는 데는 다양한 분야의 협력이 필요한데 이 협력을 불가능하게 하는 사일로식 사고
- 도덕이나 가치로 풀어야 할 문제들을 돈의 잣대로 접근하는 극단의 경제학

그리고 이러한 장벽들을 극복하기 위해서 사람의 '통찰Insight'이 중요하다. 사회나 조직은 통찰을 통해서 복잡한 문제를 해결해 왔고 진보해 왔다. 이제 사람들은 정보를 통해 통찰Insight을 얻는다. 그리고 그 정보는 사실 기반Truth of Record의 데이터들이다.

갈수록 치열해져 가는 시장 경쟁으로 인해 수익률이 지속적으로 낮아지고 있는 전통 산업이 데이터를 통해 혁신하고 새로운 미래 신사업에 도전하길 바란다. 필자도 데이터 산업 현장에서 함께하며 응원하겠다.

이 책의 참고 문헌

Reilly, Robert F., Schweihs, Robert P., "Valuing Intangible Assets" 1998.

Moody and Walsh, "Measuring the Value of Information: An Asset Valuation Approach. European Conference on Information Systems", 1999.

Christoph Breidert, Michael Hahsler, Thomas Reutterer, "PONTIS Venture Partners", Austria, 2006.

Pearce, D.W. and Ozdemiroglu, "Economic Valuation with Stated Preference Techniques: Summary Guide. Department for Transport, Local Government and the Regions", 2002.

Reed, D, "Database Valuation: Putting a Price on Your Prime Asset", 2007.

Schmarzo B., & Sidaoui M., "Appling economic concepts to big data to determine the financial value of the organization's data and analytics", 2017.

Stander, J. B., "The Modern Asset: Big Data and Information Valuation", 2015.

Glue Reply, "The Valuation of Data as an Asset: A consumption-based approach", 2013.

Beagrie, N., & Houghton, J., "Value and Impact of the British Atmospheric Data Centre", 2013.

Fan Liang Wei, Dou Any, Qingyu Yangz, Xinwen Fux and Wei Zhao, "A Survey on Big Data Market: Pricing, Trading and Protection", Department of Computer and Information Sciences, Towson University, 2018.

Mile Masnick, "FBI, CIA Use Backdoor Searches To Warrentlessly Spy On Americans Communications", TechDirt, June 30, 2014.

Department of Homeland Security, Privacy Office, "Report to the Public on Events Surrounding jet Blue Data Transfer, Findings and Recommendations", February 20, 2004.

양원모 기자, 보안 뉴스, 2019-05-12.

LG 경제연구소, "스마트 모빌리티 서비스", 2015.

Venkatesh Krishnamoorthy, "TRAI Consultation Paper on Privacy, Security and

Ownership of the Data" 2017.

Economist Intelligence Unit, "The Deciding Factor: Big Data& Decision Making",
Capgemini, 2012.

Dr Mark van Rijmenam, "How to Define Big Data On Your Balance Sheet" datafloq.
com/read/big-data-balance-sheet/233, 2013.

Levitt, Theodore. "Exploit the Product Life Cycle", Harvard Business Review,
November 1965.

Lippitt, M., The Managing Complex Change Model. Copyright, 1987, by Dr. Mary
Lippitt, Founder and President of Enterprise Management, Ltd, 1987.

Ching-Chieh Kiu c/o Professor Eric Tsui, "Knowledge Management Research Centre,
Department of Industrial and Systems Engineering", The Hong Kong Polytechnic
University, 2010.

찾아보기

한글

ㄱ
가공 서비스 사업 모델 51
가치 사슬 106
가치 사슬 통합 모델 171
가트너 189
개방 생태계 268
개인 정보 보호 73
갭 제미니 130
게임 이론 기반 모델 42
경제 기반 모델 42
고객 관리 시스템 150
고객 데이터 플랫폼 231
고급 분석가 296
고정 설비 투자율 124
공개 데이터 268
공공 데이터 258
공급망 관리 시스템 150
관계형 데이터 248
광고 데이터 252
광고량 데이터 253
교육 관리 분석 103
교육 데이터 260
교육 분석 103
교차 채널 232
구글 84
귀납법 279
귀양시 빅데이터 거래소 52
금융 데이터 255
기간 정보 시스템 137

기술의 S 곡선 157
기업 프로파일 53

ㄴ
나베그 66
나이스신용정보 55
내재화 167
농업 데이터 259
뉴스타 애드어드바이저 66
닐슨 DMP 데이터 66

ㄷ
다웨즈 52
다중 채널 232
대중 행동 기반의 데이터 248
데이터 183
데이터 가격 41
데이터 가격 측정 모델 42
데이터 가공 265
데이터 가공 서비스 기관 92
데이터 가공 서비스 모델 54
데이터 거버넌스 212
데이터 경제 129
데이터 공개 공유 181
데이터 과학 270, 272
데이터 과학자 295
데이터 관리 199
데이터 관리 및 정제 180
데이터 관리 플랫폼 200
데이터 기획 184
데이터 등급 체계 89

데이터 마이닝 분석가 295
데이터 매퍼 216
데이터 매핑 215
데이터 발견 281
데이터 병목 현상 191
데이터 보관 182
데이터 보안 72
데이터 분류 89
데이터 분석 경쟁력 132
데이터 분석가 295
데이터 뷰로 56
데이터 브로커 28, 80
데이터 브로커 다오 51
데이터 생명 주기 178
데이터 생태계 242
데이터 서비스 223, 230
데이터 세트 194
데이터 수집 179
데이터 수집 코디네이터 292
데이터 시각화 281
데이터 시장 40
데이터 식별 관리 201
데이터 아키텍트 개발자 293
데이터 엔지니어 293
데이터 연결 189
데이터 온보딩 204, 232
데이터 옵스 207
데이터 월렛 51
데이터 유출 76, 182
데이터 유통 265
데이터 융합 181, 197

데이터 이해력 297, 298
데이터 인사이트 279
데이터 전처리 197
데이터 정제 196
데이터 정제소 55
데이터 제거 182
데이터 제공 모델 170
데이터 제공자 55
데이터 중개 51, 265
데이터 중개 모델 51, 171
데이터 측정 285
데이터 큐레이터 292
데이터 통합 195
데이터 툼 51
데이터 파밍 184
데이터 파이프라인 207
데이터 판매 정책 49
데이터 팩토리 55
데이터 평가 285
데이터 현금화 167
데이터 활용 181
데이터 활용 모델 163
데이터관리협회 214
데이터닷컴 52
데이터마케팅협회 240
데이터믹스 62
데이터베이스 138
데이터베이스 관리자 294
데이터 웨어하우징 전문가 294
데이터의 연결성 272
델리데이터X 62
도시 프로파일 53
디멘전 286

디지털 권리 관리 91
디지털 전환 300
딜로이트 컨설팅 169
딥러닝 275

ㄹ
람다 아키텍쳐 187
레거시 데이터 187
로타미 데이터 익스체인지 64
리즈플리스닷컴 47

ㅁ
마스터카드 어디언스 65
마이 데이터 266
마이크로 서비스 아키텍처 225
마이크로소프트 애저 마켓 플레이스 45
맞춤 의학 101
매스 마케팅 149
매트릭스 286
머클 65
메타데이터 저장소 216
모놀리식 아키텍처 224
모니터링 단계 165
모델 혁신 단계 168
모바일왈라 65
무료 데이터 정책 49
물류 네트워크 모델 171
미국보안국 73

ㅂ
바레이로 몽티조 84
백도어 서치스 75

베스트 바이 303
봄보라 60
부동산 데이터 255
분석 정보 시스템 141
비스노드 85
비식별화 가이드 203
비자 어디언스 69
비정형 데이터 246
비주얼DNA 69
비즈니스 인텔리전스 아키텍트 294
빅데이터 엔지니어 293
빌 슈마르조 모델 165, 169

ㅅ
사용자 기반 가격 정책 50
사용자 프로파일 53
사일로 126, 191
산업 데이터 263
상품 개발 혁신 모델 170
상해 데이터 거래 센터 53
상호 운영성 227
생산 관리 시스템 137
서비스 아키텍처 224
서비스지향 아키텍처 225
세그먼테이션 291
세그먼트 149
세마시오 68
소셜 CRM 151
스노든 73
스노우플레이크 52
스마트 광고 98
스마트 교육 103
스마트 금융 94

스마트 농업 100
스마트 모빌리티 서비스 106
스마트 물류 96
스마트 법률 99
스마트 부동산 95
스마트 사회 94
스마트 소매 유통 98
스마트 시티 105
스마트 아트 108
스마트 팩토리 104
스마트 헬스 케어 101
스킴링크 68
스트리머 51
시계열 예측 198
시그나이트 56
시냅스 AI 51
시맨틱 44
시맨틱 웹 141
시민 데이터 과학자 299
시스템 혁신 모델 170
시청률 데이터 254
식별 ID 204
식별 엔진 206
식별자 202
신규 데이터 247

ㅇ
아이오타 63
알버트 182
애널리틱스IQ 59
애저 데이터 마켓 플레이스 52
액시엄 47, 75
어피니티 앤서스 59
에스리 45

에퀴팩스 56
엑스페리언 43, 56, 62
엡실론 75
연역법 279
오가닉 미디어 랩 192
오라클 데이터 클라우드 67
오션 51
옴니 152
옴니 채널 232
원어디언스 67
웜 데이터 186
웹 3.0 139
웹블라 70
유니콘 기업 153
유통 데이터 254
의료 데이터 256
의사 결정 엔진 210
인구 구조 양극화 119
인구 대비 경제 규모 119
인구 데이터 과학 131
인사이트 단계 166
일정 단위 정액 가격 정책 50

ㅈ
잠재 성장률 116
전문 지식 기반의 데이터 248
전문성 모델 164
정형 데이터 245
제조 4.0 155
지프 데이비스 70
질문과 조사 기반의 데이터 249

ㅊ
참여 의학 102
청취율 데이터 254
최적화 단계 167

ㅋ
카드리틱스 60
칸타 숍컴 64
캐노니컬 데이터 모델 225
캐즘 154, 160
캐피털 원 300
커넥시티 61
컴스코어 61
케임브리지 애널리티카 77
콜드 데이터 187
퀸들 56, 57
큐빅 62
크누델스 86
크레딧 뷰로 55
크로스 픽셀 61
클러스터링 291

ㅌ
타깃 마케팅 149
택사 4X35 85
택사노미 290
통계적 품질 관리 142
트랜스유니온 55
트랜젝션 45
트루시그널 68

ㅍ
파이낸셜 어디언시스 63
파이낸셜타임즈 48

패키지 가격 정책 50
포크소노미 290
프로토콜 223
프롭테크 95
프리미엄 가격 정책 50
프리즘 73
핀테크 94, 112

ㅎ

하이프 곡선 160
학습 분석 103
한국크레딧뷰로 55
핫 데이터 186
핵심 경쟁 비즈니스 사이클
120
핵심 수행 지표 287
혁신성 모델 164
환멸의 도래 단계 160
회귀분석 198
효과성 모델 164
효율성 모델 164

영어

A

A/B 테스트 283
Academic Analytics 103
Acxiom 75, 207
ADEX 253
Affunity Answers 59
AI 적용 프로세스 211
AI 플랫폼 210
Albert 183

analyticsIQ 59
API 54, 227
Application Programming
Interface 54
Azur Data Marketplace 52

B

Back-door Searches 75
Barreiro Montijo 84
Best Buy 303
Bigdata Engineer 293
Bill Schmarzo 165
Bisnode 85
Bombora 60
Business Analyst 295
Business Intelligence
Architect 294

C

CACI 60
Cambrige Analytica 77
Canonical Data Model 225
CAP 53
CAPI 249
Cardlytics 60
CCP 53
CCPA 87
CDP 231
CEP 53
Chasm 154
Citizen Data Scientist 299
CKAN 237
Clustering 291
Cold Data 187

Comprehensive Knowledge
Archive Network 237
ComScore 61
Connexity 61
Credit Bureau 55
CRM 150
Cross Pixcel 61
Cross-Channel 232
Cuebiq 62
Custom Relationship
Management 150
Customer Data Platform 231

D

Data Architect Developer
293
Data Archive 182
Data Breaches 182
Data Broker Dao 51
Data Bureau 56
Data Capture 179
Data Classification 89
Data Collection Coordinator
293
Data Curator 292
Data Discovery 281
Data Engineer 293
Data Factory 55
Data Farming 184
Data Governance 212
Data Identity Management
201
Data Literacy 297
Data Maintenance 180

Data Management 199

Data Management
Association 214

Data Management Platform
54

Data Mapper 216

Data Mapping 215

Data Marketplace 40

Data Mining Analyst 295

Data Monetization 167

Data Onboarding 204, 232

Data Ops 207

Data Pipeline 207

Data Preprocessing 197

Data Provider 55

Data Publications 182

Data Purging 182

Data Refinery 55, 180, 196

Data Resource Planning 138

Data Reusable 196

Data Scientist 295

Data Synthesis 181

Data Usage 181

Data Visualization 281

Data Wallet 51

Data Warehousing Specialist
294

Data.com 52

Database Administrator 294

DataDesign 184

DATAMYX 62

DataTum 51

dawex.com 52

Decision Engine 210

Deduction 279

Deep Learning 275

DelidataX 62

Digical Rights Management
91

Digital Transformation 300

Dimension 286

DMA 240

DMP 54

DRM 91

DRP 138

DX Mapper 216

DX 네트워크 51

DX 매퍼 216

E~G

Education Analytics 103

Embeded 167

Enterprise Resource Planning
138

Epsilon 75

Equifax 56

ERP 138

ESRI 45

Experian 43, 56, 62

Eyeota 63

Financial Audiences 63

FinTech 94, 112

Folksonmy 290

Free Data Strategy 49

Gap Gemini 130

GBDEx 52

GDPR 83, 87

Google 84

H~K

h~k

Hot Data 186

Hype Curve 160

IDC 188

Identifier 202

Induction 279

Insights 166

Interoperability 227

IoT 데이터 257

IoT 플랫폼 235

IOTA Data Market 52

IOTA 데이터마켓 52

IRI 63

IT 시스템 136

Kanta Shopcom 64

KBM 데이터 서비스 64

KCB 55

Kneddels 86

KOBAnet 252

KODEX 253

L~N

Lambda Architecture 187

LDE 64

LeadsPlease.com 47

Lean 144

Learning Analytics 103

Legacy Data 187

Lotame Data Exchange 64

Mass Marketing 149

Mastercard Audience 65

Material Requirements

Planning 137

Merkle 65

Metadata Repository 216

Metamorphosis 168

Metrics 286

Microsoft Azure Market Place 45

Mobilewalla 65

Monitoring 165

Monoliths Architecture 224

MRP 137

Multi-Channel 232

National Security Agency 73

Navegg 66

Neustar AdAdvior 66

NICE 55

Nielson DMP Data 66

NSA 73

O~R

OCEAN 51

Omni 152

Omni-Channel 232

OneAudience 67

Open Ecosystem 268

Optimization 167

Oracle Data Cloud 67

Organic MediaLab 192

Package Pricing Strategy 50

Particpatory 102

Personalized 101

Plat Pricing Strategy 50

Population Data Science 131

Premium Strategy 50

PRISM 73

PropTech 95

Protocol 223

Quandl 56, 57

Regression 198

Relationship Data 248

S

SCM 138

Segmentation 291

Semantic Web 141

Semasio 68

Service-Oriented Architecture 225

Silo Effect 126

Skimlinks 68

snowflake.com 52

SOA 225

SOP 304

SPC 142

Standard Operating Procedures 304

Statistical Process Control 142

Streamer 51

Supply Chain Management 150

Symantec 42

Synapse AI 51

T~Z

Target Marketing 149

Taxanomy 290

Texa 4x35 85

The DX Network 51

Time Series Forecasting 198

Trance Union 55

Trough of Disillusuonment 160

TruSignal 68

UDID 205

Unique Device Identifier 205

Usage-Based Pricing Strategy 50

V12 데이터 69

Value Chain 106

Visa Audience 69

VisualDNA 69

Warm Data 186

Webbula 70

Xignite 56

Ziff Davis 70

숫자

1차 데이터 262

2차 데이터 262

33across 59

33어크로스 59

3차 데이터 262

6Sigma 142

6시그마 142